aruco

香港

Hong Kong

こんどの旅行も、
みんなと同じ、お決まりコース？

「みんな行くみたいだから」「何だか人気ありそうだから」
とりあえずおさえとこ。そんな旅もアリだけど……
でも、ホントにそれだけで、いいのかな？

やっと取れたお休みだもん。
どうせなら、みんなとはちょっと違う、
とっておきの旅にしたくない？

『aruco』は、そんなあなたの
「プチぼうけん」ごころを応援します！

★女子スタッフ内でヒミツにしておきたかったマル秘スポットや穴場のお店を、
　思い切って、もりもり紹介しちゃいます！

★見ておかなきゃやっぱり後悔するテッパン観光名所 etc. は、
　みんなより一枚ウワテの楽しみ方を教えちゃいます！

★「香港でこんなコトしてきたんだよ♪」
　帰国後、トモダチに自慢できる体験がいっぱいです

そう、香港では、
もっともっと、
新たな驚きや感動が
私たちを待っている！

さあ、"私だけの香港"を見つけに
プチぼうけんに出かけよう！

2

aruco には、
あなたのプチぼうけんをサポートする
ミニ情報をいっぱいちりばめてあります。

取材スタッフが現地で実体験＆徹底調査、本音トークを「aruco調査隊が行く!!」でお伝えします。

女子ならではの旅アイテムや、トラブル回避のための情報もしっかりカバーしています☆

どのぼうけんにしょうかな？

知っておくと理解が深まる情報、アドバイスetc. をわかりやすくカンタンにまとめてあります☆

右ページのはみだしには編集部から、左ページのはみだしには旅好き女子の皆さんからのクチコミネタを掲載しています☆

西九文化區を散策

TOTAL
3時間～

オススメ時間 10:00～22:00　　予算 200HK$～

🎨 アート＆お宝鑑賞はマスト！
「文化の砂漠」香港に登場した現代視覚文化＆アートと、権威ある北京の故宮博物院から貸し出された至宝の数々は他ではみられないから必見。

プチぼうけんプランには、予算や所要時間の目安、アドバイスなどをわかりやすくまとめています☆

■発行後の情報の更新と訂正について
発行後に変更された掲載情報は、『地球の歩き方』ホームページの本書紹介ページに「更新・訂正情報」として可能なかぎり案内しています（ホテル、レストラン料金の変更などは除く）。ご旅行の前にお役立てください。
URL www.arukikata.co.jp/travel-support/

物件データのマーク

- 🏠 ……住所
- ☎ ……電話番号
- 🕐 ……営業時間、開館時間
  （L.O. ラストオーダー）
- 🚫 ……休館日、定休日
- 💴 ……予算、入場料、サービス料
- 📋 ……予約の必要性
  ※予約は英語・広東語対応の店が多いので、ホテルスタッフに頼もう。
- 🚌 ……交通アクセス

- URL ……ホームページアドレス
- ✉ ……eメールアドレス
- Card ……クレジットカード
  A.アメリカン・エキスプレス、
  D.ダイナース、J ジェーシービー、
  M.マスター、V.ビザ
- 🪑 ……座席数
- 🛏 ……客室数
- 日 … 日本語メニューあり
- 《日》 … 日本語会話 OK
- 🏠 ……その他店舗

別冊 MAP のおもなマーク

- 🔴 ……見どころ、観光スポット
- Ⓡ ……レストラン、食堂、バー
- Ⓒ ……カフェ、スイーツ店、テイクアウト店

- Ⓢ ……ショップ、スーパー
- Ⓑ ……スパ、マッサージ
- Ⓗ ……ホテル

本書は正確な情報の掲載に努めていますが、ご旅行の際は必ず現地で最新情報をご確認ください。また掲載情報による損失などの責任を弊社は負いかねますので、あらかじめご了承ください。

香港でプチぼうけん！
ねえねえ、どこ行く？ 何する？

食べ歩きとショッピング、夜景はマスト。

スパもテーマパークも…とやってみたいコト、

行ってみたいスポットはキリがない！

120％満足の香港ステイにするために、

ビビッときたものにはハナマル印を付けておいて！

"レトロ"が
ブーム！

香港は美食天国＆
流行発信地！
帰りたくなくなっちゃう
ミラクル・シティ♪

香港LOVERになる最短コース！ これはゼッタイ見たい！やりたい！

最旬の香港も
しっかりカバー
しましょ

話題のニュースポットも！
レトロな建築と老舗さんぽ
P.28
→

キラッキラの夜景に
ときめく★香港ナイト
P.32
→

有名所「西九文化區」で
景＆アートにグルメも満喫しちゃお！
P.22
→

九文化區管理局

ディープな下町
ラビリンス深水埗を探検
P.34
→

エキゾチックな「九龍城」で
ミックスカルチャーを体感！
P.46
→

恋愛成就!?　幸せを願う
パワースポットはココ
P.42
→

世界初の新エリアが登場！
香港ディズニーランド・リゾート
P.162
→

©Disney

5

☆ ☆ ☆ さあて、香港滞在中に何食いけるか〜！？
限界に挑戦☆

ダイエットは
とりあえず
ひと休み

世界一の広東料理は香港にあり
必食メニューはコレ！

P.54
→

飲茶ビギナーも安心
朝も夜も点心専門店が正解

P.62
→

進化系飲茶
楽しんで♪

香港ならではのラグジュアリーな
アフタヌーンティー

P.100
→

ローカル気分を満喫できる！
フードコートへご案内

P.74
→

スイーツ天国・香港で
味わうべき伝統＆定番おやつ

P.94
→

歴史ある建物をリノベーション
物語のあるカフェ

P.98
→

人気急上昇中♪
クラフトビールで乾杯！

P.104
→

運命の出合いは、逃しちゃダメ〜
ビビッときたら、とりあえず買っちゃえ!

キュートなアイテムが集合!
香港雑貨ハンティング
P.108 →

スーパーマーケットで **P.118**
香港フードみやげをGET →

グルメシティ香港ならではの
おいしいおみやげたち
P.120 →

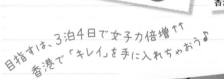
目指すは、3泊4日で女子力倍増↑↑
香港で「キレイ」を手に入れちゃおう♪

✦

ボディも
ハートも
ぴっかぴか♪

旅の疲れを癒やしてくれる **P.126**
マッサージサロン

♡ ♡

プチプラコスメのパラダイス **P.130**
ドラッグストアへGO! →

ココはマスト!の観光スポット
香港のトリコになっちゃいました♥

香港イチのパノラマビュー☆ **P.160**
ヴィクトリア・ピーク

一日あっても遊び尽くせない! **P.164**
香港海洋公園

香港で
待ってます

Contents

aruco 香港

21 ワクワク！ドキドキ❤ 新しい香港を見つけにプチぼうけんへ GO！

Let's go!

53 美食があふれる香港！ まぁとにかく食べまくりましょ

107 シノワテイストだけじゃない！ 洗練アイテム満載♪ 香港でショッピング

巻末　"取りはずせる"別冊MAP

便利だね♪

ざっくり知りたい！香港基本情報

これだけ知っておけば安心だね

お金のコト

通貨・レート **1**HK$= 約**20**円 （2024年6月現在）

香港の通貨単位はHK$（香港ドル）

両替 **香港の街なかにある銀行と両替所がおすすめ**

現地の空港には両替所がある。街なかの銀行や両替所、ホテルでも両替が可能。レートは個々に異なり、手数料を取るところもある。現地ATMでのキャッシングも可能（金利には留意を）。また、日本では香港ドルを円に両替できる銀行が限られるため、帰国時に香港の空港で使い切るか、再両替を。

チップ **基本的に必要**

詳細はP.11コラムをチェック！

物価 **交通費は日本より少し安い。平均すると日本よりやや高い**

例： 🍶(500㎖)=8HK$〜 🚕=29HK$〜 🚆=5HK$〜

お金について詳細はP.184をチェック！

ベストシーズン **10月から12月頃**

香港は亜熱帯気候に属していて高温多湿。夏の期間が5月下旬〜9月中旬と長い。また、7月から9月にかけては台風シーズン。香港天文台が発表する「台風シグナル／風暴訊號」は1〜10まである。詳細はP.175

夏（6〜9月）は台風シーズン！かなり蒸し暑い

気温
- ❀ 香港
- ❀ 東京

	1月	2月	3月	4月	5月	6月	7月	8月	9月	10月	11月	12月
香港(気温)	16.5℃	17.1℃	19.5℃	23.0℃	26.3℃	28.3℃	28.9℃	28.7℃	27.9℃	25.7℃	22.2℃	18.2℃
東京(気温)	5.4℃	6.1℃	9.4℃	14.3℃	18.8℃	21.9℃	25.7℃	26.9℃	23.3℃	18.0℃	12.5℃	7.7℃

外は暑いけど、室内はエアコンで冷え冷えなので、羽織り物は必携！

雨に備えて折りたたみの傘を持っていこう（5〜9月）

冷え込むこともあるので防寒具を用意（12〜2月）

降水量
- ■ 香港
- □ 東京

	1月	2月	3月	4月	5月	6月	7月	8月	9月	10月	11月	12月
香港(降水量)	33.2	38.9	75.3	153.0	290.6	491.5	385.8	453.2	321.4	120.3	39.3	28.8
東京(降水量)	59.7	56.5	116.0	133.7	139.7	167.8	156.2	154.7	224.9	234.8	96.3	57.9

冬	春	夏	秋	冬

データ：気温は平均気温の月平均値（香港：香港天文台）、最高気温の月平均値（東京：気象庁）

| 日本からの
飛行時間 | **約3~6時間** | （成田⇒香港=約4時間30分、羽田⇒香港=約4時間30分、福岡⇒香港=約3時間、大阪⇒香港=約3時間45分、名古屋⇒香港=約4時間、札幌⇒香港=約5時間40分、那覇⇒香港=約2時間30分） |

時差 **−1時間**

日本	1	2	3	4	5	6	7	8	9	10	11	12	13	14	15	16	17	18	19	20	21	22	23	0
香港	0	1	2	3	4	5	6	7	8	9	10	11	12	13	14	15	16	17	18	19	20	21	22	23

サマータイムはない

ビザ **90日**以内の観光は**必要なし**

日本のパスポートであれば、パスポートの残存有効期間＝香港入境時1カ月＋滞在日数以上が必要

言語 **英語と中国語(広東語と北京語)** ホテルや観光客が多く訪れるショップやレストランでは英語が通じる。日本語はほとんど通じない。

旅行期間 最低**3泊4日**は必要

香港は狭いが魅力的なスポットやショップ、レストランなどが多彩。出発便を午前に、帰国便を午後にするなど、できるだけ現地滞在時間を多く取ると効率的。新界の町や離島を訪れるなら1泊以上ステイをプラスしたい。

交通手段 **MTR&タクシーが便利** 詳細はP.180~183

＋バスを利用すると行動半径が広がる。

チップはこんなふうに…

イギリス統治時代からチップを渡す習慣がある香港。レストランではサービス料10%が加算されているので、おつりの小銭を残す程度でOK。ホテルのトイレは2~5HK$、ベルボーイや部屋係には10HK$程度が目安。タクシーや大衆食堂、ファストフード店などは不要。

aruco
オススメ
イベント！

**中秋節は町中がお祭りムード
季節限定の月餅も要チェック！**

中秋節には、ヴィクトリア・パーク（→P.142）の「ランタン祭り」や大坑 Map 別冊P.11-D2 の「舞火龍」など、伝統行事やイベントが香港各地で多数開催される。2ヵ月ほど前から、中秋節のお祝いに欠かせない月餅が菓子店やホテルなどで競うように販売され、満月に見立てた塩卵入りの伝統的なものからキャラクター系まで、味もパッケージもバラエティに富んだ季節限定品が楽しめる

おもな祝祭日とイベント

1月1日	新暦の正月（祝日）
1月下旬~2月中旬	★旧正月1月1~3日（祝日） （旧正月元日2025年1月29日、29~31日は連休、2026年2月17日）
3月下旬~4月上旬	★清明節（祝日）（2025年4月4日）
3月下旬~4月上旬	★イースター~復活節 （2025年4月18~21日）
5月1日	勞動節（祝日）
5月中旬~下旬	★佛誕（祝日）（2025年5月5日）
6月上旬~中旬	★端午節（祝日）（2025年5月31日）
7月1日	香港特別行政區成立記念日（祝日）
9月中旬~10月上旬	★中秋節翌日（祝日） （2024年9月18日、2025年10月7日）
10月1日	國慶節（祝日）
10月中旬~下旬	★重陽節（祝日） （2024年10月11日、2025年10月29日）
12月下旬	★クリスマス（祝日）（12月25~26日）

香港では太陽暦（新暦）と太陰暦（旧暦）が併用されている。旧暦の祝日は毎年日にちが変わるので注意！ 通常無休で営業している店も入り、旧正月（春節）、大晦日などは休業する。

★印は毎年日にちが変わる。祝祭日が日曜と重なった場合は、月曜が振替休日となる。

パンダも
あるよ~

香港の詳しいトラベルインフォメーションは、P.173~をチェック！

11

3分でわかる！
香港かんたんエリアナビ

香港は面積1110㎢、東京都の約半分の広さ。
九龍半島と香港島を合わせた主要エリアと中国大陸につながる新界、
およびランタオ島をはじめ、大小多数の島々からなる。
エリアの位置と雰囲気をつかんだら街歩きをスタート！

A 西環
サイワン
レトロな雰囲気を今も残す

香港島

グルメの宝庫、西環で朝活しちゃお！ → P.150

古きよき香港情緒を漂わせる下町。ここ数年、おしゃれなカフェやレストランが続々登場している。レトロとモダンが交錯する注目エリア。

B 上環
ションワン
香港らしい老舗街に新たな表情

香港島

香港でも古くから栄えた下町。漢方薬や海産物などを扱う老舗が多い。太平山街のPOHOと呼ばれるエリアも魅力的。

C 中環
ジョンワン
銀行や企業が集中するオフィスタウン

香港島

ヴィクトリア・ピーク → P.160
中環の個性派ショップ巡り → P.146

経済の中心地であり、高級ブランドのショップも多く、インターナショナルな雰囲気。山側にはレストランやバーが並ぶ蘭桂坊とSOHOがあり、夜遊びも楽しめる。

海の上をのんびりおさんぽ

荔枝角
深水埗
太子
旺角
何文田
油麻地
九龍
佐敦
尖沙咀
J
K
香港
香港島
西營盤
上環
香港大學
B
中環
E
銅鑼灣
堅尼地城
A
C
金鐘
灣仔
D
ヴィクトリア・ピーク

D 灣仔
ワンジャーイ
オールド＆ニューが隣り合う

香港島

灣仔オールド＆ニューをめぐる → P.144

香港會議展覧中心を核とした海側と古い建物が残る山側。駅近くには注目のレイトン・アベニューや星・月・日街があり、女子に人気。

E 銅鑼灣
トンローワン
華やかなショッピングタウン

香港島

デパート、ショッピングモールなどが密集する香港島イチのショッピングタウン。レストランも多い。東京でいえば渋谷。

銅鑼灣でグルメ＆お買い物 → P.142

F 北角
パッゴッ
トラムが走るローカルな下町

香港島

市場の中を走るトラムは香港名物のひとつ。茶餐廳や飲食店など個人経営の店が多く、歴史のある劇場などもあり、ローカルな体験が楽しめる。

ローカルタウン北角 → P.152

小さな島も
いっぱい♬

新界

香港
國際空港

香港
ディズニー
ランド・
リゾート

九龍

大嶼山
(ランタオ島)

南Y島

赤柱＆
香港
海洋公園

G

香港島

G 赤柱＆香港海洋公園

香港島南部のレジャースポット

チェックチュー＆ヒョンゴーンホイヨンゴンウィン

香港島南部のレジャーエリアには、買い物や食事が楽しめるリゾートタウンの赤柱とテーマパークの香港海洋公園がある。

パンダとほっこり
香港海洋公園 →P.164

赤柱を
リゾートさんぽ →P.154

九龍

H 尖沙咀

観光名所も多い香港No.1の繁華街

チームシャージョイ

メジャースポット →P.138
尖沙咀

南北に縦断するネイザン・ロードを軸に、ホテルやショッピングモールなどが密集する繁華街。海沿いのプロムナードからは香港島サイドを一望できる。

九龍

I 油麻地＆旺角

活気あふれるダウンタウン

ヤウマーデイ＆ウォンゴッ

2大ナイトマーケットの男人街と女人街をはじめ、ローカルムード満点の下町エリア。旺角は深夜まで活気にあふれ、24時間眠らない町。

旺角〜油麻地で
熱気を体感☆ →P.140

九龍

J 深水埗＆荔枝角

下町パワー全開のにぎやかタウン

シャムスイポー＆ライチーコック

ディープな
深水埗探検 →P.34

路上に服や雑貨の露店が並ぶ深水埗。工業ビルが立ち並び、衣料問屋が多い荔枝角。ローカルな下町エリアだがカフェが開店するなど変化しつつある。

九龍城

グルメはもちろん、
お買い物＆観光も
満喫してネ♪

遊びに
来てワン！

黃埔

香港は
エリアによって
さまざまな
表情が
あるのよ

北角

香港は
楽しい
にゃん

九龍

K 西九龍

注目を集める文化エリア

サイガウロン

話題の新名所
「西九文化區」を満喫 →P.22

現代視覚文化美術館のM＋や香港故宮文化博物館など話題のスポットが誕生。中国の伝統演劇を上演する戯曲中心などもある文化エリア。

©西九文化區管理局

L 大嶼山

空港がある香港最大の島

ダーイユイサン

大湖で幸せのピンクイルカと
名物おやつを探せ！ →P.48

大嶼山(ランタオ島)の北側には香港國際空港、北東部には香港ディズニーランド・リゾートが。豊かな自然に恵まれ、ハイキングコースも多数。

いま一番ホットなニュースをピックアップ！

aruco 最旬 TOPICS

ニューオープンや香港初上陸など、いま注目したいスポットや最旬情報をギュッとまとめてお届け！

必見の新名所！

1 世界中が注目の新名所 「西九文化區」で アートもグルメも満喫

サイガウワンファーコイ

香港屈指の繁華街、尖沙咀エリアの北西で、ヴィクトリア・ハーバーに臨む約40ヘクタールの埋立地に、文化・アート・娯楽・グルメなどを融合させた施設が誕生。アジアの文化都市として本格的に始動した。今後、舞台芸術などの劇場建設が予定されている。

データは →P.23

刻々と変わるサンセットの景観を心に焼きつけて

©西九文化區管理局

2022年7月開館の香港故宮文化博物館。7800㎡の展示エリアに、北京の故宮博物院の貴重なコレクション900点以上などを展示する。

M+は2021年11月開館、アジア最大級のヴィジュアル・カルチャー博物館。1万7000㎡のスペースにギャラリーや映画館などが入る。

チャイニーズ・オペラ「戯曲」の継承と発展のため、1000人以上収容の大劇場などがある戯曲中心。さまざまな演目を上演。

2 レトロ×モダンがミックス 「中環街市」でショッピング

ジョンワンガーイシー

1939年建造の「中環街市」は、もとは生鮮食品をメイン扱う市場。2021年にモダンなショッピング＆グルメスポットとしてリノベオープン。G/F、1/F、2/Fの3フロアに香港産の食材店や菓子店、雑貨店など約90店が入店。

データは →P.30

鶏蛋仔もあるよ

アートだね！

1.街市のシンボルでもある赤いランプがフォトジェニック　2.館内には、生鮮マーケットの頃の面影が残っている　3.乗り物関連のグッズを扱う「叮叮老香港辦館」(→P.30)

14

『アナと雪の女王』のエリアが誕生
「香港ディズニーランド・リゾート」

データは →P.162

開園15周年の2020年にランドマークとなるお城「キャッスル・オブ・マジカル・ドリーム」が誕生。2023年11月には、映画『アナと雪の女王』をテーマにした「ワールド・オブ・フローズン」がオープンした。作品の舞台となるアレンデール王国を再現した世界初のテーマランド。

©Disney ©Disney/Pixar ©Disney

1.最新テクノロジーと音楽が描き出すナイトタイム・スペクタキュラー「モーメンタス」 2.「ワールド・オブ・フローズン」 3.「キャッスル・オブ・マジカル・ドリーム」 4.「フォロー・ユア・ドリーム」

水着は買えるよ

新車両も登場「ピークトラム」、
「ピーク・ギャレリア」がリニューアル

2022年8月、ヴィクトリア・ピークへといざなうピークトラムがアップグレード。駅や車両などが装い新たに。また、山頂のショッピングモール「ピーク・ギャレリア」もリニューアル。モノポリーをテーマにした「モノポリードリーム」は世界初。

データは →P.160～161

香港海洋公園に
「ウォーターワールド」
がオープン。遊び尽くそう！

データは →P.165

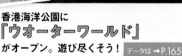

1977年の開業以来、国内外から多くの人が訪れる大型レジャーランド。遊園地、動物園、水族館がある。2021年に隣接するアジア初の全天候型・通年営業の「ウォーターワールド」が開業。5つのゾーンには屋内外に27のアトラクションがある。

1.60店ほどのショップとカフェ、レストランなどが入る「ピーク・ギャレリア」 2.トラムの広い窓と天窓からビューを満喫 3.トラムはスイス製車両。約1.4kmを10分ほどで運行

ドキドキする♪

15

大パノラマ♪

6 香港最長のプロムナードが完成。「水上運動及康樂主題區」で潮風に吹かれておさんぽ♪

ソイションワンドンカップホンロックジュータイコイ

Map 別冊P.9-C1~D1 香港島／灣仔~銅鑼灣

香港島のヴィクトリア・ハーバー沿い、灣仔から銅鑼灣の間に「水上運動及康樂主題區（水上スポーツ・レクリエーション区）」が2023年12月に完成。これにより堅尼地城と炮台山間の約9kmがつながり、香港最長のプロムナードとなった。

↑灣仔灣興道から海底トンネル銅鑼灣入口手前 ◎24時間 ◎灣仔フェリーターミナルより徒歩約5分、MTR會展駅A2出口より徒歩約5分、MTR銅鑼灣駅C出口より堅拿道西歩道橋を経由して徒歩約9分

1.さまざまな角度からヴィクトリア・ハーバーを一望できる 2.広場や遊具のほか、ベンチやトイレもある

スペシャルな夜！

7 「シンフォニー・オブ・ライツ」に特別バージョンが登場

ヴィクトリア・ハーバーの夜を演出する音と光のマルチメディアショーに、2024年5月より特別バージョンが加わった。特定の休日などに合わせて、花火やドローンショーが月1回特別開催される予定。開催日時はウェブサイトで要確認。 **データは→P.159**

クールな外観

さまざまなアートが身近に感じられる

8 リニューアルされた「香港藝術館」でアートに浸る！

ヒョンゴーンンガイソッグーン

1962年設立の香港初の公立美術館が別館を増設するなどの大規模改修を終えて2019年11月に再オープン。1万㎡に1万7000点以上の作品を有する。香港の芸術文化シーンをさらに盛り上げるべく存在感を強くしている。 **データは→P.139**

9 続々設置予定！「デザインマンホールの蓋」＆ストリートアートの一部になった「ディストリビューション・ボックス（中電配電箱）」を見つけよう

地域の特色をデザインしたカラー版マンホールの蓋が登場。中環や大澳などのエリアにある。また、中華電力の配電箱にイラストを描く美化計画が九龍サイドで展開中。

尖沙咀の配電箱。エリアごとに図柄が異なる

Map 別冊P.16-B3

Map 別冊P.7-D1

中環のスターフェリーターミナル前にある

見つけられるかな

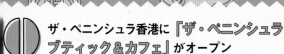

10 ザ・ペニンシュラ香港に『ザ・ペニンシュラ・ブティック&カフェ』がオープン

香港を代表するホテル「ザ・ペニンシュラ香港」の地下1階に2021年、「ザ・ペニンシュラブティック&カフェ」がオープン。ペニンシュラオリジナルの商品を扱うブティックにカフェを併設。アフタヌーンティーセットも提供している。

Map 別冊P.16-B3 九龍／尖沙咀

🏠 桃士巴利道 香港半島酒店商場地庫BL1號鋪 ☎2696-6972 🕙10:00〜19:00（カフェL.O.18:00）🚫無休 💰サ10% 💳A.J.M.V. 予約がベター 🅿25 🚇MTR尖沙咀駅E出口より徒歩約4分
URL www.peninsula.com/en/hong-kong

1.アフタヌーンティーセットの提供は11:45〜18：00、1人用438HK$、2人用768HK$ 2.ラグジュアリーな店内 3.ティーなどオリジナル商品が豊富に揃っている

周辺の景色が描かれたイラストがお出迎え

11 複合施設『エアサイド』が開業

かつてあった啓徳（カイタック）空港にインスパイアされたコンセプトのもと、約40の飲食店、約160の店舗を構える複合施設が登場。建物のデザインはサステナブル建築で有名な事務所「スノヘッタ」が手がけた。

データは→P.113

テラスに菜園があるよ

12 延伸したMTR西鐵綫が『屯馬綫（トゥンマーシン）』として開通&東鐵綫も金鐘駅まで延伸

これまで西鐵綫の名称で運行されていたが、2021年6月啓徳〜紅磡間の開通により屯馬綫としての全線開通に。また、2022年5月、東鐵綫が紅磡からヴィクトリア・ハーバーを渡って金鐘まで延伸開業。香港島から中国までつながったことになる。

東鐵綫は普通列車だが特別席（自由席）の「頭等車廂（ファーストクラス）」を両連結。利用には別料金が必要

13 MTR改札にタッチ決済を導入

2023年12月よりMTRは、クレジットカードで改札を通過できるタッチ決済対応改札機を採用。「タッチ決済対応マーク」があるVisaカードが利用できる。

かざしてゴー！

14 ゴンピン360ケーブルカーに『クリスタルプラス』が新登場

データは→P.52

MTR東涌駅と巨大な大仏様が鎮座するゴンピン・ビレッジを結ぶケーブルカーに「クリスタルプラス」が新登場。キャビンの床だけでなく、側面も上から下まで強化ガラス仕様でますますスリリングに。

スリル満点！

© Ngong Ping 360 Limited

香港3泊4日 aruco的 究極プラン

飲茶、お粥、麺、スイーツ……。香港到着時からラストミニッツまで
美食天国を堪能。もちろん、ショッピング＆ゴージャスな夜景も
欲張って楽しみ尽くす、arucoオススメ究極プランをご案内♪

Day 1 旅のベースは香港島サイドのホテル キラキラ夜景と屋台で香港を実感

ホテルチェックイン後、夜景で香港到着を実感！
ローカルフードを満喫してナイトマーケット巡り

15:00 香港國際空港に到着
エアポートエクスプレスまたはバスで
香港島サイドのホテルへ

16:30 香港島サイドのホテルにチェックイン

スターフェリー
9分

17:30 「ハーバー・シティ」でショッピング P.112
香港ブランド「イニシャル」でトップスを購入
「アワーグラス」でコスメをチェック

徒歩
すぐ

19:30 「オーシャン
ターミナル・デッキ」
で夜景撮影 P.32

20:00 ギネス公認の「シンフォニー・オブ・
ライツ」を堪能 P.159

> 10分間の
> 光のダンス
> 必見です

MTR
約5分
&徒歩

20:30

「呉松街臨時
熟食小販市場」
で夕食 P.75

徒歩
約2分

21:30 にぎやかな「男人街」を
ぶらぶら P.124

徒歩
約10分

22:00 ナイトマーケット「女人街」で
プチプラショッピング P.124

徒歩
約10分

22:30 人気の
「佳佳甜品」で
スイーツタイム P.94

Day 2 九龍サイドのディープな下町歩き＆ 注目の西九文化區をアートさんぽ♪

2日目は、下町のにぎやか飲茶でスタート。
九龍サイドの下町＆話題のエリアを満喫♪

8:30 香港島のホテルを出発

MTR＋
徒歩

9:00 ローカル飲茶「美景小廚」
で朝ごはん P.35

徒歩
約4分

10:00 ラビリンスな深水埗をてくてく P.34～37
「美荷樓生活館」で昔の香港生活を知る P.35
「カラーブラウン」で小休止 P.99
「デュード＆ペッシー」でバッグをセレクト P.37

> 昔の暮らし
> を再現した
> 新エリア

> ゆっくり
> 楽しんで♡

MTR
約5分
&徒歩

12:30 マレーシア料理「蘇媽.蘇媽
馬來西亞茶餐室」でランチ P.29

徒歩
すぐ

13:30 「618上海街」でショッピング P.28
「黑地」P.108 「リストア」P.29

MTR&
徒歩
約25分

15:00 西九文化區で
アートさんぽをスタート！
「香港故宮文化博物館」で
中国文化に触れる P.24

徒歩
約8分

16:00 「キュレター・クリエイティブ・
カフェ・アット・エムプラス」でブレイク
P.23

徒歩
約5分

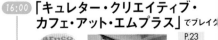

17:00 徒歩すぐ

「M+」で現代アートを鑑賞 P.24

18:30 徒歩約2分

「M+」の
ミュージアム P.24
ショップでおみやげ探し

旅の記念にM+オリジナルグッズを！

19:00 バス12分またはタクシー

ウオーター・
フロント・
プロムナードから
ビューを堪能 P.32

19:30 MTR約5分&徒歩

「姚姚酸菜魚」で四川料理のピリ辛ディナー P.59

21:00 徒歩約6分

「セカンド・ドラフト」
でクラフトビールをゴクリ P.104

22:30

スーパー
「ウエルカム」で
ショッピング P.119

Day 3 香港島のニュースポットをチェック！
夜は足マッサージで疲れを癒やして

3日目は香港島サイドを気ままに散策♪
締めはビールで香港ナイトに乾杯！

8:30 徒歩約2分

「六安居」の
ワゴン飲茶で
にぎやか朝ごはん P.39

熱いので気をつけて

9:30 トラム約15分

リノベカフェ「ハーフ
ウェイコーヒー」
でブレイク P.98

10:30 徒歩すぐ

超ロングなヒルサイド・
エスカレーターを体験 P.146

10:50 徒歩約5分

マークス&
スペンサー・
フードで
おみやげGET P.146

おしゃれなスーパー

11:20 徒歩約8分

注目のニュースポット
「中環街市」を
ぐるり P.30
「香港淳記」P.108、
「町町老香港辦館」P.30

13:00 徒歩約4分

「沾仔記」の行列に
並び、雲呑麺ランチ P.147

13:40 トラム約15分

「ジー・オー・
ディー」 P.109
香港グッズをチェック

ユニークな香港グッズを発見！

15:00 トラム約20分

「祥香園餐廳」で
パン&香港ミルクティー
でおやつ
P.90

16:00 徒歩約1分

銅鑼灣の
ショッピングモールをハシゴ P.114~115

大型モールを巡って大人買い！

18:00

屋台街「渣甸坊」でお買い物 P.143

19:00 徒歩約4分

「麺檔」で好みの具材と
麺を選んで晩ごはん P.142

お疲れのようですね！

20:30 MTR約7分&徒歩

「ブロッサム・
ザ・シークレット・
ガーデン」で足マッサージ P.126

22:00

「何蘭正」でビール&夜食 P.105

デザートも推しです♪

19

Day 4 最終日もフライト直前まで
香港を楽しみ尽くそう！

旅のフィナーレまで香港グルメ食べ歩き。
香港ならではのおみやげをセレクト♪

8:00
徒歩
約5分

「生記粥品専家」
のお粥で朝食 P.78

8:40

「文武廟」を
参拝 P.43

トラム
約30分

たくさんの
渦巻状お線香
にびっくり

9:40 「品穀」でクロワッサンとベーグルを購入 P.102

焼きたて
パンをどうぞ

徒歩
約4分

10:00

「奇華餅家
特色旗艦店」で
おみやげ入手 P.145

徒歩
約18分

10:30

「灣仔プロム
ナード」を
ぶらぶら散策 P.16

MTR
or
タクシー
or
徒歩

エアポート
エクスプレス
orバス

11:30 ホテルに戻ってパッキング後、チェックアウト

12:30 「香港國際空港」出国審査後、制限エリアで
ショッピング＆グルメ P.172

13:30 ターミナル1「正斗粥麺専家」で正斗鮮蝦雲呑麺

P.172

ラストは
おいしい
香港名物

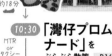

徒歩
約5分

14:00

「蛋撻王餅店」でおやつ P.172

別腹！

夕方 香港國際空港を出発、日本へ

またね！

アレンジ
plan

大澳

ランタオ島の西端に位置
するのどかな漁村。運が
よければ、絶滅危惧種の
ピンクイルカと遭遇でき
るかも。一日、遠足気分
で出かけてみたい。

P.48

南丫島

中環から快速船で30分、
豊かな自然に恵まれた島
をハイキング→海鮮ランチ
→中環にリターンという
半日プランも可能。

P.50

巨大大仏

ランタオ島一の観光スポ
ット、寶蓮寺。MTR東涌
駅からケーブルカーに乗
って巨大な大仏様に会い
に出かけよう。25分ほど
の空中散歩はドキドキ。

P.52

香港海洋公園

子供から大人まで1日中
楽しめる大型テーマパー
ク。パンダもいる。2021
年には全天候型のプール
施設「ウオーターワール
ド」が隣接地にオープン。

P.164

こんなおみやげ
買っちゃいました

「黒地」でレンゲ
各22HK$ P.108

「香港淳記」で
キーチェーン
28HK$
P.108

「M+」の
オリジナル
トートバッグ
48HK$
P.24

「錦綉唐朝」で見つけた
エコバッグ 20HK$
P.139

「尊東磁廠」で
GETした茶器
100HK$
P.116

「奇華餅家」で
スターフェリー
缶のクッキー
72HK$ P.120

知らなかった
香港を発見！

ワクワク！ドキドキ♥
新しい香港を見つけに
プチぼうけんへGO！

香港ってどんなとこかな？ とワクワクのビギナーはもちろん、
香港LOVEなリピーターもちょっとぼうけんしてみない？
ディープな下町を探検したり、ラッキーを呼び込んだり……。
とっておきの10のプチぼうけんをスタンバイ。

LET'S GO！

今話題の新名所「西九文化區」で 絶景＆アートにグルメも満喫しちゃお！

サイガウマンファーコイ

九龍半島の西側、ヴィクトリア・ハーバーに臨む約40ヘクタールの埋立地が大変貌！
西端から眺めるハーバービューや新感覚アート、最旬グルメを堪能しに出かけよう。

1日で全制覇！
arucoおすすめプラン

東京ドーム約8.5個分の敷地に見どころが満載。必見＆必訪スポットや必食＆必買アイテムをよくばりに満喫するプランをご紹介。プロムナードや公園の利用は天候次第。休憩しながら無理のないスケジュールでGO！

アート観賞からのグルメかな～

西九文化區を散策

| オススメ時間 | 10:00～22:00 | 予算 | 200HK$～ |

TOTAL 3時間～

🌟 アート＆お宝鑑賞はマスト！
「文化の砂漠」香港に登場した現代視覚文化＆アートと、権威ある北京の故宮博物院から貸し出された至宝の数々はほかでは観られないから必見。

ランガム・プレイス

旺角のランドマーク。西九文化區からのアクセスはタクシーで約13分
→P.115.141

香港故宮文化博物館

敷地面積約1万3000㎡。館内には9つのギャラリーを備え、北京故宮博物院から集められた約1000点の宝物を順次展示。建物は香港の有名な建築家ロッコ・イムの設計
→P.24

キッチンカー

12:00～19:00（目安）で毎日営業（予定）。休憩タイムに気軽に利用したい
→P.25

西隧
（西区海底トンネル出入り口）

西九龍ウオーターフロントプロムナード

ハーバービューの絶景ポイントを探しにGO！
→P.24.25

WEST KOWLOON

スカイ100

ICC100階の展望台「スカイ100」はこの位置にある。驚きの高さ！ →P.159

M+

アジア初の視覚文化ミュージアム。ヘルツォーク＆ド・ムーロン、TFPファレルズ、アラップが建築設計を共同担当、33のギャラリーからなる1万7000㎡の展示スペースを備える →P.24

西九文化區」で絶景＆アートにグルメも満喫！

9:30	プロムナードや公園を散策
10:00	「M+」
12:00	「香港故宮文化博物館」
14:00	「XIA 下江南」OR「FAM囍公館」で食事
15:30	「キュレター・クリエイティブ・カフェ・アット・エムプラス」でクールダウン→サンセット観賞
19:30	「戲曲中心」で演劇観賞 OR プロムナードで夜景観賞 OR 夜の「M+」鑑賞（金曜のみ）

戲曲中心

チャイニーズ・オペラや演劇専用の劇場。約1100人収容の大劇場、点心と中国茶をいただきながらステージ観賞できる200人収容の茶館劇場などがある →P.25

写真持参で印刷してくれる♪

キュレター・クリエイティブ・カフェ・アット・エムプラス

ラテプリンターで展示作品などをラテアートに（98HK$）。ケーキや軽食の販売もある。

Map 別冊P.20-B1 九龍／西九龍

📍博物館道38號 M+大樓B1F
☎6999-2008 🕙10:00～20:00、金～22:00 🈺無休
Card M.V. 📷20 🚇MTR九龍駅C1・D1出口より徒歩約11分
URL www.westkowloon.hk/en/curator-creative-cafe-mplus

M+ファサードの大型スクリーンも必見

最旬＆必見の観光スポット

西九文化區

サイガウマンファーコイ／West Kowloon

アートやカルチャー関係者やファンだけでなく、観光客も引きつける話題のエリア。今後も舞台藝術などの劇場建設が予定されており、リピートしないと遊びきれないはず。

Map 別冊P.20-B1 九龍／西九龍

📍九龍西九文化區
☎2200-0217（西九文化區管理局）
🚇MTR九龍駅C1・D1出口より徒歩約11分
URL www.westkowloon.hk

FAM囍公館

五感で楽しむ創作中国料理レストラン →P.25

©西九文化區管理局

CULTURAL DISTRICT

9:30 ⓐ START!

潮風が
気持ちいいね

海辺の
朝さんぽで
スタート！

ヴィクトリア・ハーバーに沿って整備されている遊歩道「西九龍ウオーターフロントプロムナード」をてくてく

©西九文化區管理局

1. 好きなスタイルで過ごしてみて
2. 香港故宮文化博物館側から香港島サイドを望む。これまでとは違う眺めが新鮮

10:00 ⓑ

現代視覚アートで
感性を刺激

33のギャラリーがあるM+はじっくり鑑賞したい。屋外には眺めのいいルーフガーデンも

1. フラッシュ撮影は禁止。ルールを守って鑑賞を 2. 建築美も見どころのひとつ。館内もそれだけでアート作品のよう

存在感、
すごいでしょ

便利！ロッカー完備

245

専用機で手続き完了後、カウンターでリストバンド式キーを受け取る（有料ロッカー10HK$）

ショップも必見

オリジナルグッズなどが並ぶ。M+ロゴバッグ48HK$。
⏰11:00〜19:00（金〜2200）㊡月

金曜の夜は穴場と化す
M+ エムプラス

常設展や特別展など香港のみならず世界から集まる作品の数々に魅せられる。おすすめは金曜夜の時間帯。自分の世界に浸って鑑賞できる。

Map 別冊P.20-B1 九龍／西九龍

🏠博物館道38號M+大樓 ☎2200-0217 ⏰10:00〜18:00、金〜22:00。入場は閉館の30分前まで ㊡月 ㊎一般入場料120HK$、特別展含む入場券140HK$〜 Card A.J.M.V. 🚇MTR九龍駅C1・D1出口より徒歩約11分 URL www.mplus.org.hk

---

12:00 ⓒ

中国の
お宝に感動

館内には合計7800㎡を占める9つのギャラリーがある。世界有数のコレクションを鑑賞

1. 香港の新しいランドマーク
2. ミュージアムショップ「アート・エクスプレス・バイ・商務印書館」併設
3. 見事なお宝

美しさは
永遠！

©西九文化區管理局

北京の故宮博物院の至宝を身近に
香港故宮文化博物館

ヒョンゴーングーゴンマンファーボッマッグーン／Hong Kong Palace Museum

中国陶磁器のコレクションや北京の故宮博物院から貸し出されたアート作品を展示。現代の香港人アーティストの作品展示もある。

Map 別冊P.20-B1 九龍／西九龍

🏠博物館道8號 ☎2200-0217 ⏰10:00〜18:00、金・土・祝〜20:00。チケット販売は閉館60分前まで ㊡火、旧正月2日間 ㊎一般入場券80HK$、特別展を含む入場券180HK$〜 Card A.J.M.V. 🚇MTR九龍駅E4、E5出口より徒歩約15分、MTR九龍駅C1・D1出口から西九文化區経由で徒歩約15分 URL www.hkpm.org.hk

---

West Kowloon Cultural District MAP

園内移動には電動車が便利

園内を巡回する電動車は10:30〜13:00、15:00〜17:30で30分に1本運行（月〜金）。「戯曲中心」など外部への移動は路線バスやタクシー、または徒歩で

電動車

westKowloon
西九文化區

🚏=電動車停留所
🚏=路線バス停留所

❌ MTR九龍駅

ライリック・シアター・コンプレックス建設工事中

どこから
見ようかな？

フリースペース

N

14:00

徒歩1分

ランチは本格中華&点心

香港故宮文化博物館内にあるレストランで、北京の宮廷食文化に触れてみよう

1. 紅棗蓮子燉燕窩108HK$
2. (手前) 火薫玉蓮鴨子麵138HK$ (単品)。(奥) 豌豆黄48HK$

中国の飲食文化です

ストーリーのある料理を
xIA 下江南 シア ハーゴーナム [d]

宮廷や清代の皇帝らの逸話がある飲食文化をメニューにしたためて提供。香港故宮文化博物館で宝物を見たあとに宮廷の食文化を味わってみて。

Map 別冊P.20-B1 九龍／西九龍

⌂博物館道8號香港故宮文化博物館地舖 ☎2730-3038 ◷10:30～20:00 休火 料サ10% Card J.M.V. 席84 交MTR九龍駅E4・E5出口より徒歩約15分、MTR九龍駅C1・D1出口から西九文化區経由で徒歩約15分 URL www.facebook.com/xia.curator

徒歩5分

1. 叉焼入りブラックメロンパンの黑金雪山包78HK$ 2. アフタヌーンティーセット2名198HK$ 3. 蒸しおこわの瑤柱花膠珍珠雞78HK$ 4. 窓際の席で特製点心を

五感で楽しむ点心
行政總廚の林さん
スモークで夢の境地へ

食・芸術・音楽の要素が融合
FAM囍公館 ファムヘイゴングーン [e]

ニンジンを模したパイの中に細切り大根を入れた点心（盆栽小蘿蔔78HK$）など視覚や味覚で楽しむ広東料理を提供。海を向く席から夜景も見える。アフタヌーンティーセット提供は14:30～18:00、数量限定。

Map 別冊P.20-B1 九龍／西九龍

⌂博物館道22號地下1-3號舖 ☎2866-3667、6888-7798 ◷12:00～22:00 休無休 料サ10%、お茶代20HK$ Card A.M.V. 席300 交MTR九龍駅E4・E5出口より徒歩約15分、MTR九龍駅C1・D1出口から西九文化區経由で徒歩約15分 URL www.fampark.com

キッチンカー（藝術公園美食車） [f]

調味料メーカー「八珍醬園」など特色あるキッチンカーが出店。お酢ドリンク25HK$ ◷12:00～19:00（変動あり）

徒歩2分

18:00頃～ [g]

パノラマのサンセット&夜景をひとり占め！

外出日和だよね

開放的なパブリックスペースを散歩しながら雰囲気満点のサンセットや夜景を観賞できる

1. 幻想的な夜景をひとり占め 2. サンセットを見ながら香港に浸ってみて

ヴィクトリア・ハーバーの夜景スポット→P.32

©西九文化區管理局

徒歩20分

19:30（金・土・日） [h]

GOAL!

チャイニーズ・オペラを観賞

広東の伝統文化！

茶館劇場では英語と中国語の字幕付きで観賞可

伝統芸能を体感
戲曲中心 ヘイコッジョンサム／Xiqu Centre

中国のランタンにインスパイアされたデザインの劇場。吹き抜けのあるスペースも必見。観劇チケットは窓口かウェブサイトで購入を。

©西九文化區管理局

Map 別冊P.16-A1 尖沙咀

⌂柯士甸道西88號 ☎2200-0217 ◷10:00～22:30（チケット販売は基本的に閉館90分前まで） 休無休 料茶館劇場342HK$（バルコニー席）、300HK$（一般席）、一般公演は演目により異なる Card M.V. 交MTR柯士甸站駅E出口より徒歩約1分、MTR佐敦駅C2出口から徒歩約9分 URL www.westkowloon.hk/tc/xiqucentre

最旬ストリートアートを探しに 街角フォト&動画ツアーへGO!

LOVE

アジアのアートにおけるハブとして今、大注目の香港。身近なストリートを彩るアートを巡れば、テンション上がりっぱなし!

"いいね!"を
ゲット♪

撮影が止まらない! 写真映えの聖地へ

世界のアーティストが香港のビル壁に絵を描き始め、2018年には香取慎吾さんによるウオールアートも登場。写真映えの聖地として話題の中環～上環へ。

香港女子
ナビゲーター

左からCeciliaさん、Carrieさん、Aarenさん

香取慎吾さんが18時間かけて描いたウオールアート「大口龍仔(大きなお口の龍の子)」。
▲荷李活道と些利街の交差点 Map 別冊P.15-D1

中環～上環の撮影スポット巡り

TOTAL
2時

| オススメ時間 | 11:00～17:00頃 | 予算 | 100HK$～ |

スマホ&カメラ片手にてくてく♪ 中環～上環にかけて点在するストリートアート。かわいいと思ったらすかさずカシャッ。休憩しながら無理せず回るのがベター。

3

2

ラテン料理レストラン「ウマ・ノタ」に描かれた作品は、女性3人のアーティストグループ Elsa Jeandedieu Studio によるもの。
▲卑利街38號
Map 別冊P.15-C1

3.5k

520

4

これもElsa Jeandedieu Studioの作品。▲士丹頓街7號
Map 別冊P.15-D1

中環アートMAP

Des Voeux Rd.
Central

9

10

8

Queen's Rd.
Central

6

7

Caine
Road

1

4

5

3

2

N
0   200m

ピー・エム・キュー
→P.113

大館
→P.31

Map 別冊P.14～15
香港島/中環・上環

賽馬會藝方
→P.27

「ジー・オー・ディー(→P.109)」(ハリウッド・ロード中環店)の横にあるウオールアートは、今はなき九龍城のマンション群。
▲荷李活道48號
Map 別冊P.15-C1

1

動画撮影アドバイス

aruco
カメラマン
直伝

人気の撮影スポットでは他人が端に映り込むことも多いので、撮影後に自分でトリミングを。階段や坂を利用したポーズで楽しんでみて!

smile

5 マデラ・ハリウッドの外壁も超目立つ！
♠荷李活道53號　Map 別冊P.15-C1

6 漢方ドリンクスタンド、涼茶舗「公利真料竹蔗水」（→P.135）のシャッター。レトロ建築とマッチ！Map 別冊P.15-C1

🎥 **動画撮影アドバイス**
ダイナミックなアートだから引き（広角）で撮影すると全体像が見えて◎。人物を入れてアップで撮影すれば幾何学的でカラフルな背景が映えておもしろい！

7 カフェ＆バー「DIO」をイメージしたネコのアート。
♠鴨巴甸街8號　Map 別冊P.15-C1

WOW

8 興隆街の鴻徳大廈にある。路地に迫力をプラスして。
♠德輔道中106號　Map 別冊P.7-C2

9 ブルース・リーはXEVAの作品。
♠四方街（水池巷の入口）
Map 別冊P.14-A2

10 元気いっぱい、野菜のアート。
♠歌賦街（九如坊北の入口）Map 別冊P.14-B3

ART
話題の最旬建築＆アートを鑑賞

「大館」（→P.31）に併設されたアートギャラリー。設計はM+（→P.24）と同じヘルツォーク＆ド・ムーロン。外観のほか、写真映えするらせん階段が有名。香港内外のアーティスト作品の展示も毎回注目を集める。

作品の撮影は自由

賽馬會藝方 チョーイマーウーインガイフォン
JC Contemporary
Map 別冊P.15-D1　香港島／中環
♠荷李活道10號　☎3559-2600
⏰11:00～19:00　🈺月　💴無料
🚇MTR中環駅D2出口より徒歩約7分
URL www.taikwun.hk

まだある！　人気のウォールアート@灣仔

インフロ・ウェズリー金鐘香港の外壁。香港の景色が描き込まれている。♠軒尼詩道22號
Map 別冊P.8-B2

ひっそりたたずむカラフルなドラゴン。
♠石水渠街と吉安街の交差点　Map 別冊P.9-C3

印鑑店の屋台がキュートに変身。
♠太原街
Map 別冊P.9-C3

プチ
ぼうけん
3

フォトジェニックな リアル オールド香港
カメラ片手に ヘリテージスポット＆老舗巡り♪

街角で出合う古い建物。移り変わりの激しい香港で商いを続けてきた老舗。
九龍サイドから香港島へ、本物の「オールド香港」を巡る旅へ。
歴史あるスターフェリーとトラムに乗って出かけましょ♪

オールド香港巡り

TOTAL 3時間〜

オススメ 時間	11：00〜 16：00
予算	お買い物 次第

フォトジェニックなオールド香港を歩く
歴史を刻んできたクラシックなビル
や味わいのある老舗を訪ね歩く。建
物の外観や内部のディテール、移動
の交通手段も撮影しちゃおう。

レトロ♡かわいい 香港にタイムスリップ

香港の町に現存する歴史的建築物は個性
豊か。レトロかわいい香港を巡り、タイ
ムスリップした気分を味わってみて。

懐かしさを
感じる香港
を探そう！

九龍コース

香港島では
トラムでGO

A 深水埗警署 シャムスイポーゲンシュ
中国と西洋を融合！
1925

今も現役の警察署。5つの建物が
あり、いちばん古いのがブロック
C。伝統的な中国建築と当時の西
洋の流行をミックスしている。か
つて日本軍が指揮本部として占拠
したという歴史も。

Map 別冊P.20-A1 九龍／深水埗

🏠欽州街37號A ⏰24時間 💰無休 💰無料 🚇MTR深水
埗駅C2出口より徒歩約5分

コロニアル式
今も現役！

徒歩15分

Map 別冊P.19-C1 九龍／旺角

🏠荔枝角道119號 ☎3411-0628 ⏰10：00
〜18：00、日13：00 💰祝、旧正月 💰無
料 Card不可 🚇MTR太子駅C2出口より徒歩
約8分 URLscm.hkbu.edu.hk/

B 雷生春堂 ライサンチュントン
風格ある唐樓
1931

唐樓（トンラウ）と呼ばれ
る中国スタイルの店舗兼住
宅。2008年に香港浸會大
學中醫藥學院として再活用。
ギャラリーもあり、香港の
漢方について学べる。

徒歩10分

C 618上海街 ロイヤッパッ ションホイガイ
広東伝統の建築
1920-64

1920年代から1960年代に
かけて建てられた14棟の
唐樓がショッピングモール
として再生。建物の内外に
当時の面影を残している。

Map 別冊P.19-C2 九龍／旺角

🏠上海街618號 ☎2618-
8980 ⏰11：00〜23：00
（店舗により異なる）💰無
休（店舗により異なる）🚇MTR旺角駅C2
出口より徒歩約1分

28

※各スポット名下に記載の年代は建物の建築年です。

1. 市場のシンボルでもある赤いカサのランプが彩る中環街市　2. 鳥籠がインテリアに。618上海街
3. 灣仔にある奇華餅家旗艦店
4. 1904年から香港島を走るトラム
5. スターフェリーの歴史は120年以上　6. 7. 8. 618上海街にはアートがあちこちに

紡績工場をリノベしたおしゃれスポット

南豐紗廠 ナムファーサーチョン／The Mills

Map 別冊P.3-D2　九龍／荃灣

紡績工場を改装し、2018年に誕生した複合施設。ショップやカフェ約40店が入店。工場の歴史を紹介する展示スペースもある。

🏠白田壩街45號　☎3879-2300
🕐10:00～22:00（店舗により異なる）　休無休（店舗により異なる）　🚇MTR荃灣駅A3出口より無料シャトルバスで約5分、または徒歩約12分

半島と島を結んでます

MTR荃灣駅A4出口から連絡橋を渡ると無料シャトルバスの停留所が

D

中國の英国建築
香港文物探知館
ヒョンゴンマンマッタージーグーン
1910

香港の歴史と建築物や古跡について常設展示。英国スタイルの洋館は、ロビーや渡り廊下など110年近く前とは思えないほどモダン。

Map 別冊P.16-A2～B2　九龍／尖沙咀

🏠海防道九龍公園　☎2208-4488
🕐10:00～18:00、日・祝～19:00　休木、旧正月2日間　無料　🚇MTR尖沙咀駅A1出口より徒歩約3分

MTR
＋徒歩12分

蘇媽.蘇媽馬来西亞茶餐室
ソウマー／ウマーマーサイアーチャチャンサッ／Kedai Kopi Semua Semua

マレーシア料理店。ランチタイムには、肉骨茶（バクテー）や福建蝦麺などとドリンクが付いたお得なセットランチを提供。

🏠618上海街地下 G01號舗　☎2389-3829　🕐11:30～22:00　休旧暦大晦日から3日間　Card M.V.　120

椰汁斑蘭冰（ココナッツパンダンドリンク）26HK$

マレーシアのミルクティーの入れ方は独特

高い位置から注いで入れるよ

リストア REstore

香港クリエーターがデザインした香港製の雑貨を扱っている。一番人気は、ミニバスの看板仕様のキーホルダー。

🏠618上海街1樓102B&C　☎2789-8815　🕐11:00～21:00　休旧正月2日間　Card M.V.

1. キーホルダーはミニバス看板と同じデザイン、各60HK$　2. エコバッグは香港の風物を撮影した写真をデザイン、128HK$　3. 香港柄のブローチ各20HK$　4. 猫のピンバッジ各50HK$

黒地 → P.108

椰香咖央多士（カヤトースト）38HK$と馬來西亞拉茶（ミルクティー）22HK$

A 中環街市
ジョンワンガイシー
1842

ネオ市場でお買い物

媽咪雞蛋仔
マメイガイタンチャイ／
Mammy Pancake

香港の焼き菓子「雞蛋仔」（ガイダンチャイ→P.97）の専門店。外はカリッと中はしっとりした食感。バリエーションも豊富。

ホカホカ
焼きたてを
食べてね

☗中環街市2樓242B舖 ☎なし ⏰11:45〜20:45 ㊡旧正月数日 Card A.M.V.

チョコと
バナナです

1842年に市場としてスタート。2003年に閉鎖された後、2021年にリノベしてネオ中環市場として開業した。90ほどの店舗が並ぶ。

Map 別冊P.15-C2 香港島／中環

☗皇后大道中93及德輔道中80號
☎3618-8668 ⏰10:00〜22:00（店舗により異なる）㊡無休（店舗により異なる）
🚇MTR中環駅D2またはC出口より徒歩約5分

乗り物好き
は要チェック

香港淳記 → P.108
甄沽記 → P.121

右上はプレーン（原味）20HK$。左はチョコバナナ36HK$

叮叮老香港辦館
デンデンロウヒョンゴンバングン／
Hong Kong Tram Store

トラムやバスなどの乗り物模型や香港モチーフの雑貨、お菓子など、香港グッズを揃えたバラエティストア。

☗中環街市1樓117舖 ☎9852-0500
⏰11:30〜20:30 ㊡無休 Card A.J.M.V.

1. 香港中を走るミニバス（公共小巴）の模型78HK$ 2. スターフェリーの模型98HK$ 3. クラシックトラム350HK$ 4. 英国領時代のポスト128HK$

アートに
触れる場と
して人気

徒歩4分

徒歩2分

ひっきりなしにお客が訪れ、漢方茶「涼茶」を一気飲みしていく。美肌や解毒などの効能があるという「廿四味涼茶」12HK$をゴクリ。

Map 別冊P.15-C2 香港島／中環

B 春回堂藥行
チュンウイトウゴッホン
1916

旅の不調に漢方茶を

☗閣麟街8號 ☎2544-3518
⏰9:00〜19:30 ㊡日、旧正月
Card不可 ㊡10
🚇MTR中環駅C出口より徒歩約5分

徒歩7分

C Fringe club
フリンジクラブ
藝穗會
1890

昔の冷蔵保存庫

1890年に乳業会社の冷蔵倉庫として英国コロニアルスタイルで建てられた。視覚芸術の展覧会や音楽ライブ、ステージパーフォーマンスなどが開かれるアートスペースになっている

Map 別冊P.15-D2〜3 香港島／中環

☗下亞厘畢道2號 ☎2521-7251 ⏰12:00
〜24:00 ㊡日、旧正月 Card M.V. 🚇MTR
中環駅D1出口より徒歩約7分
URL www.hkfringeclub.com

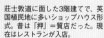

D 大館（ダーイグン）
歴史を学べる

1864

19世紀中頃から20世紀初頭にかけて建設された警察・司法関連の歴史的建築物を修復し、2018年に複合施設としてオープン。建物の歴史を展示するギャラリーやショップ、レストランなどがある。

Map 別冊P.15-D2 香港島／中環

🚶荷李活道10號 ☎3559-2600
🕐8:00～23:00（施設により異なる）
無料 MTR中環駅D2出口より徒歩約6分
URL www.taikwun.hk

フォトジェニックなリアルオールド香港

樂茶軒でヘルシーな点心を♪

プチぼうけん3

樂茶軒茶藝館
ロッチャーヒンチャアイグン／
LockCha Tea House

クラシックな雰囲気漂う店内でベジタリアン点心をいただける。中国茶専門店が経営しているためお茶の種類も豊富。

🚶大館ブロック01,G/F,G07 ☎2276-5777 🕐11:00～22:00 旧正月3日間 サ10% Card A.M.V. 16+ テラス40

こだわりのお茶や茶器

1

3

1. 黒松露燒賣48HK$、海蒸甘筍餃32HK$、酥炸椒鹽素牛肉丸58HK$、紅棗糕32HK$などベジタブル点心　2. 秘製豉油炒麺48HK$　3. 隣にはオリジナルブランドの中国茶や茶器を扱うショップも

F 和昌大押（ウォーチョンダイアー）
「押」＝質店

1888

莊士敦道に面した3階建てで、英国植民地に多いショップハウス形式。昔は「押」＝質店だった。現在はレストランが入店。

Map 別冊P.8-B3 香港島／灣仔

🚶莊士敦道62號 🕐店舗により異なる 無休 MTR灣仔駅B2出口より徒歩約4分

徒歩3分

トラム23分

G 奇華茶室（ケイワチャサッ）
床と階段に注目

1930

奇華餅家特色旗艦店（→P.145）2階のカフェへ上る階段と店内の床は、建築当時のまま。レトロな空間でオールド香港巡りの疲れを癒やして。

Map 別冊P.8-B3 香港島／灣仔

🚶皇后大道東188號1樓 ☎2148-3388 🕐11:00～22:00 旧正月元日 サ10% Card J.M.V. 48 MTR灣仔駅D出口より徒歩約3分
URL keewah.com/hk

香港発のブランドを見にきてね

徒歩6分

E PMQ 元創方（ピーエムキュー）
香港アート

1951

元警察官舎を全面リニューアルしたアート＆デザインのハブ施設。香港クリエーターや香港ブランドのショップ140店ほどが入店。

Map 別冊P.14-B3 香港島／上環

🚶鴨巴甸街35號　PMQ元創方 ☎2870-2335 🕐店舗により異なる 店舗により異なる Card A.J.M.V.（店舗により異なる） MTR上環駅E2出口より徒歩約15分
URL www.pmq.org.hk

グルー・アソシエイツ
GLUE Associates

香港のクリエイターが設立した雑貨ブランド。洗練されたインテリアグッズやファッションアイテムまで多彩に揃えている。

🚶PMQ 4/FS403 ☎5281-2402
🕐12:30～19:00 旧正月2日間 Card A.M.V.

2

1. 「TRAVEL ALONE」のイラストがユーモラスなトートバッグ350HK$　2. キャンドル350HK$　3. 服を作った余り布を利用したフィッシュ形ペンケース185HK$

1. 星洲炒蘿蔔糕53HK$、奥は公司三文治65HK$　2. 鮮果雪糕窝夫（フルーツワッフル）80HK$

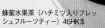

蜂蜜水果茶（ハチミツ入りフレッシュフルーツティー）45HK$

31

プチぼうけん 4

[香港イチの絶景]

ヴィクトリア・ハーバーの夜景はココから眺めるのが正解！

香港観光のハイライトともいえる夜景観賞。きらめくヴィクトリア・ハーバーのナイトビューは感動もの。絶景をひとり占めできる穴場的スポットをご紹介。宝石箱のような夜景を無料で堪能できるのはココ！

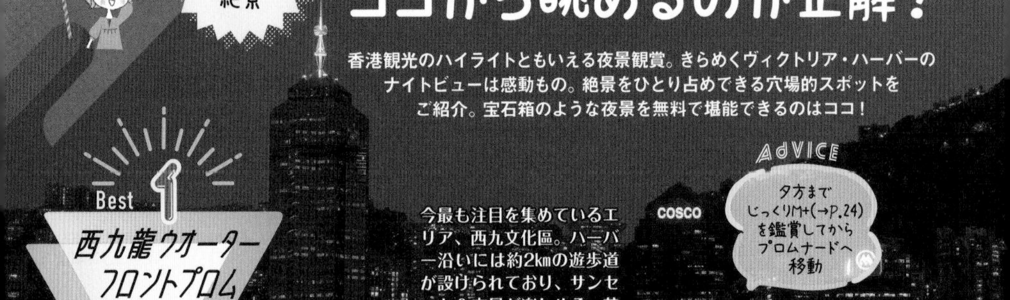

Best 1 西九龍ウオーターフロントプロムナード
西九龍海濱長廊

今最も注目を集めているエリア、西九文化區。ハーバー沿いには約2kmの遊歩道が設けられており、サンセット&夜景が楽しめる。芝生のゾーンやベンチなどもあり、座って観賞が可能。

[Map] 別冊P.20-B1　九龍/西九龍

🕘24時間　[休]無休　[交]MTR九龍駅C1またはD1より徒歩約10分

AdVICE
夕方までじっくりM+（→P.24）を鑑賞してからプロムナードへ移動

NIGHT VIEW OF VICTORIA HARBOUR

Best 2 オーシャンターミナル・デッキ
海運觀點

オーシャンターミナル・デッキは、ヴィクトリア・ハーバーを挟み、香港島と九龍半島の絶景を堪能できる。香港一夕日の美しいスポットとしても人気。

[Map] 別冊P.16-A3　九龍／尖沙咀

🏠廣東道海港城海運大廈新擴建大樓
☎2118-8666　🕘7:00～24:00　[休]無休
[料]無料　[交]MTR尖沙咀駅A1またはC1出口より徒歩約5分　[URL]www.harbourcity.com.hk

絶景Point
270度のビュー。ここからの夕景は香港No.1ともいわれている

Best 3

灣仔フェリー ピア展望デッキ
灣仔渡輪碼頭
公眾觀景台

尖沙咀からスターフェリーで灣仔に渡り、乗り場の屋上の展望デッキへ。西九文化區や尖沙咀の「K11ミュシーア」など九龍サイドのスカイラインが見渡せる。

Map 別冊P.9-C1 香港島/灣仔

⏰7:00〜23:00 㐧無休
📍灣仔渡輪碼頭の屋上

ヴィクトリア・ハーバーの夜景はココから眺めるのが正解！

プチぼうけん

絶景Point
M+やK11ミュシーアなど九龍サイドの絶景ビュー。ベンチもある

灣仔フェリーピア展望デッキからは西九文化區「M+」のLEDスクリーンも見える

絶景Point
人が少なく、公園やベンチに座って満喫できるワイドなナイトビュー。

AdVICE
日没30分前目指して尖沙咀からスターフェリーで灣仔へ渡ろう

あまり知られていないためかすいている。ベンチでビールやドリンク持参で眺めるのも◎

無料で夜景をひとり占め 穴場スポットBEST3へご案内♪

香港の定番夜景スポット（→P.158）は団体旅行客が訪れることもあり、夕方から大混雑する。かなり早めに行ってポジションを確保しておかないと夜景撮影は難しい。穴場として紹介した3スポットは人が少なく、サンセットからナイトビューまでゆったり観賞&撮影が可能。

尖沙咀プロムナードより人が少なく、夕暮れから移り変わる景色をゆったり楽しめる

AdVICE
ハーバー・シティ（→P.112）でショッピングを楽しんだあとデッキへ

とっておきの夜景スポットへ

TOTAL 1時間

オススメ時間 日没30分前〜30分後　予算 無料

⭐ 香港のベストショットを撮ろう
香港旅行での撮影で絶対おさえておきたいのが夜景。おすすめは、西九文化區のウォーターフロントプロムナード。すいていてワイドな夜景を満喫できる。

こちらもおすすめ！

スターフェリー船上からのナイトビュー
九龍サイドと香港島サイド、両岸の夜景に包まれるような感覚を味わえるのも船上ならではの体験。また、毎晩開催される「シンフォニー・オブ・ライツ」も船上から眺めるとひと味違う。スタート時刻の20:00をまたぐよう計算して乗船してみて。わずか100円ほどの優雅なクルーズ。

音と光のショー「シンフォニー・オブ・ライツ」→P.159

📷 夜景撮影Point

1 コンパクトカメラやスマホはフラッシュOFF

2 三脚を使って写真をグレードアップ

3 日没30〜50分後の時間帯がおすすめ

「素顔の香港」に会えるディープな下町

九龍サイド

深水埗（シャムスイポー）を探検しよう♪

尖沙咀からMTRで10分ほどの深水埗は、路上に屋台が連なるディープな下町。
ローカルグルメやおしゃれカフェがひそむ深水埗は「素顔の香港」に会える町。

「唐樓」と呼ばれる古い建物が今も残る

撮影スポット
カラフル！

「公和荳腐廠」の店内にはかわいいイラストが

大南街と黄竹街の角に立つ萬風大廈

街歩き途中に見つけたウォールアート

「映える」ショッピングモール西九龍中心

美荷樓生活館の新エリア「歳月留情」

深水埗 SHAM SHUI PO

古い町並みにカフェやショップが加わってますます楽しくなったにゃ！

食べて、買って、見て 一日ラビリンスを楽しも！

街中がマーケットのような庶民的なローカルタウン深水埗。昔ながらの町並みのなかに魅力的なお店がたくさんひそんでいる。ラビリンスに迷い込み、一日楽しんじゃお！

深水埗
Sham Shui Po

賽馬會創意藝術中

YHA美荷樓青年旅舍 C

青山道

元州街

福榮街

福華街

E hotel

石硤尾街市 A

石硤尾

おもちゃ街

E H B I

西九龍中心 D

1 深水埗駅 J

屋台街 2

深水埗警署

鴨寮街

桂林街

北河街

南昌街

荔枝角道

布行

大欖涌

K

F G L

布行

3 楓樹街遊樂場

4

下町・深水埗を探検

TOTAL 4時間〜

オススメ時間 8:30〜スタート
予算 お買い物次第

カジュアルファッションでGO！
歩き回るので履き慣れたスニーカーが最適。小さな商店や屋台ではクレカが使えないことが多いため、現金を用意しておこう。問屋街は日曜・祝日休みが多いので注意して！

まずは庶民派飲茶でスタート！

1. お客は付近にある団地の住民が中心。観光客はほぼいない　2. 点心は17〜22HK$と格安。＋お茶代としてひとり5HK$が必要　3. 階下は市場　4. 点心は自分で取りにいくスタイル

A ローカル飲茶
美景小廚
メイギンシウチュー

石硤尾街市の上にある飲茶店。早朝4時から営業し、周囲の団地に住む人の憩いの場となっている。屋外席でお茶と点心を味わえば住人になった気分に。

[Map] 別冊P.20-A1 九龍／深水埗

住 石硤尾石硤尾邨街市及熟食檔平台2-3號舖　☎2776-9898　営4:00〜11:00　休水、旧正月　[Card]不可　交MTR石硤尾駅A出口より徒歩約3分、またはMTR深水埗駅B2出口より徒歩約6分

B 1893年創業の老舗豆腐店
公和荳品廠
ゴンウォダウバンチョン

創業当時の味を守る香港屈指の有名店。できたての豆腐を求める常連客で常ににぎわう。隣接の食堂では、豆腐を使った軽食やデザートなどを安価で提供。

[Map] 別冊P.20-A1 九龍／深水埗

住 北河街118號地下　☎2386-6871　営7:00〜21:00　休旧正月数日　[Card]不可　席30　交MTR深水埗駅B2出口より徒歩約1分

1. 店内の壁には愛らしいイラストが描かれており、女子ひとりでも入りやすい　2. 揚げ豆腐2種とさつま揚げの3種、蓼拼18HK$　3. 荳腐花はホットとコールドがあり、各大13HK$、小11HK$　4. 豆漿（豆乳）大10HK$、小7HK$

ジェットコースターを発見！

D 下町価格の店がズラリ
西九龍中心
サイガオルンチョンサン／Dragon Centre

個人商店から百貨店、フードコートやゲームセンターまで、地元に愛されるショッピングモールにハマる人続出中！

[Map] 別冊P.20-A1 九龍／深水埗

住 欽州街37K　☎2360-0982　営11:00〜22:00（店舗により異なる）　休店舗により異なる　[Card]店舗により異なる　交MTR深水埗駅C1出口より徒歩約3分　[URL]www.dragoncentre.com.hk

C オールド香港をポップに再現
美荷樓生活館
メイホーラウサンウーグン
Heritage of Mei Ho House

香港の公営団地を中心とした歴史を紹介するミュージアム。2022年にリニューアルを行い、「歳月留情」と題したエリアが加わった。

[Map] 別冊P.20-A1 九龍／深水埗

住 石硤尾邨41座　☎3728-3544　営10:00〜18:00　休月、旧正月3日間　料無料　交MTR深水埗駅D2出口より徒歩約7分　[URL]yha.org.hk/zh/

「歳月留情（Memories of Our Days）」は、1950〜60年代の市民生活がテーマ。市場や映画、大牌檔、理髪店など約25の分野に分けて展示している。レトロな香港は魅力的

NEWエリア「歳月留情」は撮影したくなる楽しさだにゃ♪

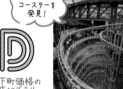

70年前が再現されているのね

E

1. カヤジャムと練乳のフレンチトースト22HK\$も看板メニュー　2. 一番人気の豚レバー麺37HK\$

グルメ激戦区で屈指の行列店
維記咖啡粉麺
ワイゲイガーフェファンミン

小さな屋台から始まり、今では同じ通りに3店舗構える人気店に。ほとんどの客が注文する豚レバー麺は、化学調味料無添加で1日に2000杯以上売れることもある看板メニュー。

Map 別冊P.20-A1 九龍／深水埗

🏠福榮街62及66號　☎2387-6515　🕐6:30～20:30、土・日・祝～19:15　🈺無休　Card不可　🚇MTR深水埗駅B2出口より徒歩約3分

F

香り高いコーヒーでチルタイム
コーヒーマターズ
Coffee Matters

にぎやかな町に疲れたらカフェで小休止。深水埗にはおしゃれなカフェが急増中。古い建物をリノベーションし、インテリアに木製品を取り入れた店内から落ち着ける。

Map 別冊P.20-A1 九龍／深水埗

🏠基隆街170號5號舗　☎6496-2609　🕐12:00～19:00、金・土～19:30　🈺不定休、旧正月　Card不可　🚌22　🚇MTR深水埗駅A2出口より徒歩約5分

アップルクランブル40HK\$とブラックコーヒー35HK\$。ケーキは日替わり

6カ国のコーヒー豆を自家焙煎

> カラーブラウン →

G

カラダによいスイーツ
康瑞甜品
ホンソイティームバーン

現役マッサージ師が、「おいしくて体によいものを提供したい」と始めた露店が大評判に。店舗を構えた今も行列必至の人気スイーツ店。街歩きの疲れを癒やして。

Map 別冊P.20-A1 九龍／深水埗

🏠荔枝角道323號地下　☎9034-3832　🕐15:00～24:00　🈺旧正月6～8日間　Card不可　🚇MTR深水埗駅A2出口より徒歩約5分

1. 特式仙草百配29HK\$、伝統スイーツ全19種24HK\$～　2. ゴマのせ小丸子22HK\$

1. 煎韮菜餃（ニラ焼き餃子）21HK\$　2. 魚湯西洋菜餃（クレソン餃子のスープ）33HK\$　3. 梅菜蒸肉餅飯50HK\$は梅菜入りひき肉の蒸し物の定食。スープ、青菜炒め、ご飯付き

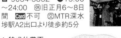

H

ローカルに支持される
圓方餃子粥麺
ユンフォンガウジージョックミーン

九龍城で創業し、深水埗で20年以上営業している餃子店。健康的で新鮮な食材にこだわった料理を提供している。おすすめは、西洋菜（クレソン）を使ったヘルシーな餃子。

Map 別冊P.20-A1 九龍／深水埗

🏠福榮街9號地104號舗　☎2720-0855　🕐10:00～21:00　🈺不定期、旧正月　Card不可　🚇MTR深水埗駅B2出口より徒歩約1分

名物ストリートをてくてく

電気関連の屋台街
❶ 鴨寮街
アップリウガイ
APLIU ST.

オーディオや電気機器などを扱う店や屋台200軒が並ぶ。スマホ関連グッズの取り扱いも多く、SIMカードも売っている。🚇A2またはC2出口

> 徒歩約5分

おもちゃ屋街
❷ 福榮街
フォッウィンガイ
FUK WING ST.

おもちゃやパーティグッズをメインに扱う店が十数軒並ぶ。小売りも行っているのでチェックしてみては。🚇B2またはD2出口

モノづくりの町深水埗でGETしたい 個性派バッグ

深水埗オリジナルだにゃー♪

布地や皮革、手芸用品などを扱う店が多い深水埗。モノづくりが盛んな町を歩いて見つけた個性的なバッグをGETしたい！

320HK$

ミニショルダーバッグ。街歩き用のバッグとして最適 [I]

580HK$

人気No.1のバックパック「マカロン」。カラーバリエーションも豊富 [J]

各630HK$

香港人デザイナーが手がけるアニマルシリーズのオウム [K]

480HK$ 440HK$

ショルダーバッグ。ブラックは夜光仕様。グレーは通常タイプ [K]

380HK$

クロスボディバッグは撥水素材を使っていて軽量。収納力もある [I]

560HK$

撥水ナイロンを使った軽量リュック Gemini Backpack [I]

620HK$

Hitch Backpack。耐久性と耐水性に優れたナイロン生地を使用 [I]

45HK$

香港を象徴する赤白青のビニール生地製のトートバッグ [L]

I 旅にぴったりのバッグ デュード&ベッシー DUDE & BESTUIE

2012年にネット販売開始。好評を得て3年後に実店舗を構えた。撥水ナイロンを使い、複数のポケットを備えるなど、実用性に優れたバッグを販売。

[Map] 別冊P.20-A1 九龍／深水埗

住 福華街86號地下 ☎2766-1148
営 11:00～20:00 休 旧正月3日間
[Card] J.M.V. 交 MTR深水埗駅A2出口より徒歩約5分 [URL] dudebestie.com

J 遊び心のあるバッグ ドーナッツ Doughnut

地元デザイナーが手がけるファッションと機能性が融合したアウトドアバッグの専門店。日本の映画やアニメ作品とコラボしたアイテムも展開する。

[Map] 別冊P.20-A1 九龍／深水埗

住 福華街68號地下 ☎2386-3279
営 10:30～20:00 休 無休 [Card] M.V.
交 MTR深水埗駅B2 出口より徒歩約2分 住 銅鑼灣店 [Map] 別冊P.10-B2

K 動物モチーフが人気 モーン・クリエーションズ Morn Creations

ディテールまでこだわり、実用性も高い。「人間のパートナーである動物たちを愛して守ってほしい」というデザイナーの思いが込められている。

[Map] 別冊P.20-A1 九龍／深水埗

住 鴨寮街117號地舖 ☎5623-5573
営 12:00～18:00、来店予約が必要
✉ morn_creations@ymail.com 休 不定休
[Card] 不可 交 MTR深水埗駅A2出口より徒歩約5分 [URL] www.morn-creations.com

L 紅白藍バッグ 華藝帆布 ワーンガイファンボウ

赤白青のビニール生地の卸売と小売りを行っている。店内ではひとつずつ手作りで仕上げたショルダーバッグやトートバッグなどを販売。

[Map] 別冊P.20-A1 九龍／深水埗

住 欽州街72號地舖 ☎2748-7311
営 8:00～17:00 休 日・祝・旧正月
[Card] 不可 交 MTR深水埗駅C2出口より徒歩約5分

生地問屋街 3 黄竹街 ウォンチュッガイ WONG CHUK ST.

布地問屋が並ぶ通り。舞台衣装用の生地など多彩な生地が揃っている。基本的に小売はしていないが、一部の店で小売りも行っている。交 A2出口

徒歩約2分

手芸用品屋街 4 基隆街 ゲイロンガイ KI LUNG ST.

洋服のパーツであるボタンやファスナー、糸、リボンなどを扱う卸商が多い。生地店もある。交 A2出口

香港柄♪

プチ
ぼうけん
6

今日は早起き！
モーニング飲茶「早茶」で
点心を極めちゃおう！

（ジョウチャー）

最も香港らしい朝の過ごし方、
それがモーニング飲茶「早茶」。
ローカルムードに浸りつつ、
点心を極めちゃおう！

早茶で点心を極めちゃおう TOTAL 2時間

オススメ時間 8:00～10:00　予算 100HK$～

湯気が立ちのぼる点心を味わう
朝から営業している広東料理店で香港式の
朝食。朝はローカル度が高い時間帯。香港
人と同じテーブルで点心を食べ尽くそう。

Good morning!
早晨
（ジョウサン）

いっぱい
食べてね

毎朝ココで
朝食さ！

出社時間

そろそろ

早めに
きてね！

朝飲茶はこんなにお得！
早茶にトライ

モーニング飲茶「早茶」って何？
広東料理のレストランで行われている朝
の時間帯の飲茶。飲茶は11時頃から16
時頃に行うのが通例だが、朝6～8時の
時間帯にオープンして点心を提供する
「早茶」タイムを設けている店がある。香
港島なら上環、九龍サイドなら旺角のよ
うな下町エリアに「早茶」を行う店が多い。

ちょっと早起きして出かける香港スタイルの朝食
「早茶」。朝から飲茶ができるというメリットだけ
でなく、お得なポイントがいろいろ。

お茶の
おかわりどうぞ～

早茶はココがお得①
ローカルな朝ごはんが体験できる！

早茶の時間帯のレストランは地元
の人たちが集い、ローカル度高し。
毎日通ってきている常連も多く、
店員と親しげに話していたり、じ
っくり新聞を読んでいたり、昼間
とは違った空気が流れている。

早茶はココがお得②
朝限定の特典もあり

お粥をはじめ、朝限定メニューを
用意している店もある。また、早
茶タイムは点心を割引価格で提供
している店も多く、あれこれ食べ
てもリーズナブル。お昼の予算で
1～2品多く点心を食べられる。

早茶はココが大得③
予約は不要・食べたいときにGO

人気が高いレストランでも、早茶
タイムなら予約なしでも入店でき
る可能性が高い。相席になること
も多いが店員やお客のおじさん、
おばさんがいろいろ面倒を見てく
れることも。ちょっと勇気を出し
て早茶にトライ。

湯気が
ホカホカ
できたてよ

今日の
ニュースは？

お茶
もう一杯！

お茶のオーダー

まず、「飲セ嘢茶？」（お茶は何にしますか？）と聞かれる。ツウを気取るなら普洱（ボーレイ）を注文。お茶代ひとり5〜10HKS必要。

洗杯とは？

<ruby>洗杯<rt>サイ　ブイ</rt></ruby>

1煎目のお茶で食器や湯飲み、レンゲや箸などを洗う。ローカル店では見かけることが多い飲茶作法のひとつ。お湯が熱いのでヤケドに十分注意して。

注文は2通り

オーダーシート方式

点心名が列挙されたシートに自分で数を記入し店員に渡すスタイル。現在では、ほとんどの店がこの方式を導入。

ワゴン式

点心を積んだワゴンから食べたい点心を見て選ぶ。ワゴンの近くに行けば、蓋を取って点心を見せてくれる。

大・中・小って？

価格の高い点心から特・大・中・小。カードにスタンプが押されて記録が残る。お勘定はこれを元に行う。

飲茶のマナーとオキテをチェックしたら注文してみよう

安心して飲茶を満喫できるね

食器の使い方

香港人は基本的に平皿の上にお椀を置き、料理や点心はお椀に取って食べ、平皿には盛らない。

お茶用カップ

お椀用レンゲ

名前彫番

箸

平皿

上級者編

お湯をください！

飲茶の基本はお茶を飲むこと。お湯がなくなったら、ポットのフタをずらしておこう。これが「お湯を入れてください」というサイン。

<ruby>唔該<rt>ンゴイ</rt></ruby>
<ruby>加啲啲水<rt>ガーディーッ　ソイ</rt></ruby>

「ありがとう」のサイン

お茶をついでもらったら人差し指と中指でテーブルをコツコツと叩いて感謝の気持ちを表現。会話や食事を中断せずお礼ができる。

サンキュー！

蓋碗でお茶を入れる

蓋付きの茶器でお茶を入れられたら上級者。蓋のずらし方や茶器の持ち方にコツがあり、難易度が高い。

無理しないで！

六安居

早朝からにぎわうローカル店
六安居 ロックオンコイ
Lin Heung Kui Restaurant

六安居のおすすめ点心BEST5

★ワゴン式
早茶Time
6:00〜

早茶限定メニュー	あり
早茶割引	なし
早茶時混雑度	★★★
ローカル度	★★★

香港島の下町にある。点心は40種以上、朝限定でお粥も提供。安くてボリュームがある昔ながらの点心が味わえる貴重な店。早茶タイムは常連客でにぎわう。

早茶限定

菜魚花生粥 <ruby><rt>チャイ ユー ファ サン ジョッ</rt></ruby>
白身魚と落花生のお粥。お粥は日替わりで35HKS〜

蝦餃 ハーガウ
エビ入り蒸し餃子。超定番点心。37HKS

馬拉糕 マーラーゴウ
中華風蒸しパン。ふわふわ。23HKS

中華式点心。具材は豚肉やエビなど。28HKS

荷葉糯米雞 ホーイノーマイガイ
蓮の葉で包んだもち米の糭。35HKS

潮州粉果 チウジャウファングオ

Map 別冊P.6-B1　香港島／上環

🏠德輔道西40-50號
2-3楼　☎2156-9328
🕐6:00〜22:00（飲茶は〜16:00）🈺旧正月3日間　💳M.V.（200HKS〜使用可）🈺週末・祝日は予約がベター
🈺400　🚇MTR西營盤駅A1出口より徒歩約5分

aruco オススメ！ 安心して早茶が楽しめる店はココ！

新しい点心を

早茶限定メニュー	なし
早茶割引	あり
早茶時混雑度	★★
ローカル度	★★

★オーダーシート式
早茶Time 7:30〜

ラブリー&キュートな創作点心がいろいろ

鴻星海鮮酒家 ホンシンホイシンチャウガー Super Star Seafood Restaurant

オリジナルの創作点心は、写真に撮りたくなるほど愛らしい。スイーツ点心も充実していて女子会飲茶にぴったり。平日と週末とでは点心の価格が異なり、毎日割引価格で提供する点心がある。

Map 別冊P.19-D1 九龍／旺角

⌂太子道西193號　モコ新世紀廣場6樓601-601a號舗　☎2628-0890　🕘7:30〜16:00、18:00〜22:30（L.O.22:00）（飲茶は〜15:45）、土・日・祝9:00〜　[休]無休　[料]サ10%　[Card]A.M.V.　[席]500　[交]MTR太子駅B2出口より徒歩約7分、東鐵綫旺角東駅D出口より徒歩約1分　[URL]www.tangscatering.com.hk

シンハーガウ 鮮蝦餃 1

ハイチーシウマイウォン 蟹子燒賣皇 2

フォンチャオウー 蜂巣芋

ヒョンモンプーディン 香芒布甸 5

パットウチャイ 白兎仔 4

蒸したてよ♪
6

1. エビ蒸し餃子50HK$ 2. カニの卵のせシュウマイ50HK$ 3. タロイモコロッケ44HK$ 4. ウサギ形のスイーツ 5. マンゴープリン44HK$ 6. お粥コーナー

★オーダーシート式+ワゴン
早茶Time 8:00〜

金鐘駅直結。日系のレストラン

名都酒樓 ミンドウチャウラウ Metropol Restaurant

日本の聘珍樓グループのレストラン。開店から10:00まではオーダーシート式。それ以降はワゴン式。朝限定のお粥は、ピータンなど8種の具から2種選べる。点心は36〜68HK$。

早茶限定メニュー	あり
早茶割引	なし
早茶時混雑度	★★
ローカル度	★★

Map 別冊P.8-A2 香港島／金鐘

⌂金鐘道95號　統一中心4樓　☎2865-1988　🕘8:00〜15:30、17:30〜23:00（飲茶は8:00〜15:30）　[休]旧正月元日　[料]朝・昼100HK$〜、夜200HK$〜、サ10%　[Card]A.D.J.M.V.　[予]ベター　《日》少し　[席]1300　[交]MTR金鐘駅D出口より徒歩約6分　[URL]www.heichinrou.com

ケイチョイシウホイマア 奇趣小海馬 1

ユーイーガムユッガウ 如意金魚餃 2

ライウォンシジウォン 奶皇獅子皇 4

ホンワンハイチーシウマイ 鴻運蟹子燒賣 3

ホイサムシウホンマオ 開心小熊猫 5

1. 海馬とはタツノオトシゴのこと。51HK$ 2. 金魚形の蒸し餃子。金魚は金運のシンボル。51HK$ 3. ユーモラスなライオン。クリームあんを包んでいる。43HK$ 4. カニの卵のせシュウマイ。51HK$ 5. ラブリーなパンダ点心。43HK$

こちらもオススメ！

ローカル度100% セルフ飲茶でのんびり

カントリーサイド、のどかな川龍村にある飲茶店。前に広がるのはクレソン畑。早朝の開店時から鳥籠を下げた愛鳥家でにぎわう。

新界
川龍村
●荃灣駅
九龍
香港島

川龍村へのアクセス

MTR荃灣駅B1出口よりミニバス80番川龍村行きで約20分、運賃7.2HK$。

荃灣駅からのアクセス

荃灣は終点。MTRを下車したらホームからB出口へと進む。

歩道橋を渡って路地を抜けた通りにミニバスの乗り場がある。

80
川龍村行きは80番。小銭かオクトパスカードを用意して。

田舎だニャン

川龍村まで20分ほど。終点なのでミニバス初心者も安心。

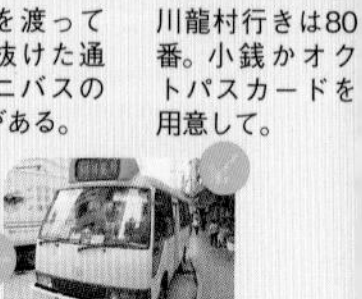

ミニバスの運転は過激。山道なので座って手すりにしっかりつかまろう。

★オーダーシート式+ワゴン
早茶Time 7:30～

早茶タイムはリーズナブルに楽しめる
美心皇宮 メイサムウォンコン Maxim's Palace

香港最大級の飲食集団、美心のレストラン。11:30までに会計し離席すれば、点心とお茶代が割引価格になる。お粥4種も11:30までの提供。化学調味料は使っていない。

早茶限定メニュー	あり
早茶割引	あり
早茶時混雑度	★★★
ローカル度	★★

Map 別冊P.6-B1 香港島／上環

🏠干諾道中168-200號 信德中心B13-B18號舗 ☎2291-0098 🕘7:30～15:30、18:00～22:00（飲茶は～15:30） [休]無休 [料]朝・昼100HK$～、夜150HK$～、サ10% [Card]A.J.M.V. [予]必要 [席]840 [交]MTR上環駅D出口直結 [URL]www.maximschinese.com.hk

1. エビ入りライスクレープ45HK$ 2. エビ蒸し餃子50HK$ 3. 叉焼まんじゅう44HK$ 4. 金銀蛋痩肉粥などお粥は朝限定 5. 中華風蒸しパン36HK$

シンハーワッチョンファン
鮮蝦滑腸粉
1

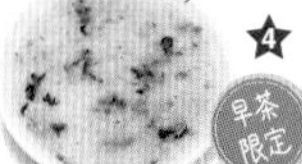

お粥（4種）
4
早茶限定

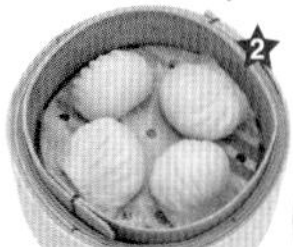

ションチムシンハーガウ
筍尖鮮蝦餃
2

ホウウォンチャーシウバーウ
蠔皇叉燒飽
3

ラムヤンマーラーゴウ
欖仁馬拉糕
5

作りたてだよ

ワゴンがデジタル！

1. ハスの実焼きプリン32HK$ 2. 看板メニューのエビ蒸し餃子48HK$ 3. フカヒレスープ入り餃子44HK$ 4. 時折登場するマンゴープリン 5. エビの湯葉巻き44HK$

1 サイマイコップーディン 西米焗布甸
チョイホンハーガウウォン 彩虹蝦餃皇 2
ワイガイユーチークントンガウ 懐舊魚翅灌湯餃 3
4 ヒョンモントンプーディン 香芒凍布甸
5 シンハーフーペイチュン 鮮蝦腐皮巻

プチぼうけん 6

モーニング飲茶「早茶」で点心を極めちゃおう！

おいしそう！

早茶限定メニュー	あり
早茶割引	なし
早茶時混雑度	★★
ローカル度	★★★

★オーダーシート式
早茶Time 7:00～

スタンダードな点心をローカルな雰囲気で
鳳城酒家 フォンセンジャウガー Fung Shing Restaurant

飲茶入門に最適な広東料理店。点心を16:00まで提供、14:00以降は値引きになる。にぎやかな銅鑼灣にあり、朝食だけでなくショッピングの途中のランチにもぴったり。

Map 別冊P.10-A3 香港島／銅鑼灣

🏠禮頓道30號 ☎2881-8687 🕘7:00～23:30（飲茶は～15:00） [休]無休 [料]サ10% [Card]J.M.V. [席]300 [交]MTR銅鑼灣駅A出口より徒歩約5分 🏠上環總店 Map 別冊P.6-B1 ほか

まだまだある！「早茶」できる店

→P.70 翠園
→P.71 倫敦大酒樓

香港飲茶味わって

セルフ飲茶の楽しみ方

イウヤッディッチャウサーイヨンチョイ
要一碟炒西洋菜

ヘルシー♪

左のふきだし内を紙に書いて店員に見せるか、この写真を指さしてオーダー。50HK$

給湯室で準備開始　茶碗やハシ、食器を取る　湯気を上げる点心を選ぶ

1. 給湯室に用意された茶葉から好みで選択 2. 茶葉をポットに入れてお湯を注ぐ 3. 茶碗や箸、食器を取り、洗杯（→P.39）を行う 4. 1階の点心コーナーに積まれたセイロのフタを開けて中をチェック。食べたい点心を席まで運んで、いただきます！

端記茶樓 ソンゲイチャーラウ Duen Kee Chinese Restaurant

天然水のお茶を飲みつつ点心を

豊かな緑に恵まれ、50年ほど時代を遡ったような店。点心も大28HK$、中20HK$、小18HK$と安く、たっぷり食べられる。土日なら人気の山水豆腐花もマスト。

Map 別冊P.3-C2 新界／川龍村

🏠荃錦公路川龍村57-58號 ☎2490-5246 🕘6:00～14:00（点心が売り切れ次第閉店） [休]旧暦大晦日～3日間 [料]50HK$～ [Card]不可 [席]50 [交]MTR荃灣駅B1出口よりミニバス80番「川龍村」行きで約20分、終点より徒歩約5分

プチぼうけん 7

香港風水パワスポ巡りで最強の運気を呼び込め♡

運気アゲアゲお参りと風水巡り　TOTAL 7時間

[オススメ時間] 9:00〜16:00　[予算] 400HK$〜

こう回って、開運!?

1志蓮淨苑→2黃大仙→3車公廟→4中國銀行→5香港上海滙豐銀行→6香港公園→7文武廟→8天后廟

志蓮淨苑、黃大仙、車公廟は九龍サイド、ほかはすべて香港島サイド。宿泊先などに応じて出発地点を変えてみて。

成功運、玉の輿運……etc.、どんな欲望も風水でかなうという考え方をするのが香港スタイル。香港の2大廟でのお参りだけでなく、行くだけ＆見るだけでも運気が上がる風水的最強パワスポをご案内。パワーチャージ＆開運目指してスタート！

風水巡り 一

嗇色園黃仙祠

セックセックユィンウォーンダーイシーンチー

Sik Sik Yuen Wong Tai Sin Temple

黃大仙でお参り＆占い体験

願い事がかなう「有求必應」の寺院、黃大仙。願掛けと、黃大仙からの助言を仰ぎにくる参拝者が絶えない。旧暦8月23日が聖誕祭。

願いがかないますように

お守りGET！

黃大仙の刺繍が付いたお守り袋。恋愛運アップをセレクト。35HK$〜

お守りや厄よけグッズは隣接する「黃大仙簽品哲理中心」で買える。

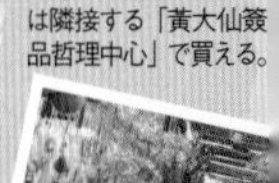

風水watch！コレで開運！

人々の信仰を集め、熱心な信者が絶えない寺院

道教、仏教、儒教が習合した寺院で人気のパワースポット。黃初平（黃大仙）を本尊とし、孔子、觀音菩薩、關帝聖君なども祀られる。「左龍右鳳」の彫刻や庭園なども有名。

Map 別冊P.3-D2 九龍／黃大仙

🏠九龍黃大仙竹園村2號　☎2327-8141
🕒7:30〜16:30　[休]無休　[料]無料
[交]MTR黃大仙駅B2出口前
[URL]www.wongtaisintemple.org.hk

黃大仙の参拝方法

1 隣接する売店で線香などを購入（40HK$前後〜）

2

線香やお供えものを購入したら「嗇色園」と書かれた正門から入園。矢印で示された順路に従って進む。線香の点火は中に入ってから行う

3

「點香區」で線香に点火。厳密には殺生しない左手に線香をまとめて持って点火するが、右手にまとめて持って点火してもかまわない

4

本殿前で両手で線香を掲げて三礼し、氏名、住所、生年月日、願い事を唱え、香炉に線香3本を立てて再び三礼。各香炉の前でこれを繰り返す

竹の棒で神様にお伺い

参拝だけでなく筊竹占いに訪れる人も多い。みんな真剣！

風水巡り 二

月下老人
ユッハーロウヤン
Yue Lao

月下老人に良縁祈願！

黄大仙（→P.42）の敷地内に特設された月下老人像。参拝方法が用意されているから安心。月老だけでなく本尊の参拝も忘れずに。

プチぼうけん

月下老人（月老）とは

唐の時代の伝説に登場する婚姻をつかさどる神。月老とも。運命の婚姻相手が書かれた婚姻簿と、縁ある人たちの足を結ぶための赤い糸を持っている。婚姻簿に従い、夫婦になる人たちの足の小指に赤い糸を結ぶのが役目。

風水watch! ココで 良縁祈願

[Map] 別冊P.3-D2
九龍／黄大仙

月下老人の参拝手順

[1] 赤い糸を取る
月老からもらえる糸は基本的にひとり1本

[2]

手印を結ぶ
掲示されている手印の結び方に従って手印を作って、赤い糸を指で挟めば祈願の準備完了

相手がいてもいなくてもOKよ！

[3] 参拝する
月老→横にいる各神様（相手の性別に合わせる）→月老の順に参拝。最後に赤い糸を結んで終了

男(女)神の足に糸をタッチ！

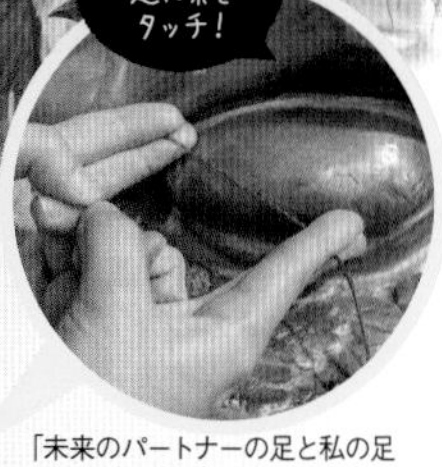

「未来のパートナーの足と私の足がこの糸で結ばれますように」と念じながら触れよう

風水巡り 三

文武廟
マンモウミーウ
Man Mo Temple

学問の神と武の神を祀る、香港で最も古い廟

1847年建立の道教寺院。学問の神「文昌帝」と武の神「関羽（關帝）」が祀られる。渦巻き状の線香、大塔香（盤香）が印象的な、信仰を集める廟。

[Map] 別冊P.14-B2 香港島／上環

⌂荷李活道124-126號
☎2540-0350 🕘8:00～18:00、毎月1日・15日・旧暦2月3日・旧暦5月11日・旧暦6月24日・旧暦6月6日・旧暦7月24日7:00～ [休]無休
[交]MTR上環駅A2出口より徒歩約7分 [URL]www.tungwah.org.hk/heritage/historic-architecture/man-mo-temple

文昌帝と關帝が並ぶ。線香などは「寶燭檔」で求め、「善款箱」にお布施として代金を入れる

風水watch! コレで 開運！

文昌帝の神獣「金鹿」に、祈願別の部位に金箔（20HK$）を貼る。参拝説明の掲示あり

顔に貼って仕事運アップを祈願

ゴールド風車を回して車公廟で運気アップ！

悪運を好転、商売繁昌、ギャンブル運アップと、人々の欲望を一手に引き受ける頼もしい車公廟。金色の風車を回しにレッツゴー！

風水巡り 三

車公廟 チェーゴンミウ Che Kung Temple

いっちょ、運気を好転させちゃるワイ
参拝の2大ポイントじゃ
ゴールド風車を1回まわす

風水watch！コレで開運！

ゴールド風車を回して運気を好転！

大型の扇風機に見えるけど、これが“運轉乾坤の銅製風車”と呼ばれるゴールド風車。特に旧正月の初詣は大混雑。年始に風車を回して悪運を好転、厄払いを、と考えるのは香港の人も同じ。ただし、すでに運のいい人や運を変えたくない人は風車を回さないで！参拝だけにとどめておいて。

車公像の高さは約11m！

沙田の守り神を祀る道教寺院 運気を好転させる風車も有名

明代末期に流行病を封じるために拝んだ南宋末期の将軍「車大元帥（車公）」像を祀ったのが車公廟の始まり。運気好転、商売繁昌、ギャンブル運アップ祈願の参拝者が多い。

[Map 別冊P.3-D2] 新界／沙田

🏠新界沙田大圍車公廟路7號 🕘8:00～18:00 [休]無休 [料]無料 [交]MTR車公廟駅B出口より徒歩約8分、東鐵綫大圍駅B出口より徒歩約6分

車公廟での参拝のポイント

1

本殿の車公の前で三礼して名前などを唱えたら線香を3本だけ立てる

2

車公像横にある風車の前で氏名、住所、生年月日、願い事を唱える

3

運気好転を祈って右手で風車を時計回りに1回の動作で回す

4 太鼓を3回たたく

風車の横にある太鼓を3回たたいて車公に念押しをしたら終了

お守りGET！

風車が車公廟のお守り。小35HK$～。オフィスや部屋に飾って運気アップ！

真剣に祈願しましょ～

お布施にもトライ

1 車公像横の係員に「香油錢」として20HK$ほど渡してから署名する

2 係員から赤い封筒を手渡される。携帯したり飾っておこう

香港の風水は世界最強！パワースポットも満載♪

香港の気を語るとき、地形を抜きには語れない。ヴィクトリア・ピークから流れるよい気の龍脈が走っていて、香港に富と繁栄をもたらしている、といわれている。

風水巡り 四

香港公園 ヒョンゴーンゴンユィン Hong Kong Park

風水watch！ココで恋愛運UP！

婚活女子集合！悪い気を水で流す

風水の「水」は「流れ」「通り道」の意味をもつ。恋愛運の通り道が滞っていると恋人ができにくいので、勢いよく流れる滝で悪い気を流そう。

気の流れが最強といわれる都会のパワースポット

九龍サイドの山から下りてくる気と、香港島のヴィクトリア・ピークから下りてくる気がヴィクトリア・ハーバーへ流れ込む、その間に位置するパワーみなぎる公園。息抜きに散策するだけでパワーチャージができる。

[Map 別冊P.8-A2] 香港島／金鐘

🏠紅棉路19號 ☎2521-5041
🕘6:00～23:00（温室、バード園9:00～17:00） [休]無休 [料]無料
[交]MTR金鐘駅C1出口より徒歩約7分

ギラッ！ VS ドーン！

香港風水バトル物語

1989年、香港上海滙豐銀行が、半世紀たっても古びないデザインとして、当時世界一高価で近代的なビルを建設。風水をふんだんに取り入れて中国サイドを脅かした。それに対抗した中國銀行は、ガラスを張り巡らし、鋭利な刃物を想像させるビルを建設して威嚇。両者が火花を散らす形となった。

プチぼうけん 香港風水パワスポ巡り

風水巡り 五

中國銀行
ジョングォッンガンホーン
Bank of China

鋭角部分が突き出した総ガラス張りのプリズムビル

パリ・ルーブル美術館の「ルーブル・ピラミッド」を手がけた建築家が設計。鋭角部分は敵を寄せつけず、ガラス張りの外観は邪気をはねのける八卦の意味がある。

Map 別冊P.7-D3 香港島／中環

🏠花園道1号 ☎2826-6888
🕘9:00〜17:00 休土・日・祝
料無料 交MTR中環駅K出口より徒歩約5分

風水巡り 六

香港上海滙豐銀行
ヒョンゴーンションホイウーイーフォンガンホーン
Hong Kong & Shanghai Bank

中環のシンボル的な風水ビル

外観がカニに似ていることから「カニビル」の愛称で呼ばれる。山から海に気が抜ける龍の通り道にあり、風水パワーが絶大。香港経済の支配者といわれるわけはここにあり!?

Map 別冊P.7-D3 香港島／中環

🏠皇后大道中29号地庫 ☎2233-3000
🕘9:00〜17:00 休土・日・祝
料無料 交MTR中環駅K出口より徒歩約1分

龍脈が通る吉相の「淺水灣(レパルスベイ)」でパワーチャージ！

縁起のいい神様が大集合 パワスポ公園で御利益ゲット！

観音像や漁師と海の守り神・媽祖像を祀るほか、なでると子宝に恵まれる神様や良縁を結ぶ姻縁石、渡ると寿命が延びる長壽橋など、縁起のいいものが集結したパワースポット。

風水巡り 八

鎮海樓公園
ジャンホーイラゥゴンユィン
Kwum Yam Shrine

Map 別冊P.3-D2 香港島／淺水灣

🏠南灣道109号 ☎なし
🕘24時間 休無休
交赤柱行きバスで♥「淺水灣海灘」下車徒歩約10分

風水watch！ ココで子宝運もUP！

淺水灣への行き方

中環の交易廣場バスターミナルから赤柱行きのシティバス(6、6A、6X、260)に乗車。9〜30分間隔で運行。淺水灣へは♥「淺水灣海灘」下車(所要約25分)

ご神体をなでて子宝祈願

子供をたくさん抱えた布袋様は子宝運をアップさせるといわれている。子宝祈願や安産祈願の際にご神体をなで回すと御利益がある。と人気。

なでるべし、姻縁石

願いを込めて姻縁石をなでれば良縁に恵まれる。隣の月下老人(縁結びの神)もセットで願掛けしておこう。

長壽橋で長寿を願う

1回渡ると3日寿命が延びるといわれる長壽橋。3回渡れば長寿が得られるとも。渡り過ぎに注意!?

風水watch！ ココで気持ちをリフレッシュ

風水巡り 七

志蓮淨苑
ジーリンジンユィン
Chi Lin Nunnery

ぽっかり抜けた空と静寂さが心地よい

前庭の「蓮園」が有名な、香港唯一の尼寺。寺の後うの山々から下りてくる気がここに集まる。凛とした空気が漂い、パワーチャージできて気分も爽快！

Map 別冊P.3-D2 九龍／鑽石山

🏠鑽石山 志蓮道5号 ☎2354-1888 🕘9:00〜16:30
休無休 料無料
交MTR鑽石山駅C1・C2出口より徒歩約5分 URLhk.chilin.org

プチ
ぼうけん
8

マンホールの蓋も見つけてね♪

\MTR延伸/

祝！

エキゾチックな下町「九龍城(ガウロンセン)」でミックスカルチャーを体感！

2021年6月、MTR屯馬綫が延伸して宋皇臺駅が開業。香港の有名なグルメシティ「九龍城」へのアクセスが一気に便利になったから、パワフルな下町散策へGO！

South Wall Road
城南道 80-20

タイの
甘い味！

中国の風情も
残っているんな
側面が魅力的

いい香りとカラフ
ルなディスプレイ
が魅力的なタイの
食材や雑貨類

清代の建物
が残る九龍
寨城公園

九龍城のヒストリー

1940年代前後から人口流入が始まる。家賃の安い九龍城に、団結力の強い潮州人が移住。後に潮州系華僑タイ人が婚姻により居住したことでタイ文化が持ち込まれ、今にいたる。

サワッディー・カー

KOWLOON CITY

タイの雰囲気
満載！

タイの正月
祭「ソンク
ラ...」も
開催される

Nga Tsin Long Road
衙前塱道 84-36

エキゾチックな雰囲
気があちこちに

リトル・タイランドや潮州名物が同居する歴史ある下町を楽しもう！

魔窟と呼ばれた「九龍城砦」の印象がある九龍城。実際は潮州料理の名店や伝統スイーツ店、タイ料理店などが集まるグルメ地区。敵徳空港があった名残で高層ビルがなく、空が広く感じるのも特徴的。

宋皇臺
Sung Wong Toi

伝統の
食文化も♪

地茂館甜品 → P.94
大和堂咖啡店 → P.99

ローカルグルメと散策

オススメ
時間 11:00〜20:00 　予算 200HK$〜

見る、食べる、買うをエンジョイ
MTR宋皇臺駅からスタート。歴史的価値のある建物など公園内をゆっくり回ってみて。紹介エリアの道は迷いにくいから楽に散策できる。

TOTAL
3時間〜

地茂館甜品
大和堂
咖啡店

ワクワク
しちゃう♪

宋皇臺駅

発掘された南門の土台や石看板の遺跡がある「南門懐古」。重要文化財に指定

官吏の住居跡「衙門」と大砲（1802年建造）

プチぼうけん⑧

「九龍城」でミックスカルチャーを体感！

いい気がれている

MTR宋皇臺駅B3出口より徒歩約4分

清代初期の「江南園林」を模した庭園にある「玉堂亭」は皆の憩いの場所

1 巨大スラム「九龍城砦」の跡地が公園に
九龍寨城公園／賈炳達道公園
ガウロンセンザーイゴンユィン／ガーベンダッゴンユィン
Kowloon Walled City Park

宋代、外敵を防ぐための砦があった場所。歴史の流れから「無法地帯」となりスラムが成立。スラムが取り壊されて公園になった。

園

ちぎり絵職人もいる！

Map 別冊P.20-B2　九龍／九龍城

♠九龍城東正道　☎2716-9962　⏰6:30～23:00　㉕無料　㉒MTR宋皇臺B3出口より徒歩約4分　URL www.lcsd.gov.hk/tc/parks/kwcp/index.html

徒歩約4分

---

1. 鳥餅（烤薯飽）25HK$はサツマイモの生地のお菓子
2. ういろうみたいな雪片糕 24HK$

珍しい品種だよ

3 手作り調味料の専門店
蘇太名醤
ソウターイメンジョン

昔ながらの素材と製法にこだわるXO醤（86HK$～）が有名。ほかにも蜆肉醤（シジミソース）など潮州料理に不可欠な調味料などがある。

2 伝統あるマーケット
九龍城街市
ガウロンセンガーイシー
Kowloon City Market

Map 別冊P.20-B2　九龍／九龍城

♠獅子石道110號　☎2382-2886　⏰11:00～20:00　㉕無休　Card A.M.V.　㉒MTR宋皇臺B3出口より徒歩約6分　URL xo-sauce.com.hk

徒歩約3分

3フロアある市場には珍しい食材を置く店が多い。フレンチトーストが人気の香港カフェ「樂園」は3階の熟食中心にある。

Map 別冊P.20-B2　九龍／九龍城

♠前前圍道100號　☎2383-2224　⏰6:00～20:00（熟食中心～翌2:00）　㉕悪天候時　㉒MTR宋皇臺B3出口より徒歩約4分

4 潮州の伝統菓子
貴嶼仔 潮州餅糖糕飽專門店
グワイユィジャイ　チウジャウベントンゴウバーウジュンムーンディム

潮州では少なくなってしまった本場の潮州菓子を製造販売する。潮州菓子文化伝承の役割もある老舗。歴史ある建物も必見。

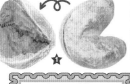

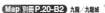

Map 別冊P.20-B2　九龍／九龍城

♠城南道59號　☎2382-1673　⏰10:00～19:00　㉕無休　Card不可　㉒MTR宋皇臺駅B3出口より徒歩約4分　URL www.kywkl.com

徒歩約4分

徒歩約1分

---

1. ボディパウダー18HK$
2. ママ・ローズのマッサージバーム 10HK$

5 カラフルでキッチュなタイ製品
天泰
ティーンタイ／
Thien Thai Herbs

タイの定番コスメやアロマ、雑貨、食料品などを扱う商店。笑顔のすてきな店主のモニカさんが親切に対応してくれる。

Map 別冊P.20-B2　九龍／九龍城

♠前前圍道52號C地下　☎6992-5674　⏰10:00～21:00　㉕無休　Card不可　㉒MTR宋皇臺駅B3出口より徒歩約3分　URL www.facebook.com/thienthaiherbs.hk

徒歩約1分

伝統的なハーブドリンクではあるが今では見かけなくなった「崩大碗（ツボクサ）」のジュースを扱う貴重な店。

6 ここでしか飲めないツボクサジュース
陳仔 葛菜水庵苓青草專家
チャンジャイ ゴッチョーイソイ グワイレンゴウジュンガー

Map 別冊P.20-B2　九龍／九龍城

♠前前圍道17號 B號舗　☎2718-8663　⏰11:30～翌0:30　㉕無休　Card不可　㉒MTR宋皇臺駅B3出口より徒歩約2分

崩大碗12HK$。解熱や利尿に。青汁のイメージで飲む

香港の
ヴェネツィア?

人気急上昇中の大澳へ
幸せのピンクイルカと名物おやつを探せ!

タイオウ

会いに
きてね〜

香港でここにしかない水上家屋の風景とご当地グルメ
で人気の大澳。ゆったりとした時間が流れる別世界の
香港を1日のんびり楽しんじゃおう!

大澳へのアクセス

MTRで香港駅から東涌駅まで約30
分。ケーブルカー昂坪360乗り場
を越えて道路を渡った右前方にあ
るバスターミナルから、大澳行き11
番バス(15〜40分間隔で運行、日・
祝は増便)で終点まで約40〜50分。
13.4HK$、日・祝22.3HK$。帰り
は到着したバス乗り場から東涌駅
まで11番バスが出ている。

新界

九龍

大澳 ●

ランタオ島   香港島

ここにしかない
風景をパチリ!

棚屋と呼ばれる水上家屋が大澳の
代名詞。テラスでおしゃべりする
人や海産物が干された路地裏の風
景は忘れられない思い出に。

動画を
撮りましょ

自然が
いっぱい!

ここは
香港

レッツゴー!!

大澳の楽しみ方

大澳でイルカ&グルメ探索

TOTAL
6時間〜

オススメ 10:00〜
時間 16:00

予算 200HK$
〜

♥ ゆったり過ごすなら平日!
週末は多くの人が訪れるのでバスや店も
混み合う。のどかな漁村の風景を楽しむ
なら平日がおすすめ。夏場は紫外線対
策、タオル、水分補給を忘れずに。

1

まずは幻の
ピンクイルカに
会いにいく

ひとめ見た人は幸せになれる!?
といわれるピンクイルカ。海洋汚
染や埋め立て工事で数が激減して
いる今こそ、見にいかなくちゃ!

会いに
きたよ〜

海からの
景色も最高!

横水渡大橋付近から乗船。どの船主も同
じコースで約20分25HK$。悪天候は運休
Map 別冊P.21-C1

ココ!

中国の武将がひと休みしているように見
える「将軍石」は大澳の名所のひとつ

約5分でイルカスポッ
トに到着。運よく見ら
れますように!

会えたら幸せになれる

海上からも写真に収め
ておきたい、コロニア
ル建築の「大澳ヘリテ
ージ・ホテル」(→P.171)

プチぼうけん 9

大澳の楽しみ方

❷ 名物おやつを食べまくり！

素朴だけど思い出すとまた食べたくなる、そんな優しい味の大澳グルメ。この土地ならではの伝統の味を楽しんで！

鮮度バツグン！
イカ団子と魚団子

Ⓐ 復興行
フックヒンホン／Fuk Hing Hong

大澳のイカと魚の特大ボールは食べなきゃソン！ 新鮮な素材でしか出せないプリプリ食感と醤油ベースの味が絶妙！

名物食べてって〜！

大墨魚丸＋大魚旦
18HK$

巨大イカのお出迎えに大興奮！

Map 別冊P.21-C1 島部／ランタオ島
🏠永安街4D鋪 🕙10:00〜19:00 🈺無休

40年間愛される小さな名店

Ⓑ 隠姑茶果
ユェングーチャーグォ

創業以来変わらぬ製法の伝統餅菓子。血液をきれいにするといわれた薬草が練り込まれたひと口大のお餅は素朴な甘さで食べやすい。

甘さ控えめ

薬草とピーナッツ入り餅
雑屎藤茶果 10HK$

Map 別冊P.21-C1
🏠永安街11號A 🕙10:00〜18:00 🈺無休

やみつきになる味

海鮮入り蒸し炊込みご飯
咸鮮蝦乾荷葉籠仔飯 188HK$

2大名物料理を堪能

Ⓒ 横水渡小廚
ワーンソイドウシーウチュー
Tai O Crossing Boat Restaurant

名物蝦醤を使った海鮮料理の人気店。新鮮な素材と大澳の味にこだわったふたつの看板メニューを求めて行列ができる。

イカのすり身揚げ
香煎墨魚餅 148HK$

Map 別冊P.21-C1 島部／ランタオ島
🏠吉慶街33號地下 🕙11:30〜19:30 🈺旧正月

ピーナッツ大福
花生糯米糍 10HK$

夕方前には完売！衝撃のふわとろ大福

Ⓖ 茶果財
チャーグォチョイ

看板のないこの店の目印は軒下でせっせとお餅を丸めるお爺さん。週末はこの絶品を求めて香港中から客が押し寄せる。

感動的な軟らかさ！

Map 別冊P.21-D2 島部／ランタオ島
🏠石仔埗街106號地下 🕙10:00〜16:30くらい 🈺不定休

生姜ミルクプリン
薑汁撞奶 25HK$

昔ながらのスイーツをテラス席で

Ⓕ 正記
ヅェンゲイ

海沿いのテラス席でゆっくり伝統スイーツが楽しめる。一番人気の生姜入り牛乳プリンは夏でも温かいものだけを提供。

Map 別冊P.21-C1 島部／ランタオ島
🏠吉慶街82號 🕙12:30〜17:00、日12:00〜 🈺無休

黒ごま豆腐花
芝麻糊豆腐花 25HK$

伝統の味に大満足！

アツアツカリふわ

ドーナツ
沙翁 15HK$

カリッふわドーナツの超人気店

Ⓔ 大澳餅店
ダーイオウベンディム／Tai O Bakery

店先で次々と揚げたてが提供される優しい味のドーナツ。卵入りのふんわり生地は何個でも食べられそうな軽い食感。

Map 別冊P.21-C1 島部／ランタオ島
🏠吉慶街66號地下 🕙10:00〜18:00 🈺無休

エビ醤の深い味！

豚とエビ醤のロールサンド
蝦猪餅 30HK$

売り切れ必至の週末限定グルメ

Ⓓ 張財記
ヂェンチョイゲイ
Cheung Choi Kee

蝦猪餅をハッチューバンと発音することからハズバンドという愛称に。エビ醤専門店が土日限定で提供する希少な一品。

Map 別冊P.21-C1 島部／ランタオ島
🏠吉慶街41號地下 🕙10:00〜19:00 🈺無休

おみやげは名物エビ醤に決定！

Ⓗ 勝利香蝦廠
センレイヒョンハーチョン

エビを発酵させた大澳の伝統調味料の人気店。炒め物や炒飯に加えると美味。幼滑蝦醤40HK$

Map 別冊P.21-C2 島部／ランタオ島
🏠石仔埗街10號地下 🕙10:00〜20:00 🈺無休

49

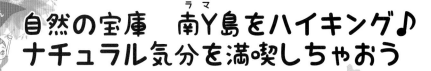

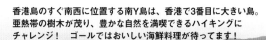

自然の宝庫　南Y島（ラマ）をハイキング♪
ナチュラル気分を満喫しちゃおう

香港島のすぐ南西に位置する南Y島は、香港で3番目に大きい島。
亜熱帯の樹木が茂り、豊かな自然を満喫できるハイキングに
チャレンジ！　ゴールではおいしい海鮮料理が待ってます！

Map 別冊P.21-C3
島部／南Y島

榕樹灣
渡輪碼頭

③④
⑤⑥　⑦
　　⑧
索罟灣
渡輪碼頭

　⑨
　　⑫
⑩　⑪

南Y島

0　　　1km

LeT's go To
Lamma Island!

14:00
START

中環からフェリーで30分
緑に彩られた南Y島へ

中環のフェリー埠頭から快速船に乗ってわずか30分で緑豊かな南Y島に到着。榕樹灣から索罟灣にいたるハイキングロードをのんびり歩いてみよう。

南Y島の自然満喫ハイキング（ラマ）

TOTAL
5時間

オススメ時間　14:00〜19:00　　予算　400HK$〜

ハイキング＆グルメの欲張りコース
13:30頃中環発→14:00頃榕樹灣着。カフェで小休止してハイキングスタート。索罟灣での海鮮料理を目指してGO！

---

1 香港島中環4號碼頭

スターフェリー乗り場の並び、4號碼頭から乗船。

2 南Y島までしばし船旅

南Y島は香港人にも人気があり、土・日曜は大にぎわい。

3 榕樹灣の船着場に到着

のんびりムードが漂う島の玄関口から上陸。

30分

4 榕樹灣大街をぶら

5分

カフェやレストランなどが並ぶ商店街を散策。

---

5 ハイキング前にブレイク♪

カフェでのんびりタイムを。

バニアン・ベイカフェ
Banyan Bay Cafe

Map 別冊P.21-C3　島部　南Y島

🏠 榕樹灣大街67A號地下　☎2982-1150
🕐 9:00〜16:00(カフェ)、16:00〜23:00(バー)
休 月、旧正月　💰サ10%　Card 不可
🚻 20　🚶榕樹灣渡輪碼頭より徒歩約10分

6 ハイキングをスタート！

いよいよハイキング開始！

5分

商店街を抜けるとハイキングロードに導かれていく。

ハイキングロード沿いにはカフェやショップが点在。

s+clicks

7 有名スイーツでブレイク

おばあさんが作る、豆腐花15HK$は必食。

建興亞婆豆腐花
キンヘンアーボウダウファファ
Kin Hing Tofu Dessert

Map 別冊P.21-C3

🏠榕樹灣大灣肚1號
🕘10:30〜17:30 [休]旧正月 [席]30 Card不可
[交]榕樹灣渡輪碼頭より徒歩約15分

→5分

潮風と
緑が気持ち
いいな

豆腐花店を過ぎた頃からハイキング気分を味わえる。

→5分

8 ビーチでまったり♪

洪聖爺海灘というビーチにはレストランやトイレがある。

→30分

9 展望台からビューを満喫

ランタオ島や長洲島も望めるビューポイント。

ビーチを過ぎると登り坂に。木陰がないので少々キツい。

休憩できる中国式の東屋があるので水分補給タイム。

コースの
半分歩いた
かな?

10 目指す索罟灣が見えてきた!

山を越えると索罟灣が見える。湾を周回して下りていく。

→20分

11 航海と漁業の守護神・天后廟

道教の女神、媽祖を祀る廟。ここまで来ればゴールまでもうすぐ!

→10分

17:00 GOAL

サンセット
ディナー

天候に恵まれれば海沿いの席からは美しい夕焼けが楽しめる

12 海鮮料理でお疲れさま!

天虹海鮮酒家
ティンホンホイシンザウガー/
Rainbow Seafood Restaurant

ロブスターが主役♪

索罟灣に並ぶ海鮮料理店のうち、最大規模。店頭にある水槽の魚介類を選んで調理してもらうこともできるが、おすすめは手頃なセットメニュー。利用客は中環&尖沙咀行きの専用船に無料で乗れる。店のスタッフに申し出よう。

Map 別冊P.21-C3 島部/南Y島

🏠索罟灣第一街1A-1B,516-20,23-24號
☎2982-8100 🕘11:00〜22:30 [休]旧正月1日 [料]200HK$〜、サ10%
Card A.D.J.M.V. [席]850 [交]索罟灣渡輪碼頭よりすぐ [URL]www.lammarainbow.com

2人用セットメニューは399HK$と699HK$の2コース。お茶代として1人20HK$が必要

南Y島 INFORMATION

プチぼうけん10

自然の宝庫 南Y島をハイキング♪

南Y島へのアクセス

フェリー(→P.183)で中環〜榕樹灣、所要約27分。1日31便ほど(日・祝は増便)。月〜土22.1HK$。日・祝30.8HK$。索罟灣行き 所要約35分。1日11便(日・祝は増便)。月〜土27.5HK$、日・祝38.7HK$。週末や祝日は混み合う。

九龍
香港島
南Y島

ハイキングロード

行程は約7km。休憩を取りながらのんびり歩いて2時間程度。アップダウンはあるが、香港でのハイキングビギナーでも安心して楽しめるコース。また、索罟灣からスタートし、榕樹灣を目指す逆コースもおすすめ。

ハイキングの注意点

ハイキングは天候が安定する10〜2月あたりが最も適している。ただ、1〜2月は気温が下がることもあるので注意が必要。高温多湿な5〜8月は暑さ対策を万全に。事前にネットで天気予報をチェックして。

持ち物と服装

服装はTシャツとパンツ、足元は履き慣れたウオーキングシューズやスニーカー。帽子も必須。バックパックに水とタオル、雨具(傘とウインドブレーカーなど)を必ず入れておこう。虫よけスプレーも用意。

準備OK!

ドッキドキの空中散歩で

ウワサの巨大大仏とご対面！

香港國際空港
東涌駅
寶蓮寺★
大嶼山
（ランタオ島）
香港島

東涌へのアクセス

MTR東涌綫を利用。始発駅の香港駅からの利用がわかりやすい。東涌駅は終点、所要約30分。

東涌駅からのアクセス／昂坪360

ケーブルカー昂坪360の乗り場へはMTR東涌駅B出口より徒歩約2分。運賃：片道195HK$～、往復270HK$～ クリスタルキャビンは片道235HK$～、往復350HK$（[Card]可）[URL]www.np360.com.hk

シースルーの
クリスタル
©Ngong Ping 360 Limited

東涌からケーブルカーに乗って終点の昂坪まで約25分。運行は10:00～18:00

香港駅から約30分、ランタオ島の東涌駅に到着。
ここからケーブルカーに乗って高さ34mの
巨大な大仏様とご対面。心が清められる？

わぁー
大きい

寶蓮寺の門。大雄寶殿には3体の仏像が安置されている

巨大な大仏とご対面

寶蓮寺

ポーリンジー／Po Lin Monastery

ランタオ島最大の観光スポット。世界最大の野外仏、天壇大仏が鎮座する。大仏様の手前には古い町並みを再現したゴンピン・ビレッジがあり、ショップやグルメスポットも。

Map 別冊P.3-D1　島部／ランタオ島

⌂大嶼山昂平寶蓮寺　☎2985-5248
🕘9:00～18:00（大仏10:00～17:30）
[休]無休　[料]入場無料（展示館は有料）
[交]ケーブルカー昂坪駅より徒歩約5分
[URL]www.plm.org.hk

ゴンピン・
ビレッジ
スタバも
レトロ！

野外仏では
世界一の大きさだよ

注目のパワースポット

「般若心経（ハートスートラ）」を彫った木柱が無限大∞の形を描くように並んでいるスピリチュアルなスポット。木柱の間を歩くと心身が浄化されるといわれている。大仏様詣でのあとに立ち寄ってみよう。

不思議な
ムード

心經簡林 Wisdom Path

Map 別冊P.3-D1　島部／ランタオ島

[料]入場無料　[交]ケーブルカー昂坪駅より徒歩約20分、大仏前より昂坪茶園餐廳を経て徒歩約15分

B級も高級も
食べ尽くそう！

美食があふれる香港！
まあとにかく
食べまくりましょ

美食パラダイスの香港だからこそ、メニュー選びは迷っちゃう。
高級広東料理からローカルフードまで今日は何をセレクトしようかな。
おやつは、フルーツいっぱいのスイーツを食べ歩き♪
優雅なアフタヌーンティーも香港なら絶景のおまけ付き。

GOURMET

おいしい広東料理は香港にあり！
名店の必食メニューはコレ

腕利きの調理人たちやさまざまな食材が集まってくる香港。世界レベルの広東料理は香港にあり！
名店の必食メニューで、広東料理の神髄を味わって。

マッザップハーウサイバーンンガーハックトンヨックチャーシーウ
蜜汁烤西班牙黑豚肉叉燒

200HK$
（ハーフ）

イベリコ豚の肩ロースを使った叉焼。脂のうま味と甘いたれが絶品の看板メニュー

広東料理とは

- 粤菜とも。味付けは清（チェン:さっぱり）・香（ヒョン:香りがよい）・甜（ティーム:甘い）が好まれる。
- 香港を代表する中国料理
- 新鮮な素材を使い、持ち味を生かす調理法
- 飲茶も広東料理の食習慣
- 香港の技術や盛りつけのレベルは世界No.1
- そのうえ日々洗練され、進化を続けている

特製ソースを揚げパンに付けて！

揚げたロブスターを香辛料などのシェフ特製ソースで煮込んだ極上の一品

食在香港！

フォンメイガムボーンホーイビンロンハー
風味金榜開邊龍蝦

時価

油の温度のコントロールが大事なんだ

エグゼクティブ・シェフ
孫錦勝さん

調理法がわかる 広東語		
蒸す ▲ 蒸 ジェン	揚げる ▲ 炸 ジャー	
ロースト、炒め煮 ▲ 燒 シーウ	土鍋で煮炊きする ▲ 煲 ボウ	
スープ仕立て ▲ 上湯 ショントン	ゆでる ▲ 白灼 パークジョッ	
煮込む、湯煎、燗をつける ▲ 燉 デェン	あえる ▲ 拌 ブーン	

切り方の 広東語		
さいの目切り ▲ 丁 デン	ぶつ切り ▲ 塊 ファーイ	
薄切り ▲ 片 ピーン	千切り ▲ 絲 シー	
拍子木切り ▲ 條 ティーウ	みじん切り ▲ 細粒 サイラップ	
ペーストにする ▲ 泥 ネイ	"泥"を丸めて団子にする ▲ 圓（丸） ユィン	

香港のホテルダイニングの雰囲気やサービス、そして料理の味が大好き！（神奈川県・和子）

火加減が絶妙な中国産子バトの丸揚げ。香りがすばらしい。前日までに要予約

138HK$

チョイペイミューレンガップ
脆皮妙齢鴿

アワビの大きさ
1斤（約600g）における個数を「頭」で表す。四頭なら1個150g。乾燥アワビで四頭だと大きくて高値、よって生アワビのほうが安価

文旦の皮の蒸し煮とリーフレタスのオイスターソースかけ。伝統料理のひとつ

湯引きアワビとアサリに、特製海鮮スープをかけて。うま味が凝縮されたスープに感動

シンバウファーハーホーイシントン
鮮鮑花蛤海鮮湯

258HK$

旬野菜はコレ
夏には莧菜（インチョーイ：ヒユナ）や瓜類、冬は豆苗（ダウミウ）と、旬の野菜をチョイスして食通になろう

好みで醤油をかけて食べる

ハウウォンヤウベイトンサンチョーイ
蠔皇柚皮唐生菜

240HK$

広東料理の味と技をお楽しみください

総責任者・劉子元さん

チャンペインガウヨックベンボウファン
陳皮牛肉餅煲飯

188HK$

満福X.O.醤 50HK$、1瓶250HK$
オリジナル特製のXO醤はおみやげに◎

陳皮とクワイが牛肉を引き立てる土鍋ご飯（2人前～）。満腹なのにおかわり必至。おこげも忘れずに

伝統的で本格的&新しい広東料理が定評
満福樓
ムーンフォックラウ
DYNASTY

経験豊かで個性的なシェフたちが作る伝統的な広東料理は、繊細で本格的な味。広東料理の神髄を堪能できる。

茶桂花人参烏龍
（1人前）

伝統的な味で人気のあるデザートは1品ずつ注文可。豆腐花や百合根入り汁粉などもある

Map 別冊 P.9-C1 香港島／湾仔

🏠港灣道1號 香港萬麗海景酒店3樓
📞2802-8888 🕐12:00～15:00、18:00～22:00、日・祝11:30～
休無休 💰400HK$～、サ10%
Card A.J.M.V. 予約がベター 246
🚇MTR灣仔駅A1出口より徒歩約6分、MTR會展駅B3出口より徒歩約3分
URL www.dynastyhongkong.com

ティンパーンビンプーン
甜品併盤
マイネイダンターッジャイ　ヒョンマッダンサーン　ヨンジーガムロウ
（迷你蛋饉仔、香蜜蛋散、楊枝甘露）
70HK$**　　**70HK$　　**80HK$**

おいしい広東料理は香港にあり！

半羽198HK$
1羽338HK$

旺角炸子雞
ウォンゴッザージーガイ

皮をバリバリに、肉をジューシーに仕上げるため手間がかかる。料理人の技が光る一品

薑蔥霸王雞
新鮮な鶏をゆでて、ネギとショウガを添えて食べる（半羽188HK$／1羽338HK$）。

招牌杏汁炖白肺湯
ジウバーイハンジャップダンバークッファイトン

68HK$

豚の肺を杏仁味のスープで。肺はふんわりとした食感でクセはなく、香港では一般的な食材

旺角に来たら寄ってね

下町の実力派レストラン

旺角海鮮菜館
ウォンゴッホーイシンチョーイグーン

シェフ仲間からも信頼を置かれる黄さん兄弟が腕を振るう隠れた名店。伝統的な広東料理をカジュアルに楽しめるため常連客も多い。

Map 別冊P.19-D1 九龍／旺角

お粥に入れて食べ〜

🏠 洗衣街153號地下　☎2395-2883、9381-6778　🕐17:00〜24:00　🈵旧正月3日間　💰200HK$〜、＋サ10%　Card A.M.V.　🈯予約がベター　🈳少し　🪑50　🌐www.facebook.com/mongkokseafood

東南アジアで取れる肉厚のカニ肉とニンニクをカリカリに揚げてスパイシーな味付けに

避風塘炒辣蟹
ベイフォントンチャーウラッハイ

小 598 HK$〜

叉燒と燒豬の違い
チャーシーク　シウジュー

叉燒は豚のモモ肉や肩ロースをたれに漬けてから蒸し焼きにする。皮はない

燒豬は豚の内臓を取り出してから串に刺したりしてローストする。皮付き

飲茶も広東料理

飲茶の習慣は元来広州で発展、その後香港にも持ち込まれ、香港に集まる豊富な素材を生かした各種点心が知られるようになった

海鮮のオーダー方法

生けすのある店では海鮮と調理法を選べる。エビなら白灼などと注文。素材は量り売りなので価格は要確認

予約が取れない超人気店

大班樓
ダーイバーンラウ
The Chairman

食を追求する美食家が開いたこだわりのチャイニーズレストラン。鶏・豚肉は新界の自然農場から仕入れ、ソースも自家製で、化学調味料は使っていない。

Map 別冊P.14-A3 香港島／上環

🏠 威靈頓街198號The Wellington3樓　☎2555-2202　🕐12:00〜15:00、18:00〜23:00　🈵旧正月3日間　💰昼500HK$〜、夜1000HK$〜、サ10%　Card A.M.V.　🈯予約はオンラインのみ。2カ月前に要予約　🪑48　🚇MTR上環駅A2出口より徒歩約4分　🌐www.facebook.com/TheChairmanRestaurant

手前は、龍井菊花燻乳鴿（子バトのロースト）半羽600HK$、奥は酥炸獅頭魚配陳醋（小魚の揚げ物）時価

時価

※850HK$程度〜

雞油花雕蒸花蟹
ガイヤウファーディウゼンファーハーイ

陳年紹興酒で蒸した花蟹（シマイシガニ）。カニをまるごと使うのも広東料理の醍醐味

56 ▼ レストラン公式サイトで必ず事前予約している。嫌いなものや好みを伝えるとハズレなし。（大阪府・美春）

ファーグオッロンンガーンマッジーンガムホウ
法國龍眼蜜煎金蠔

268HK$

干しガキを龍眼のハチミツを使って甘辛テイストに。牡蠣のうま味を引き出した人気メニュー

118HK$

268HK$

(右) カリッと揚げた豚肉をバルサミコ酢で味付けした咕嚕鬆毛豬脆 (酢豚風)
(左) ふわふわ豆腐のフライ、八味金磚豆腐

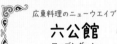

広東料理のニューウエイブ
六公館
ロッゴングーン
HEXA

オーシャンターミナルの先端にあり、ヴィクトリア・ハーバーに面したレストラン。テーブルウエアはラブラミクスで揃えて、今どきの香港を演出している。

Map 別冊P.16-A3 九龍／尖沙咀

ウオーターフロントにあり、スタイリッシュなインテリアが非日常の空間を演出。窓際の席は予約必須

[住]海港城海運大廈G/F OTE101號舖 ☎2577-1668 [時]11:30～24:00、土・日・祝～翌1:00 [休]無休 [料]250HK$～、サ10% [Card]A.M.V. [予]予約がベター [席]150 [交]MTR尖沙咀駅L5出口より徒歩約8分 [URL]www.facebook.com/hexahk

広東の食文化を堪能できる老舗
鏞記酒家
ヨンゲイジャウガー
Yung Kee Restaurant

名店として世界に知られるレストラン。「香港に来たら一度は食べてみないと」と言われるほど。伝統を守りつつ進化を続けている鏞記の名物はガチョウのロースト。1942年から受け継がれた秘伝の味が堪能できる。

Map 別冊P.15-D2
香港島／中環

[住]威靈頓街32-40號 ☎2522-1624 [時]11:00～22:30 [休]旧正月3日間 [料]昼250HK$～、夜400HK$～、サ10% [Card]A.D.J.M.V. [予]昼は予約がベター、夜は要予約 [日]少し [席]600 [交]MTR中環駅D2出口より徒歩約5分 [URL]www.yungkee.com.hk [住]香港國際空港店 Map 別冊P.3-D1

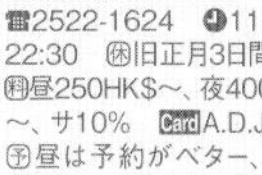

20HK$ (½個)

松花皮蛋配酸薑はピータンのショウガ添え。トロリとした舌触りとコクを「糖心」と表現する

できたて！

ジンジョンターンハーウハッジョンゴー
正宗炭烤黑鬃鵝

秘伝のたれとロースト法で焼かれるガチョウは中国広東省産。産卵していないメスが使われる。必食メニュー

460HK$ (半羽)

広東料理だけじゃない！

中国全土の
地方料理をめしあがれ

食の都、香港には中国各地のおいしい店が大集合。
北京、上海、四川の代表＆必食メニューから
地方料理のおいしいお店まで教えちゃいます！

半羽か1羽で
注文可能。皮
の香ばしさと
肉本来の味を
楽しんで

268HK$

バッゲンティンアプ
北京填鴨（半隻）

北京ムードの店内で本場の味を

北京老家
バッゲンロウガー
Beijing home

甘味の強い金
絲棗とアズキ
を使い、6時
間以上かけて
作る、ソフト
な食感の甘い
蒸し菓子

コンテンジョンユィンゴウ
宮廷狀元糕
（4個）
98HK$

北京料理の伝統を守り続けるレスト
ラン。北京からシェフたちを集めて手作り
にこだわり、本場北京の味を提供。北京
ダックなどを堪能しよう。

Map 別冊P.8-B3 香港島／湾仔

🏠皇后大道東183號和中心7樓704至8樓802號鋪
☎2811-2996 ⏰12:00〜15:00、18:00〜22:30 ㊡無
休 💰200HK$〜、サ10% Card J.M.V. 📞予約がベター
📋440 🚇MTR湾仔駅A3出口より徒歩約10分 🌐www.
beijinghome-tc.com Map 尖沙咀店 別冊P.16-B2

北京料理とは

128HK$

- 宮廷料理の流れをくむ
- 豚や羊などの肉料理が多く、
  濃い味付け
- 代表料理は北京ダック
- おなじみ焼き餃子や肉まんも
  北京料理

中国の千島湖の水
を使用、28日かけ
て発酵させたIPA

ゲンジョンヨックシーガンベン
京醬肉絲跟餅

北京の甘辛味噌で炒めた細切り豚ロー
スとネギをクレープ（春餅）で巻いて
食べる

正統派 北京ダックの食べ方

 ▶ 薄餅の上にネギ、キュウリ、ダッ
クをのせ、甘味噌だれを付ける ▶

焼きたてアツアツの皮を、お
店の人がスライスしてくれる

包むように折りたたんで、パ
クリ！ 手づかみでOK

おいしい料理が満載の人気店

北京樓
バッキンラウ
Peking Garden

やっぱり
北京ダック
だネ！

鮮肉香煎
鍋貼88HK$。もっ
ちりした皮の中に豚ミンチ
がたっぷりの焼き餃子

伝統の味に現代風の創作を加え
たメニューが魅力。北京ダック
はもちろん、焼き餃子などの中
国北方点心から宮廷菓子まで楽
しめる。

Map 別冊P.19-D1 九龍／旺角

🏠太子道西193號モコ新世紀廣場5樓
525鋪 ☎2398-3228 ⏰11:30〜
15:30、日・祝11:00〜、17:30〜23:00
㊡無休 💰昼200HK$〜、夜350HK$
〜、サ10% Card A.J.M.V. 📞要予約
📋150 🚇MTR旺角東駅D出口より徒
歩約3分 🌐www.maximschinese.
com.hk 🔵尖沙咀店、金鐘太古廣場
店、中環店

380HK$
ハウパッキンティンガップリョンセツ
烤北京填鴨兩食

✉香港で初めて北京ダックを食べた。バリバリした皮とジューシーな脂に驚き！ また食べたいなあ。（栃木県・俊ママ）

酸味と辛味のベストマッチ

姚姚酸菜魚
ヤオヤオシュンチョーイユィ
YAOYAO

魚のスズキと発酵食品の漬物「酸菜」、トウガラシ、花椒で煮たスープ仕立ての鍋料理が看板メニュー。カジュアルな四川料理を提供する人気店。

Map 別冊P.16-A2　九龍／尖沙咀

🏠海港城港威商場二樓2307號舖　☎3105-0555　🕐11:30〜22:00（L.O.21:30）
🚫無休　💰200HK$〜、サ10%　Card M.V.
📋予約がベター
📖110　🚇MTR尖沙咀駅A1出口より徒歩約8分　URL www.facebook.com/yaoyaohongkong

爆打青瓜檸檬茶
バーウダーチンガワッシンモンチャー
38HK$

レモンとキュウリをソーダで割ったドリンク。辛さを落ち着かせてくれる清涼感が人気

88HK$

麻辣牛展
マーラッンガウジン

牛スネ肉のスパイス煮込みの冷製。コクのある辛さが特徴、箸が進む。辛いものが好きならトライして

58HK$

涼拌萵筍絲
リョンブーンヲーソンシー

茎レタスのサラダ。塩味の優しい味は辛さをやわらげてくれる

深みのある辛さと刺激を味わって

中国全土の地方料理をめしあがれ

288HK$
（2人用）

姚姚酸菜魚
ヤオヤオシュンチョーイユィ

酸味が利いており、トウガラシや花椒がアクセントを添える。スープとしても飲める

四川料理とは

・辛味の「辣」、花椒のしびれる「麻」、酸味の「酸」、独特の香り「香」の4つが特徴
・奥行きのある辛さ
・豆板醤は必須調味料
・辛さのレベルはメニューでチェック

四川風濃厚たれのよだれ鶏。「川」は四川料理を意味する

川式口水雞
チュンセックハーウゾイガイ

73HK$

ゴンベンセイグワイダウ
乾煸四季豆
68HK$

野菜料理のイチオシメニュー、香ばしいインゲンのピリ辛炒めは箸休めに

極品麻婆豆腐
ゲックバンマーポーダウフー

73HK$

花椒を利かせた本格的な味。ご飯に合う濃厚さでファンも多い

フーツァイファイビン
夫妻肺片
68HK$

モツのスパイス煮。上品な辛さに仕上がっている。モツ好きにおすすめ

絶妙な辛さを味わえる

十二味
サップイーメイ
Twelve Flavors

四川料理で使用する代表的な12種類のスパイスや調味料から四川料理店を想起させる名前をつけたモダンなインテリアのレストラン。

Map 別冊P.16-B2　九龍／尖沙咀

🏠赫德道1-3A號利威商業大廈地下6號舖及1樓　☎2612-1298
🕐12:00〜16:00、17:00〜23:00、土・日12:00〜23:00　🚫無休
💰200HK$〜、サ10%
Card A.M.V.　📋予約がベター
📖142　🚇MTR尖沙咀駅A2出口より徒歩約3分

カジュアルなお店ですよ

ホントンチーパー
紅糖糍粑
48HK$

もち米を棒状にして焼いて、きな粉と黒蜜で食べる伝統菓子

店によって四川料理の辛さは異なるが、辛さの希望などは遠慮なくスタッフに伝えよう。

味にうるさい地元客に人気

滬江飯店

ウーゴンファーンディム
Wu Kong Shanghai Restaurant

豊富なメニューで地元客に人気の、リーズナブルなレストラン。尖沙咀國際廣場（アイ・スクエア→P.115）の目の前という便利なロケーションも、ありがたい。

Map 別冊P.16-B3 九龍／尖沙咀

住 彌敦道27號 良士大廈地庫　☎2366-7244　🕘12:00～23:00（L.O.）　[休]旧暦　大晦日～旧正月2日間　[料]300HK$～、サ10%　[Card]A.J.M.V.　[予]夜は要予約　[日]　[席]150　[日]　[交]MTR尖沙咀駅C1出口より徒歩約3分　[URL]www.wukong.com.hk

1 チェンチャウハーヤン **清炒蝦仁** 238HK$

2 シーウロンバーウ **小籠包** 60HK$

3 ンゴイポーホンシーウヨッ **外婆紅燒肉** 148HK$

1. カワエビの炒め物。塩と紹興酒であっさり味付けしてある　2. ご存じ上海式スープ入り肉まんは必食メニュー　3. 口の中でほろりと崩れるジューシーな豚バラ肉！　上海式豚の角煮は、ご飯と食べたい一品

上海料理とは

- 甘辛味の濃い味付け
- 日本でよく知られる小籠包も上海料理
- 秋冬の味覚は上海蟹
- 上海蟹など一部を除けばお手頃プライス

カニカニ♪

大閘蟹
（ダーイジャッハイ）

上海料理の秋の珍味、上海蟹は、毎年10～12月頃が食べ頃。肉もさることながら、濃厚なカニみそが絶品！　シーズンには姿蒸しのほか、カニみそと肉をペースト状にした蟹粉を使ったメニューも出回るので試してみて！

②ホウレンソウ&ヘチマ
⑧四川風ピリ辛
③フォアグラ
①オリジナル
⑦ニンニク&イカスミ
④黒トリュフ
⑥カニみそ
⑤チーズ

ダッセックウォンチウシーウロンバーウ **特色皇朝小籠包（八色 バーッセック）** 148HK$

オリジナルと変わり種小籠包7種のセット。皮は野菜やイカスミなどで着色、味変が楽しめる

シュッチョーイハムヨックチャーリンゴウ **雪菜咸肉炒年糕** 93HK$

便利な食材の雪菜の漬物や塩漬け豚肉薄切りを、薄切りの餅と炒めた家庭料理

ユィーチューフーヨンサイボンハーイ **瑤柱芙蓉賽螃蟹** 98HK$

貝柱とふわふわの卵白の上にカニの身と卵黄、黒酢が。かき混ぜて食べる

ジーマージョンヤウマックチョーイ **芝麻醬油麥菜** 72HK$

ほろ苦さがクセになるムギレタスに特製ゴマだれを付けて食べるサラダ感覚の一品

シンガポール発の上海料理店

樂天皇朝

ロックティーンウォンチウ
PARADISE DYNASTY

開店から10年、香港内外の食通に認められた上海料理レストラン。野菜たっぷりのメニューも多く、ヘルシー志向にも支持されている。

Map 別冊P.10-A3 香港島／銅鑼灣

住 波斯富街99號 利舞臺廣場6樓　☎2177-0903　🕘11:30～22:30（L.O. 22:00）　[休]無休　[料]200HK$～、サ10%　[Card]M.V.　[予]予約がベター　[席]268　[交]MTR銅鑼灣駅A出口より徒歩約2分　[URL]www.facebook.com/paradisegrouphk

広い店内でゆっくりお食事をどうぞ

✉ 上海蟹の季節になると予約して上海蟹を食べるのが楽しみ。食べる前に値段や大きさのチェックを忘れずに。（兵庫県・星）

潮州料理とは

ユィーファーン ジン
魚飯（蒸）

時価

シイタケとハム入り

- 味付けはあっさり
- 海の幸に恵まれ、魚介料理が得意
- アワビ、フカヒレなど高級な食材の料理も

118HK$ チェンダンホーパーウシン
清燉荷包鱔

海に生息するタウナギのカラシ菜包みスープは2日前までに要予約。細胞に行き渡るうまさ！

ガチョウのレバー 138HK$（小）もある。獅頭ガチョウを使い、特製滷水で味付け

ンゴーゴン
鵝肝

228HK$

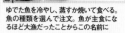

ゆでた魚を冷やし、蒸すか焼いて食べる。魚の種類を選んで注文。魚が主食になるほど大漁だったことからこの名前に

中国全土の地方料理をめしあがれ

実は難しい調理法！堪能してね

功夫茶（烏棗單叢茶）58HK$。潮州人のお茶文化。烏龍茶を小さな茶杯で

108HK$ ファーンサーウータウ
反沙芋頭

タロイモに砂糖の衣を付けたデザート。シンプルに見えるが焦がさずに砂糖をまぶすシェフの腕に脱帽

伝統的潮州料理の実力店
陳儀興 尚潮樓
チャンイーヘン ソンチウラウ
CHAN YEE HING
Sheung chiu lau

潮州料理の本場、潮州や汕頭から食材を調達。伝統製法と味に忠実だからこそ多くのファンに愛されている。香辛料で煮込む滷水など名物を味わって。

Map 別冊P.3-D2 香港島／太古城

- 🏠英皇道1001號7樓1號舖
- ☎6188-3229
- 🕚11:00～15:00、17:00～23:00（L.O.22:30）旧正月3日間
- 💰300HK$～、サ10%
- Card A.M.V.
- 予約がベター
- 🪑80
- MTR太古駅A1出口より徒歩約5分
- URL www.facebook.com/ChanYee HingSheungChiuLauQuarryBay

客家料理とは

豆腐に豚肉をのせて焼き、あんかけで食べるポピュラーな家庭料理

ハッガージンヨンダウフー
客家煎釀豆腐

手軽に栄養が取れる優れもの

108HK$

グワイマーゴックユィーチョン
鬼馬焗魚腸

魚の腸や魚卵、揚げパンなどを卵でとじてからローストした料理

128HK$

- 濃厚で塩辛く、素朴な料理
- 漬物や魚の塩漬けなど保存食品を使う
- 安くてボリューミー

チョイベイザーダーイチョン
脆皮炸大腸

豚の大腸の揚げ物。モツを多用するのも客家料理の特徴

128HK$

鶏肉もよく使う食材だよ

128HK$

ハッガーマンヨンリョングワ
客家炆釀涼瓜

苦瓜に豚肉を詰めてから蒸し料理に。客家料理では苦瓜を多用する

128HK$

ノンガーマンダンカウヨック
農家炆燉扣肉

客家料理の代表料理。豚バラ肉の醤油ベース煮込み。ご飯に合う濃い味付け

家庭的な雰囲気の客家料理店
客家人
ハッガーヤン
Hakka Kitchen

客家の伝統的な家庭料理をカジュアルに提供。濃い味付けだからご飯やお酒が進む。保存食や栄養価の高い食材の組み合わせから、客家人の食生活が見えてくる。

Map 別冊P.20-A1 九龍／深水埗

- 🏠青山道193A號地下B舖
- ☎2392-8331
- 🕚11:30～23:00（L.O.22:00）旧正月3日間
- 💰150HK$～
- Card M.V.
- 予約がベター
- 🪑140
- MTR長沙灣駅A2出口より徒歩約4分
- URL www.facebook.com/hk.hakkakitchen

「陳儀興 尚潮樓」の「滷水鵝片（ガチョウ肉、小188HK$）」やサツマイモの葉のスープ「護國菜（68HK$）」もぜひ。 61

いっぱい食べてね！

飲茶最前線！ vol.1
指さし注文一発OK!!
必食点心カタログ㉓

香港グルメで絶対ハズせないのが飲茶。
食べておきたい定番点心23と飲茶のルールをご紹介。
カンタン指さしオーダーで飲茶タイムを満喫しちゃお☆

撮影：倫敦大酒樓
（→P.71）

必食超定番 3

ハーガウ 蝦餃

シウマイ 焼賣

チョンファン 腸粉

食事系
鹹點
ハムディム

㊟=蒸す、㊟=揚げる、㊟=焼く、㊟=オーブン焼きの4つの調理法がある

エビ入り蒸し餃子。人気No1の点心。透き通った浮き粉の皮に包まれたプリプリのエビがおいしい。

ポークシュウマイ。肉のうま味が味わえる。卵黄入りの黄色い皮が特徴。日本人に人気の高い点心。

ライスクレープ。中身はエビや叉焼など、バリエーションがある。つるんとした優しい食感。

ライウゴッ 荔芋角

タロイモのコロッケ。タロイモに豚ひき肉を入れ、マッシュして作ったコロッケ。サクサクとした衣が美味。

ハムソイゴッ 鹹水角

もち皮の揚げ餃子。中身はエビやひき肉。内側はもちもちとした食感で外側はカリッ。皮はちょい甘。

チュンギュン 春巻 定番

春巻。豚肉やタケノコ、シイタケなどを皮で包んで揚げる。小さめサイズなので食べやすい。

チャーシューソウ 叉燒酥

叉焼パイ。甘みそで煮込んだ叉焼を、パイ皮で包んでオーブンで焼き上げている。

定番 ローバーコー 蘿蔔糕

ダイコン餅。もち米粉にダイコン、干しエビ、中華ハム、ネギを混ぜて蒸し、両面を焼いた点心。

ウォディ 鍋貼

焼き餃子。パリッと焼き上げた餃子。皮は厚め。北京系の点心。飲茶では、蒸し餃子がポピュラー。

ソガウヨックカウ 牛肉球

牛肉シュウマイ。皮に包まれていないがシュウマイ。クワイのシャキシャキした歯触りと香菜がアクセント。

ガウチョイジンガウ 韮菜蒸餃 人気

ニラ餃子。透き通った皮からニラとエビが見える。野菜いっぱいでさっぱりとしたヘルシー系メニュー。

飲茶を楽しむとき、お気に入りの「壽眉茶（サウメイチャー）」をオーダーします。（静岡県・中国茶愛好家）

シージャッホンジャウ
鼓汁鳳爪

女子にオススメ

チウジャウファングォ
潮州粉果

人気

チャーシューバウ
叉焼飽

鶏足先の蒸し物。豆鼓とオイスターソースで味付けした鶏の足。コラーゲンたっぷりで美肌効果大。

潮州スタイルの蒸し餃子。豚肉やエビ、ピーナッツなどを包んでいる。コロッとした形がキュート。

叉焼まんじゅう。甘めのたれで煮た叉焼を皮で包んで蒸し上げている。アツアツをほお張りたい。

知っ得 1
オーダー方法は2通り
以前はワゴン式の飲茶が多かったが、現在はオーダーシートに注文数を記入して店員に渡す方法が主流。食べたいものを注文できることと、できたてのアツアツが食べられることが人気の理由となっている。

知っ得 2
飲茶タイムは？

待ってるよ！

ほとんどの店ではランチの時間の12:00〜14:30頃が飲茶タイム「午茶」となる。また、「早茶」(7:00頃〜)、「下午茶」(〜17:00頃)にも点心を提供する店もある。13:00〜はオフィスの昼休みなので、13:00前入店がベター。

早茶は→P.38

シンジュッギュン
鮮竹巻

ノマイガイ
糯米鶏

パイグワファン
排骨飯

シメに！

湯葉巻き蒸し。豚肉やエビ、シイタケなどの具を湯葉に包み、オイスターソースと醤油で味付けして蒸す。

ちまき。鶏肉や貝柱、シイタケなどが入った炊き込みご飯をハスの葉で包んで蒸してある。香りもいい。

スペアリブのせご飯。豚のスペアリブを蒸したものと鳳爪（左上）をのせて蒸したご飯。ボリュームあり。

スイーツ系
甜點
ティムディム

甘いデザート系点心もバラエティ豊か。定番スイーツ点心を食べ比べてみたい。

ダーンタッ
蛋撻

定番

マーラーゴウ
馬拉糕

ユニーク！ シンジューライウナインバウ
箭豬奶皇飽

エッグタルト。サクサクのタルトの中にやわらかい卵プリンが入っている焼き菓子。人気のデザート。

蒸しカステラ。小麦粉と卵、黒砂糖、バターを混ぜて蒸している。ほんのり甘くて優しい味わい。

ハリネズミ形のカスタード入り揚げまんじゅう。こうした創作点心は、各店のオリジナル。

モング・ボウティン
芒果布甸

人気

ユンゴーイエウォンインウォーダンジンナイ
原個椰皇燕窩焼鮮奶

ホンダウサ
紅豆沙

マンゴープリン。マンゴー、卵、ミルクで作っている。香港スイーツの代表であり、王様でもある。

ツバメの巣入りココナッツミルク。美白効果があるという女子向けスイーツ。大きめなのでシェアして。

アズキ汁粉。日本のお汁粉より甘さ控えめで、さらさらとしている。干しミカンの皮（陳皮）入り。

知っ得 3
お茶のサインを覚えよう

おかわり！

飲茶に欠かせないのがお茶。席に着いたらまず、お茶の種類を聞かれるので、普洱茶や鉄観音茶など、飲みたいお茶を伝える。お茶はポットで出てくる。なくなったらフタを少しズラしておくのが、「お湯を注いで」というサイン。

aruco調査隊が行く!!①

朝食から
飲茶三昧か
点心専門

ここ数年で急増し
店も支店を拡大し
思う存分点心三

飲茶
最前線
vol.2

ヤッロンダイムンジョック
一龍大満足

イチオシ!

蟹粉菠菜香蝦餃、筍尖焼賣皇など5種類の点心が木のBOXに収められたセット。68HK$。ひとりでも大満足の飲茶タイム

7:00～24:00

素材も見た目もこだわりの点心

龍點心
ロンディムサム

店舗数 4店

メニュー数 ★★★★
ロケーション ★★★★★
コスパ ★★★★

2021年にスタートしたチェーンで4店舗を展開。新鮮な素材と無添加にこだわり、点心は各店の厨房で手作り。クリエィティブな飲茶を目指している。

Map 別冊P.16-B3 九龍／尖沙咀

住 海防道38-40號中達大廈一樓 ☎2338-6666 営7:00～24:00 休無休 料サ10% [Card]M.V. 席80 交MTR尖沙咀駅または尖東駅A1出口より徒歩約2分 [URL]www.lungdimsum.com

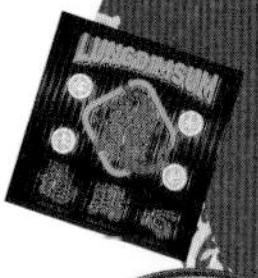

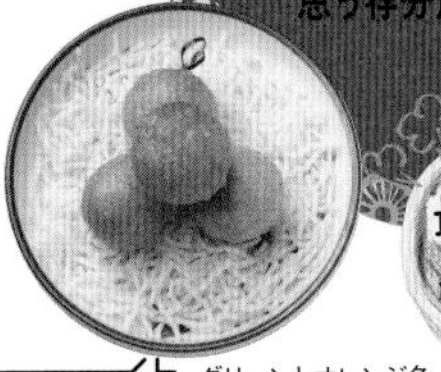

ヤッハウハムソイコック
一口鹹水角

グリーンとオレンジ色は店のカラー。中には麻婆茄子が。38HK$

エビとポークを巻いた腸粉（米粉のクレープ）。52HK$

チョイチョイフークワイホンマイチョンファン
脆脆富貴紅米腸粉

ハイフアンボーチョイヒョンハーガウ
蟹粉菠菜香蝦餃

58HK$。寿司をイメージした点心

ハッガムラウサバウ
黒金流沙包

リッチなカスタードクリームを包んでいる。40HK$

7:00～22:30

2個から注文できる点心もある

功夫點心
クンフーディムサム

店舗数 12店

メニュー数 ★★★
ロケーション ★★★★
コスパ ★★★★

クンフーハーガウウオン
功夫蝦餃皇

エビ蒸し餃子は1個9HK$、2個から注文OK

香港のグルメメディアから賞を受けた蒸しカステラ。25HK$

ワイガウガムヒョンマーライゴウ
懷舊綿香馬拉糕

イチオシ!

蝦餃（エビ蒸し餃子）と蟹子香茹燒賣皇（エビと豚肉のシュウマイ）は、2個から注文が可能。おひとりさまにはうれしいシステム。

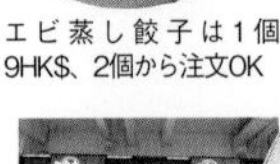

Map 別冊P.20-A1 九龍／深水埗

住 福榮街68&70號 ☎2880-9906 営7:00～22:30 休無休 料サ10% [Card]不可 席50 交MTR深水埗駅B2出口より徒歩約2分 [URL]www.facebook.com/KungFuHK

ハイジヒョンクーシウマイウオン
蟹籽香菇燒賣皇

人気のシュウマイは1個9HK$、注文は2個～

フォンウオンジンロウマイガイ
鳳凰煎糯米雞

鶏肉と野菜を包んだ焼きおにぎり風点心。27HK$

点心専門店はひとり旅でも気軽に入店できるし、きれいな店が多い。午後のおやつ＆夜食としても利用できて便利だった。（長崎県・薫）

ローカルに
大人気

夜食まで
楽しめる
チェーン店

心専門店。チェーン
こでもいつでも
楽しめちゃう♪

「100％香港」が
キャッチフレーズ

點心到
ディムサムドウ

メニュー数 ★★★★
ロケーション ★★★★
コスパ ★★★★

店舗数 2店

7:30～
21:30

2人席、4人
席があり、混
雑時は相席
になる

「百份百香港製造」がキャッチフレーズ。
35種ほどの点心のほかお粥やスープも
スタンバイ。ローカルにも人気が高く、
朝から行列。店内は活気にあふれている。

Map 別冊P.18-A3　九龍／佐敦

🏠覇街286-288號 華志大廈地下6-8號店舗
☎5423-7079　🕐7:30～21:30　Card無休
V.M.　座54　🚇MTR佐敦駅C2出口より徒歩
約3分　🏠油麻地店 **Map** 別冊P.18-B1

点心専門チェーン店

焼汁醸茄子
シイウチャップヨンケイジ

魚のすり身をのせたナスのテ
リヤキソース。25HK$。

鮮蝦腐皮巻
シンハーフーペイギュン

揚げ湯葉巻29HK$。揚げたて
のサクサク食感

ウズラをのせたシュウ
マイは昔懐かし
いスタイル。
28HK$

懐舊鵪鶉蛋焼賣
ワイガウアンチエンダノシウマイ

金沙脆皮銀蘿腸
ガムサーチョイペイアンローチョン

米粉のクレープで包んだ甘味
のあるダイコン29HK$

卡通流心芋蓉包
カートンラウサムユーヨンパオ

アツアツのタロイモあん入り
まんじゅう24HK$

美味＋
リーズナブル＝大行列

添好運
點心專門店
ティムホウワンディムサム
チュンムンディム／
Tim Ho Wan, the Dim-
Sum Specialists

9:00～
21:00

メニュー数 ★★★★
ロケーション ★★★★★
コスパ ★★★★

店舗数 5店

広東料理の名店出身のシェフが開
き、一躍超人気店に。プチプラで点
心三昧が楽しめる。香港駅直結な
ので、帰国直前にも立ち寄れる。

Map 別冊P.7-D2　香港島／中環

🏠香港站HOK 12A&12B舗
☎2332-3078　🕐9:00～21:00
座旧正月3日間　Card不可　不可
🍴少し　座60　🚇MTR香港駅A1出口
と直結、中環駅A1出口より徒歩約8分
🏠深水埗店 **Map** 別冊P.20-A1

晶瑩鮮蝦餃
チエンイエンシンハーガウ

新鮮なエビを使った
蒸し餃子。プリップリ。
42HK$。

古法糯米雞
クーフオンローマイガイ

もち米のちまき。
鶏肉など具もたっぷり。42HK$。

杞子桂花糕
ゲイジーファイファーゴウ

クコの実とキン
モクセイのゼリ
ー。ぷるっぷる。
20HK$。

酥皮焗叉焼包
ソウペイユ／チャーンウパーウ

叉焼入りパイナ
ップルパンは超
人気。33HK$。

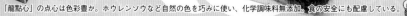
「龍點心」の点心は色彩豊か。ホウレンソウなど自然の色を巧みに使い、化学調味料無添加。食の安全にも配慮している。

65

オーダーシートに「即叫即蒸」とあるのは、注文を受けてから調理します、という意味。25種類ほどの点心は、23HK$〜と手頃。

聚點坊小廚
チョイディムフォンシーウチュー

できたて点心が大人気

Map 別冊P.14-A3 香港島／上環

🏠蘇杭街78號 太興中心二座地舗 ☎3521-0868 🕐11:00〜22:00 休無休 Card不可 席90 MTR上環駅A2出口より徒歩約4分

蟹子香菇焼賣皇
ハイジヒョンクーシウマイウォン
豚肉とエビのうま味たっぷり
34HK$

ジューシーなチャーシューを包んだ腸粉 28HK$
蜜汁叉焼腸
マッチャップチャーシウチョン

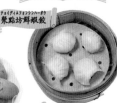
聚點坊鮮蝦餃
チョイディムフォンシンハーガウ
エビがプリプリの蒸し餃子
37HK$

サクサク＆アツアツで美味
26HK$
蒜香炸春巻
チュンヒョンチャーチュンギュン

春巻を包んだ腸粉。食感が絶妙
30HK$
春風得意腸
チュンフォンダッイーチョン

古法馬拉糕
クーフォンマーライゴウ
伝統的な味わいの蒸しカステラ　23HK$

---

aruco調査隊が行く!!②

飲茶最前線！ vol.3

行列のできる

キャラ点心＆進化系飲茶もおまかせ♪
点心専門店BEST5

1日中いつでも飲茶ができる点心専門店。1〜2品オーダーしておやつにしたり、夜食にも◎。おひとりさま女子も気軽に立ち寄ってみて♪

鼎點1968
ディンディム1968／Ding Dim1968

少しずついろいろ味わえる

精選套餐C1
センジュントウチャンC1
蒸し、揚げ、焼き点心の定番5種がセットに
85HK$

秘伝のスープがたっぷり入った小籠包90HK$
秘製高湯小籠包
ベーザイショントンシウロンバウ

黒松露焼賣
ハッチョンローシウマイ
香り豊かなイタリア産黒トリュフがたっぷり。35HK$

卵の黄身が濃厚なカスタードクリーム入り。34HK$
黄金奶皇流沙包
ウォンガンナイウォンラウサーバウ

プリプリ蝦がぎっしり詰まった人気の一品
35HK$
足三両蝦餃皇
ソクサーロンハーガウ

好食！

ロケーション	☆☆☆
バリエーション	☆☆☆☆
コスパ	☆☆
おひとりさま度	☆☆☆

少人数でもリーズナブルな価格で飲茶を楽しめる3〜5種類のセットメニューを提供。伝統の味と質にこだわる点心はすべて手作り。

Map 別冊P.15-D2 香港島／中環

🏠雲咸街 59號地下 ☎2326-1968 🕐11:00〜22:00、金・土〜23:00 休無休 Card M.V. 席70 MTR中環駅D2出口より徒歩約7分 URLwww.dingdim.com

---

 ひとり旅で飲茶は勇気がいるので点心専門店へ。おなかのすき具合に合わせてさくっと食べられてとてもよかった。（福岡県・飲茶愛）

喜煌點心専門店
〈ヘイウォンディムサムチュンムンディム〉

新鮮な牛肉を使った点心が好評

精肉店を経営していた店主が始めた点心専門店。牛肉を使った点心をメインに提供するのは珍しい。毎日仕入れる牛肉の品質には自信あり。

Map 別冊P.19-C1

九龍／旺角

⌂ 通菜街17號地舗
☎ 2882-1683
🕙 10:00～23:00、日・祝9:00～　休無休
Card M.V.　席60
🚇 MTR旺角駅E2出口より徒歩約3分

チャムメイサーチャップモッユーペン
尋味沙汁墨魚餅

イカすり身の揚げ物。アツアツ。
35HK$

牛肉ミンチの腸粉もおすすめ。
32HK$

ヒョンチェンティンチョクチャウヨッチョンファン
香滑免治牛肉腸粉

コンチェンニョウヨッチョウソンウマイ
乾蒸牛肉焼賣皇

看板メニューのひとつ、牛肉シュウマイ 34HK$

牛肉ミンチを包んでいる。外側はパリッ。30HK$

スッマイ リンアクベン
栗米煎牛餅

メロンとミルクを揚げたほんのり甘い点心。
32HK$

マッグワジャーシンナイ
蜜瓜炸鮮奶

行列のできる点心専門店

好食！

ロケーション	★★★☆☆
バリエーション	★★★☆☆
コスパ	★★★☆☆
おひとりさま度	★★★☆☆

2階席もあって落ち着けます

フォトジェニック点心はこちら♪

タイチューラウナーイ
晔住流奶

アツアツのカスタードまんじゅう
49HK$（3個）

唐宮小聚
〈トンゴンシーウチョイ〉

飲茶業界に新風を巻き起こした

飲茶業界のニューウェイブ的存在。ブラック×ゴールドのカスタードまんじゅうをはじめ、創作点心各種が楽しめる。まず、撮影してからじっくり味わって。

Map 別冊P.16-A2

九龍／尖沙咀

⌂ 廣東道30號 新港中心3樓303號舗
☎ 3168-1362
🕙 11:30～16:00、17:30～22:00　休無休　サ10%
Card M.V.　席220
🚇 MTR尖沙咀駅A1出口より徒歩約4分
URL socialplace.hk/zh-hant/

フェイションサーンチョク
非常山竹

マンゴスチン形点心の中身はカニなどシーフード。63HK$

パンガムラウサ
黒金流沙

竹墨入りの皮でカスタードあんを包んでいる。63HK$

シウシウヒョンチャイ
小小煎仔

チョコレートソース入りのまんじゅう
63HK$

キャラ系飲茶ブームの火つけ役的な店。野菜から作られた自然な色を使用している。有名ホテル出身のシェフたちが毎日手作りする点心はどれも本格的でおいしい。

ヤムチャ
Yum Cha

めちゃカワ点心が大集結

Map 別冊P.7-C2

香港島／中環

⌂ 德輔大道中173號 南豐大廈2樓1-2號舗
☎ 3541-9710
🕙 11:30～15:00、17:30～22:00　休無休　サ10%
Card M.V.　席160
🚇 MTR上環駅E5出口より徒歩約2分

ヤッロンバーッカーイ
一龍八戒

子豚をかたどったチャーシューまんじゅう　49HK$

インテリアも◎広々ゆったり

「喜煌點心専門店」では14:30～18:00の間、下午茶（アフタヌーンティー）のひとり用セット「一個人的浪漫」66HK$がある。

飲茶最前線！ vol.4

飲茶といえばココ！名店で味わう王道飲茶

aruco イチオシ

蜂蜜蛋散（フォンマッタンサン）

小麦粉の生地を揚げ、ハチミツをかけたスイーツ点心。クリスピーな食感と自然な甘さが楽しめる

68HK$

ジューシーな叉焼、皇牌蜜汁叉燒178HK$（奥）、スペアリブのニンニク蒸し、黒蒜排骨陳村粉58HK$（中央左）、ツバメの巣入り餃子スープ、燕窩竹笙灌湯餃（前左）72HK$など

老舗広東料理店

翠亨邨 チョイハントン／Tsui Hang Village

移り変わりの激しい香港で45年以上にわたって営業を続ける広東料理の老舗。香港料理大賞にも輝いている。点心が楽しめるランチタイムは、地元客でにぎわう。

Map 別冊P.10-A3 香港島／銅鑼灣

住 波斯富街99號　利舞臺廣場22樓　☎2409-4822　営11:00～15:00、18:00～23:00（飲茶は昼のみ）　休無休　料サ10%　Card A.M.V.　席250　交MTR銅鑼灣駅A出口より徒歩約5分

正統派飲茶を満喫

利苑酒家

レイユィンジャウガー／Lei Garden

1973年創業の広東料理店で香港に11店を展開している。特に海鮮に力を入れており、ランチタイムには、吟味した素材でていねいに作られた点心を提供。

Map 別冊P.10-A3 香港島／銅鑼灣

住 勿地臣街1號時代廣場食通天10樓1003號　☎2506-3828　営11:30～15:00、18:00～22:00　休旧正月3日間　料サ10%　Card A.J.M.V.　席360　交MTR銅鑼灣駅 A出口直結　URL leigarden.hk/zh-hant/about-lei-garden/

日本人に人気の南翔小籠包50HK$（左）、新鮮なエビを使った原隻鮮蝦餃52HK$（前）、千切り大根のパイ皮包み蘿蔔絲酥餅50HK$（右中央）、ナツメのスイーツ乾清棗皇52HK$（奥）。点心は25種類ほど

aruco イチオシ

鳳尾蝦芋盒（フォンメイハーユーハップ）

エビ入りタロイモのフライ。外側はサクサク。エビのうま味＋タロイモの食感

52HK$

広東料理店が提供する点心はレベルが高い。日本では味わえない珍しい点心も多く、さすがグルメシティ香港。（大阪府・由佳）

香港グルメの代表、飲茶。点心の最高峰は香港にある。ステイ中に出かけてみたい名店をarucoがチョイス。香港でしか体験できない王道飲茶へご案内。

香港グルメの王道！

縦書き名店で味わう王道飲茶

アワビのせリッチ！

アワビがのったシュウマイ、原隻鮑魚蒸燒賣57HK$（左前）、エビ餃子、筍尖鮮蝦49HK$（右前）、蜜汁叉燒腸粉51HK$（左奥）、ピータンと豚肉のお粥、皮蛋瘦肉粥45HK$（右奥）、小心流沙包41HK$（奥）

ハーバービューもごちそう

映月樓
インユッラウ
Symphony by Jade

尖沙咀のハーバーサイド、香港文化中心内にある。ヴィクトリア・ハーバーを眺められる窓際は特等席。点心とお茶は、平日と週末で価格が変動する。美しいビューとともにランチタイムを。

Map 別冊P.16-B3 九龍／尖沙咀

♠香港文化中心餐廳大樓1-2樓 ☎2722-0932 ◷11:00～15:00、17：30～23:00 ㉺無休 ⑤10% Card A.J.M.V. ⑩568
Ⓜ MTR尖沙咀駅 または尖東駅L6出口より徒歩約5分
URL www.maximschinese.com.hk/brand/4

潮州のユニーク点心

潮庭 チウテン／Chiuchow Garden Restant

香港人に人気が高い潮州料理店。沿海部に位置し、海の幸に恵まれた潮州は、海鮮料理が得意で、素材の持ち味を生かしたあっさりとした味付けが特徴。

Map 別冊P.16-A3 九龍／尖沙咀

♠梳士巴利道3號 星光行2樓 ☎2801-6899 ◷11:30～15:30、18:00～22:30 ㉺無休 ⑤10% Card A.M.V. ⑩360
Ⓜ MTR尖沙咀駅 または尖東駅L6出口より徒歩約5分 URL www.maximschinese.com.hk/brand/8

aruco イチオシ

燒味雙拼
シウメイションペン

グースやポークなどの燒味から2種をセレクト。写真は、燒鵝皇（グース）と招牌即燒乳豬

198 HK$

サクサクと軽い食感

タロイモの揚げ物、蜂巣炸芋角42HK$（前）、皮で包んだちまき、葱油糯米卷36HK$（左中央）、スイーツ点心、黄金炸油粿45HK（左奥）、潮州料理の代表格、ベビーオイスターの卵焼き、潮州家鄉煎蠔烙158HK$（右奥）

aruco イチオシ

潮州黄金煎伊麺
チウジャウウォンガムジンイーミン

外はパリッと中はしっとりソフトな麺料理。黒酢と砂糖を付けていただく

148 HK$

香港ならではの体験！ワゴンぐるぐる♪　にぎやか飲茶

飲茶最前線！ vol.5

いっぱい食べてって!!

香港では、ワゴンがぐるぐる回る飲茶を体験してみたい！
昔ならではのスタイルを守り続ける店は少なくなった。
今こそ体験しておくべき、ワゴン飲茶はこの3店へ。

雞絲脆春巻
香煎蘿蔔糕
蜜汁叉燒腸
南瓜蟹肉粥
蟹籽滑燒賣

この道40年です

＼飲茶で使う／
広東語

普洱茶をください。
▲ **唔該我想要普洱茶。**
ンゴーイ　ンゴーションイウ　ボーレイチャー。

このセイロの中を見せてください。
▲ **可唔可以打開啲蒸籠睇下？**
ホーンホーイー　ダーホーイ　ディー　ジンロン　タイハ?

ポットにお湯を足してください。
▲ **唔該加啲水。**
ンゴーイ　ガディー　ソイ。

もりもり食べてね

飲茶を楽しんで

區仕明シェフ（上）と梁錦洪シェフ（右下）。点心は平日特49HK$、大45HK$、中38HK$、小31HK$。土・日・祝特51HK$、大47HK$、中42HK$、小34HK$

飲茶Time 7:30~16:00

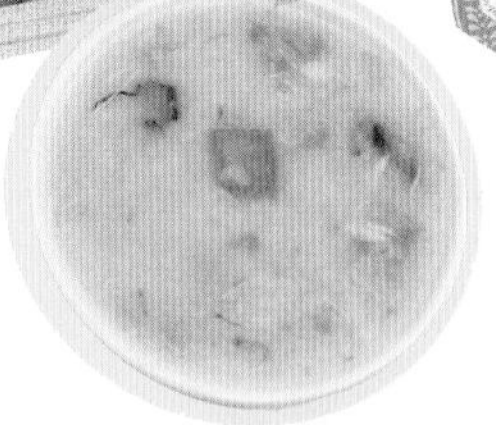

お粥も！

お粥は朝限定。化学調味料を一切使わず、食の安全にもこだわっている

ワゴン飲茶のアドバイス

おばちゃんが点心の名前を広東語で連呼しながらワゴンを押して回ってくる。「唔該（ンゴーイ）」＝「すみません」と言ってセイロの中を見せてもらおう。欲しい場合は「要（イウ）」、いらなければ「唔要（ンイウ）」と断る。

点心充実！
翠園　チョイユン／Jade Garden

朝から夕方までにぎやか飲茶が楽しめる。ワゴンスタイルにオーダーシートをプラスしたシステムで、点心の種類が豊富。平日のみ、7:30～11:30と14:00～16:00は割引サービスがある。7:30～11:30の早茶タイムが特にオススメ。

[Map 別冊P.19-D1] 九龍／旺角

🏠太子道西193號　モコ新世紀廣場6樓603號
☎2628-9668　🕘7:30～16:00、17:30～23:00
[休]無休　[料]サ10%　[Card]J.M.V.　[日]少し
[席]600　[交]MTR太子駅B2出口より徒歩約7分または東鐵綫旺角東駅D出口より徒歩1分　[店]尖沙咀星光行店[Map 別冊P.16-A3]ほか

✉ 旺角の『倫敦大酒樓』で朝飲茶した。ワゴンが近くを通るたび、セイロをのぞき、おなかいっぱい点心を堪能。（千葉県・亜咲花）

ハーガウ
蝦餃！

チョンファン
腸粉！

飲茶Time
7:00〜14:30

焼賣

蝦腸

首創鍋貼鮮蝦餃
ソウチョンウォーティッシンハーガウ

庶民的で
ウマイよ！

燕窩蛋白燉
インウォーダンバッダン

蘿蔔糕
ローバッゴウ

雞札
カイジャッ

飲茶の楽しさを満喫
倫敦大酒樓
ロンドンダイチャウラウ／London Restaurant

100種を超える点心、座席数900という大型店。1979年の開店以来、地元の人たちに愛され、昼時はいつも大にぎわい。11:00までに会計をすれば点心一品が28HK$（土・日・祝29HK$）になる。これぞ香港！を実感。

Map 別冊P.19-C2 九龍／旺角

🏠彌敦道612號好望角大廈
☎2771-8018 ⏰7:00〜23:00 無休
サ10% Card M.V. 予約がベター
900 MTR旺角駅E2出口より徒歩約3分

何シェフは東京で働いていたこともあり日本語を話す。点心担当シェフだけで25人。平日14:00〜の下午茶タイムが割安

ワゴンぐるぐる♪ にぎやか飲茶

雞絲炸春巻
カイシーチャーチョンギュン

蜜汁叉燒包
マッジャップチャーシウバーウ

飲茶Time
月〜土11:00〜15:00
日・祝9:00〜15:00

デザートも
あるわよ！

羅漢素粉果
ローホンソウファングォー

水晶鮮蝦餃
ソイジンシンハーガウ

蒸したて、
アツアツよ

蟹子滑燒賣
ハイジーワッシウマイ

大ホールでローカル飲茶
美心皇宮
メイサムウォンコン／
City Hall Maxim's Palace

1979年から店を構える老舗。632席と大型店でランチタイムは大にぎわい。店内を行き交うワゴンの前にのせている点心プレートで表示。どんな点心かわからない場合は、ワゴンに近づいて実際に見せてもらうのがいちばん。

Map 別冊P.7-D2 香港島／中環

🏠愛丁堡廣場5-7號 大會堂低座2樓 ☎2521-1303
⏰11:00〜15:00、日・祝9:00〜、17:30〜23:00、日・祝9:00〜〈飲茶は昼のみ〉 無休 サ10%
Card A.J.V.M. 632 MTR中環駅L出口より徒歩約5分 URL www.maxims.chinese.com.hk/brand/1

平日と土・日・祝日で点心の値段が異なり、土・日・祝日は2〜3HK$高くなる

炭水化物で
満腹！

早餐 MORNING
7:00前後〜11:30頃

予算
30HK$〜

街なかでよく見かけるチェーン店
大家樂 ダーイガーロック／CAFÉ DE CORAL

香港ローカル系チェーン店。朝から夜まで多彩なセットメニューがある。セットの注文時に選択項目があるので注文前にメニューをよく見て決めておこう。

Map 別冊P.9-C2　駱克道151號1樓
Map 別冊P.12-B2　英皇道416-438號新都城大廈地下
Map 別冊P.16-B3　彌敦道36-44號重慶大廈重慶別2樓
Map 別冊P.19-C2　旺角彌敦道688號旺角中心第一地庫

走日靚粥＋炒米＋
叉燒包＝33HK$

日替り粥＋焼きビーフン＋叉燒まんじゅう。ドリンクは＋3HK$

粟蜜卡蜜糖雞扒＋燕麥奶炒滑蛋＋
奶茶＝37HK$

マヌカハニーソースのチキンソテー＋スクランブルエッグ＋ミルクティー

驚きの安さで早朝からにぎわう
合益泰小食 ハップイエックターイシーウセック

腸粉（→P.62）や炒麺、粥などローカルフードがリーズナブルに食べられる。味付けは卓上にある調味料を使う。相席が当然で、接客サービスを期待しなければお得感満載。

Map 別冊P.20-A1　九龍／深水埗

⌂ 桂林街121號地舖
☎ 2720-0239
◷ 6:00〜20:00
休 無休　Card 不可
❍ 25　MTR深水埗駅C2出口より徒歩約1分

腸粉（細）
10HK$＋
魚肉燒賣10HK$

ゴマ風味ソースで食べる、具のない自家製腸粉。これを目当てにする客が多い

とにかく
安い！

物価高でも無問題！
モウマンタイ
安うまグルメはコレ

時間別

地元の人が愛用するチェーン店から新登場の燒味専門店など、
お得に楽しめる時間別利用法をご案内。
フードコート（→P.74）もうまく組み合わせてみて。

午餐 SET LUNCH
12:00〜14:00

奶茶
（熱18HK$、凍21HK$）
セットランチを注文すれば半額に。メニューをよく見て注文を

檸セ21HK$
定番の組み合わせ、レモンスライスとセブンアップ。セットランチ割引はない

予算
52HK$〜

うれしい
野菜付き

鶏粥が有名な茶餐廳
新記雞粥 サンゲイガイジョック／Sun Kee Chicken Congee

看板メニューの馳名貴妃雞粥（→P.78）のほかにも多彩なメニューを用意。写真付きメニューだから注文しやすい。下午茶（→P.73）セットもおすすめ。手軽な喫茶店として利用しても便利。

Map 別冊P.19-D2〜3　九龍／油麻地

⌂ 花園街1號灣順大廈地下5號舖
☎ 2385-2669　◷ 7:00〜24:00（旧正月3日間）休 旧正月期間中は＋サ10％　Card 不可
❍ 35　MTR油麻地駅A2出口より徒歩約5分　URL www.facebook.com/sunkeechicken

鮮蝦雲呑麵＋
油菜＋熱飲＝52HK$

海老ワンタン麵＋ゆで野菜＋無料のお茶

貴妃雞粥も
オススメ！ → P.78

時間をずらすだけでリーズナブルに食べられるアフタヌーンティーセット（下午茶）。得した気分でした。（宮城県・豆ちゃ）

ガチョウも
鶏肉も！

予算
44HK$~

S4 金牌銷魂叉燒皇 52HK$→44HK$
甘いたれの叉焼がご飯に合う。ちょうどいい
分量で食べきりサイズ

燒味の新星が登場

笠䒠大班燒味
ラップフーダーイバンシウメイ／
CHUKFO TAIPAN RESTAURANT

肉のクオリティにこだわり、職人技
を発揮した燒味を提供。混雑するラン
チタイムを避けて下午茶タイムの
利用がおすすめ。ツウは肉の部位を
指定、店内に張り紙がある。

`Map 別冊P.9-C3`　香港島／湾仔

🏠三角街2-3號華欣閣地下3號舖　☎2892-
2789　⏰9:30〜20:30　🈑無休　Card不可
🈺28　🚇MTR湾仔駅A3出口より徒歩約3分
🔗www.facebook.com/chukfotaipanrestaurant

14:30〜17:30

下午茶
Afternoon Tea

**D8 至尊古井燒鵝＋
切雞62HK$→49HK$**
ローストガチョウと蒸
し鶏の2種のせご飯。
テリテリのガチョウの
皮、鶏肉のコクを堪能
できる。ドリンクは別
料金

利口福炒飯＋
熱飲＝47HK$
ハム、ソーセージ、
レタスのシンプルな
炒飯。ミルクティー
は無料

流心芝士豬扒包配
薯條＋熱飲＝55HK$
チーズ入り豚肉のハ
ンバーガー。流れ出
るチーズのおいしさ
が「邪惡系」認定に

11:00〜20:00

晚餐
DINNER

クセに
なる味！

メニューの多さに圧倒される

利口福快餐店
レイハーウフォック
ファーイツァンディーム

40年以上の歴史ある軽食店。小さな厨
房なのに提供できるメニューの多さに
驚く。クチコミで広まった高カロリーな
のにやみつきになる「邪惡系」フードが
大人気。地元の人をまねて食べてみて。

`Map 別冊P.19-C1`　九龍／太子

🏠大埔道14-16號華都大廈地下1號舖　☎2777-9006　⏰7:00〜
20:00、土〜19:00、日9:00〜19:00　🈑無休　Card不可　🈺16
🚇MTR太子駅B1出口より徒歩約4分　🔗www.instagram.com/leehaufuk

壁全面にメニュー
があるのよ

予算
40HK$~

沙嗲牛肉西多士＋熱飲＝50HK$
自家製サテ醬で炒めた牛肉入
りのフレンチトースト。練乳
をかければ「邪惡系」に

下午茶からディナータイムまでの時間帯「ハッピーアワー」も、お酒好きなら狙い目の時間帯。

ローカルフードが大集合！
arucoおすすめフードコート

屋台気分が味わえるフードコートにはバリエ豊富なローカルメニューが勢揃い！
地元の人が愛する安うまグルメの宝庫へGO！

ローカルフードコートの利用方法

Aは店ごとにテーブルが決まっている。席を確保して注文し支払う。Bは店で注文し、料理ができるのを待つ。席は自由。Cは店ごとにテーブルが決まっており、先払い、後払いは店により異なる。

arucoの推し♡

尖沙咀の市場に併設された食堂が集合したエリア。2020年のリニューアルにより、赤いランプや屋台風のレトロな装飾が施された。きれいになって観光客が立ち寄りやすくなったが、ランチタイムは地元客も多く大にぎわいに。

店舗数
約10
価格帯
30HK$～

尖沙咀の市場にある穴場
海防道臨時熟食小販市場
ホイファンドウラムシーソッセッシウファンシーチョン

Map 別冊P.16-B2 九龍/尖沙咀

🏠海防道390號 📞店舗により異なる ⏰8:00～18:00（店舗により異なる）⛱店舗により異なる Card不可 🚇MTR尖沙咀駅/尖東駅L5出口より徒歩約2分

メニューは
バラエティ
豊富です

▶新東園
オリジナルの葱油を使ったチキンのせご飯58HK$が人気。麺にもできる

葱油雞扒蛋飯
チョンヤウガイパーダンファン

▶德發牛肉粉麵 三寶麵
サンボウミン
イカや魚ボール、海苔などがのった麺。あっさり味。麺は数種類から選べる。42HK$

3種類の具材が入ったヌードル

目玉焼きを崩しつつ食べたい

牛肉団子の弾力が半端ないって

レシピは店秘伝です味わって

▶華香園
一番人気のポークチョップバーガー42HK$。少しスパイシーな味付けでジューシー

豬扒包
ジューパーパオ

▶鴻記茶擋
チャオワンタン
炸雲呑
揚げワンタン50HK$。各種ご飯物&麺も提供。香港式ミルクティーも人気

揚げたてサクサクのワンタン

牛丸河麵
ガウユンホーミン

▶德發牛丸粉麵
看板メニューの牛肉団子入り麺42HK$。麺は米粉の麺をチョイスしたが数種から選べる

ローカル
メニューを
楽しんで

海防道
臨時熟食小販市場
HAI PHONG ROAD TEMPORARY COOKED FOOD HAWKER BAZAAR

✉4年ぶりに訪港して「海防道臨時熟食小販市場」を訪れたらすっかりキレイになっていてびっくり！（長野県・香港LOVER）

料理のバリエーションが多彩
旺角熟食市場
ウォンコッソッセッシーチョン

B

ランガムプレイスのすぐ近くにあるフードコート。上海料理、麺店、タイ料理、香港カフェの茶餐廳やマカオ料理など選択肢は幅広い。お腹の空き具合や気分に合わせて店とメニューをセレクトできる。日曜休業の店もある。

Map 別冊P.19-C2 九龍／旺角

🏠上海街557號2樓 ☎店舗により異なる 🕘7:00～20:30（店舗により異なる） [休]店舗により異なる [Card]不可 [交]MTR旺角駅C3出口より徒歩約1分

店舗数 約13

価格帯 30HK$～

ランチは地元の人たちと相席に

葡式蛋撻（ポーセックダンタッ）

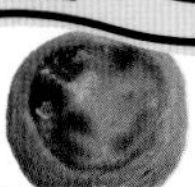

▶**澳門翠苑餐廳**

ポルトガル式エッグタルト8HK$。パイ皮の中にカスタードクリーム

排骨炒麺（パイクワッチャウミン）

▶**金莱原盅蒸飯**

スペアリブと野菜炒めのかた焼きそば。飲み物とセットで42HK$

泰風無骨海南雞飯（タイフォンモークワッホイナンガイファン）

▶**泰風佳味海南雞**

軟らかい骨なしチキンとターメリックライス。45HK$でドリンク付き

乾炒牛河（ゴンチャウアウホー）

▶**南亞冰室**

牛肉炒めのフォー。牛肉と平たいライスヌードルの炒め麺。37HK$

上海生煎包（ションホイサンジンバオ）

▶**上海生煎皇**

小さめの肉まんを鉄板で蒸し焼きにした点心。4個28HK$

オシャレ☆フードコート

ストリートマーケットと隣り合う
呉松街臨時熟食小販市場
ンーチョンガイラムシーソッセッシウファンシーチョン

C

2021年にリニューアルオープン。円形の建物の周りにテーブルをレイアウトし、観光客も立ち寄りやすくなった。総菜や軽食、海鮮料理など10店ほどが並ぶ。

Map 別冊P.18-B2 九龍／油麻地

🏠呉松街29-39號 ☎店舗により異なる 🕘店舗により異なる [休]無休（店舗により異なる） [Card]M.V.（店舗により異なる） [交]MTR油麻地駅B1出口より徒歩約7分

▶**榮發大排檔**

鍋で仕上げたチキン料理、88HK$。ジューシーな肉は濃いめの味付け

…骨雞煲（…ッガイボウ）

椒鹽九肚魚（チュウイムガウトウユ）

▶**榮發大排檔**

白身の魚の揚げ物98HK$。サクッとした食感でビールと相性バツグン

蒜蓉炒通菜（シュンヨンチャウトンチョイ）

▶**榮發大排檔**

香港の定番野菜料理、空芯菜のニンニク炒め58HK$

…舗数 約10

…格帯 …HK$～

「榮發」は17時開店だよ来てね！

中環のビジネスマン御用達
ベースホール02
BASEHALL02

BASE HALL

中環のオフィスビル地下に2023年1月オープン。フードコートと同様、共有のテーブルを使う「ダイスキオスク」には香港ローカル料理を提供する店もあり、観光客にもおすすめ。支払いはキャッシュレスのみ。

Map 別冊P.7-D2 香港島／中環

🏠怡和大廈LG & BF樓LG5 & 7, LG15, B3號鋪 ☎2623-2006 🕘11:00～22:00 [休]日・祝 [Card]A.M.V.（現金不可） [交]MTR中環駅A出口または香港駅A2出口より徒歩約5分

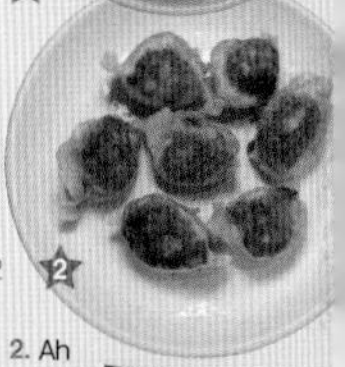

1. On Lee Noodle Shopの魚蛋湯河78HK$ 2. Ah Chun Shandong Dumplingsの餃子68HK$

ショッピングの途中に立ち寄れる
フードプレイグラウンド
Foodplayground

Food Playground

アートなショッピングモール「K11ミュシーア」の地下にあり、ショッピングや観光の合間に立ち寄れる。和・洋・中・韓、スイーツなど11店が並び、ランチやおやつに便利。一部のカウンターでは充電が可能。

Map 別冊P.17-C3 九龍／尖沙咀

🏠梳士巴利道18號K11 Musea B2/F ☎2116-0729 🕘11:00～22:00（店舗により異なる） [休]無休 [Card]M.V. [交]MTR尖沙咀駅D出口直結または尖東駅J2出口よりすぐ

「yummee」の魚蛋拼魚肉燒賣38HK$

「yummee」のデザート楊枝甘露36HK$

さくっとソロ活グルメを楽しむならココ！
リーズナブル＆スピーディ　おひとりさまランチ

神ランチ！　ひとり北京ダックが食べられる
平日セットランチB
京式烤鴨巻（ゲンセックハーウンアップチューン）（2枚）
88HK$
麺1種と点心1種付き。四川擔擔麺と小籠包をチョイス。
マーマレードがダックに合う
ネギ、キュウリ、甜麺醤と一緒にダックを巻いて食べる
おひとりさま、大歓迎です

愛され老舗レストランのグルメなランチ
セットランチ
香茅雞扒（ヒョンマーウガイバー）（蔥油（チョンヤウ））
88HK$
たくさん食べてください

1. 家鄉䃣鵝（ランチ88HK$）はガチョウを鍋の中で回し続けながら炒めて煮込む料理
2. レストランがもつ畑で取れた野菜のサラダバー
3. 皮はパリパリ、肉はジューシーなチキンソテー。人気のランチ
4. 素XO醬木耳香菇炒蓮藕（ランチ88HK$）はベジタリアン向け

北京ダックやポピュラーな点心をお手軽に

京城鴨子
ゲンセンンアップジー

北京ダックをはじめ、定番の点心や麺料理を提供。平日のランチタイム（11:00～17:45）限定の北京ダックセットはソロ活にはありがたいサービス。セットランチのチョイスも多いのでいろいろ食べたいときにぴったり。

Map 別冊P.17-C2 九龍／尖沙咀

🏠麼地道63號好時中心地下19-20號舗
☎5665-2211　🕘11:00～21:00（L.O.20:30）　[休]無休　[Card]M.V.　[席]44
[交]MTR尖沙咀駅・尖東駅P2出口より徒歩約3分

長めのランチタイム設定で使い勝手がいい

シルバー人材が働く広東料理レストラン

銀杏館
ンガンハングーン

伝統的な広東料理、西洋料理を提供、シルバー人材を雇用していることでも有名な老舗。ランチタイムは11:30～16:00。サラダバー、スープ、デザートが付く。料理はどれも本格的な味で、夜も混み合う。

Map 別冊P.18-B2 九龍／佐敦

🏠彌敦道385號平安大廈1樓20號
☎2789-3321　🕘11:30～14:30、18:00～22:00　[休]無休　[料]サ10%　[Card]M.V.
[席]70　[交]MTR佐敦駅A出口より徒歩約5分
[URL]www.facebook.com/gingko2005

18:00～21:00はバンドの生演奏あり

✉ 漢字で「套餐」はセットメニュー、「午市套餐」がランチセットの意味です。（大阪府・チッチ）

ひとり旅でもおいしく、買い物の合間にスピーディにランチを食べたい！
そんな欲張り女子にぴったりの4店でオススメのお手頃メニューをチョイス！

浮袋のフライは当店オリジナル

家庭的な食堂の定番ランチ

菠蘿咕嚕肉配白飯（ボーローグーローヨックプーイバークファーン）
78HK$

定番の酢豚。パイナップルや野菜入りで甘酸っぱさが食欲をそそる。ご飯は白米か五穀米を選べる。スープやドリンクは別料金

イカ、黒クワイ、豚肉をのせて蒸したご飯。具のだしがご飯にしみていて地味ながら絶品。ガッツリ食べたいときに◎

土魷馬蹄蒸肉餅飯（トウヤウマータイジンヨックベンファーン）
78HK$

素材のもち味を堪能できる

高級食材をランチで手軽に

膠得喜撈麵（ガーウダッヘイロウミーン）
63HK$

エビの卵入り麺に魚の浮袋とドンコをのせて。ナイフ＆フォークで食べてもいい

花膠芫茜濃湯鮮雞泡飯（ファーガーウイームサイノントーンシーンガイパーウファーン）
78HK$

魚の浮袋入りのパクチー雑炊。パクチー好きにおすすめ。お茶は無料

首創鹽酥花膠88HK$。魚の浮袋を揚げて塩味で食べるおつまみ

高級食材の浮袋をお得に

オリジナルテイストにこだわる

原汁原味
ユィンジャップユィンメイ

今でこそ香港では当たり前になった無添加調味料を使うスタイルの先駆け。素材にこだわるメニューばかりなのでランチ、ディナーともに常連客で混む人気店。煮込みやスープが特に人気で、時期によっては行列も。

Map 別冊P.9-C2　香港島／灣仔

🏠灣仔道141號地舗　☎2891-2018
🕘11:00～15:00、17:30～22:00　[休]旧正月3日間　[料]サ10%　[Card]A.M.V.　[席]90
[交]MTR灣仔駅A3出口より徒歩約5分

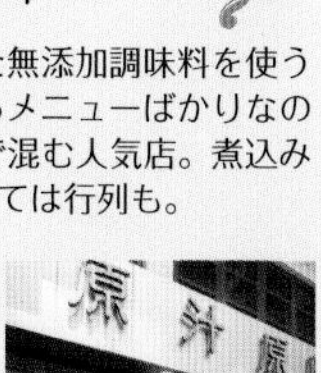

伝統の味が人気のカジュアルな食堂

魚の浮袋専門店のランチで美肌に期待

膠得喜
ガーウダッヘイ

淡水、海水、汽水域に生息する魚の浮袋から質のいいものを厳選、食べやすい味と価格で提供する店。オーナーはデザイン系の仕事をしていたが食材としての浮袋を誰もが食べやすい形で提供したいとの思いで開店した。

Map 別冊P.18-B3　九龍／佐敦

🏠白加士街101號珀軒地下5號舗
☎2885-1038　🕘11:30～22:00　[休]日
[Card]A.M.V.　[席]20　[交]MTR佐敦駅A出口より徒歩約2分
[URL]www.facebook.com/hkmaw

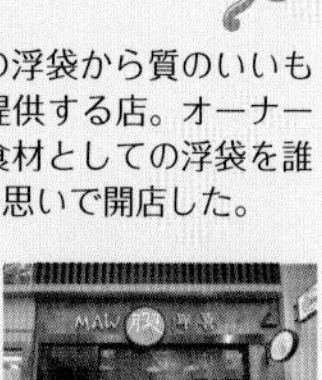

浮袋へのこだわりにあふれる小さな店

香港の平日ランチタイムは12:30～13:00スタートという会社が多い。混雑を避けるためには12時頃までに入店するといい。

トロトロ&アツアツ！優しいおいしさ

あったかお粥

気分でチョイス

あったかお粥でほっこり♥

香港の人にとって欠かせ
街のそこかしこ
専門店の多彩なメニューか

看板粥の馳名貴妃雞粥61HK$。味のしみた鶏肉と滑らかなお粥が合う

30種類以上のスパイスのスープで煮込んだ軟らかい鶏肉に感動！

カキと干し魚の蠔仔方魚肉碎粥75HK$。カキ好きにおすすめ

潮州料理（→P.61）の名物をぜひ！

陳儀興尚潮樓→P.61

イカゲソの揚げ物、酥炸魷魚鬚（大）64HK$。サクサクの人気のおつまみ

お粥も麺も美味♪

新記雞粥→P.72

ピータンと豚肉の相性のよさが定番のお粥。一度はトライしてみて

単品の皮蛋痩肉粥28HK$。塩味のピーナッツとネギが食欲をそそる

開店から11:30は[得]セットあり

知粥嘗樂

ジージョッションロッ

メニューのバリエーション豊富な粥と麺の専門店。7:00～11:30提供の早餐（モーニング）セットはお粥にビーフンなどが付いて40HK$～。

Map 別冊P.5-D2 香港島／北角

🏠英皇道175號地下 ☎2802-6128
🕘7:30～23:00 [休]旧正月3日間
[Card]不可 [席]75 [交]MTR炮台山駅B出口より徒歩約2分

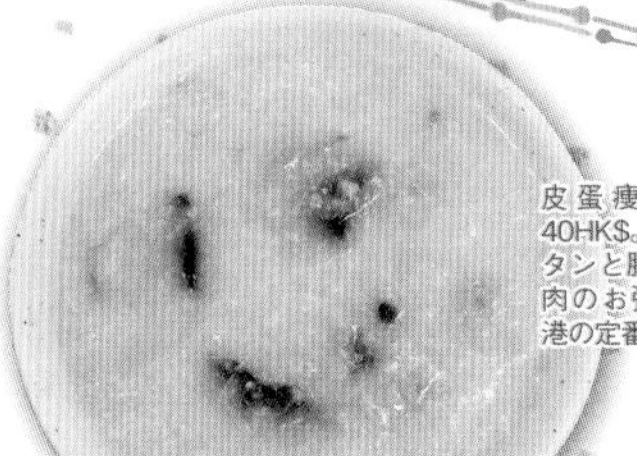

皮蛋痩肉粥40HK$。ピータンと豚もも肉のお粥。香港の定番粥

鮮度のいいプリッとしたモツ入り

及第粥40HK$。豚のモツ入りで栄養価が高く、美容にもいいから女子にピッタリ！

及第粥ならここ

生記粥品専家

サンゲイジョッピンチェンガー

お粥と麺の老舗。豚のモツをたっぷりと使った及第粥が有名で、レンゲからはみ出すほどの迫力のモツが入っている。プラス10HK$で具の追加トッピングもできるから試してみて。

Map 別冊P.14-A3 香港島／上環

🏠畢街7-9號地下 ☎2541-1099 🕘6:30～20:30
[休]日・祝、旧正月7日間 [Card]不可 [席]20
[交]MTR上環駅A2出口より徒歩約5分

へぇそうなん

香港人にとってお粥&麺とは？

お粥はスープから炊いて、米粒を花が咲いたような形に仕上げることにこだわる。油を少し入れて炊くのがコツ。麺はコシにこだわる。ゆですぎにはうるさいのが香港の人。ただし、香港の麺とパスタのアルデンテは違うらしい。誰もが行きつけの粥麺店を数店もっている。

✉ 香港で皮蛋痩肉粥を食べるのが夢でした。1碗でおなかいっぱい、体も温まって大満足！　毎朝食べました。（長野県・たぶ）

…主食といえばお粥と麺。
…ある小さな粥＆麺の
…気になる品をピックアップ！

お粥は
おまかせ！

揚げピーナッツとネギがア
クセントの艇仔粥19HK$

20HK$以下のお粥は、
胡椒などで好みの
味付けで食べよう

1. 生滾皮蛋瘦肉粥42HK$は不動
の人気　2. 生滾魚腩粥49HK$
＋肉丸10HK$。魚と肉のいいと
こどりの組み合わせ

魚のあらと
豚肉のハーモ
ニーが美味

食通の間でも評判
妹記生滾粥品
ムイゲイサン
グワンジョッピン

街市の中にあるフードコート、熟食中心
にあり、ローカル度は高いが日本語メ
ニューがあるから安心。毎日6時間かけ
て炊くお粥と、新鮮な素材に
定評がある。

Map 別冊P.19-D2 九龍／旺角

🏠花園街123A號 花園街市
熟食中心3樓No.12
☎2789-0198　🕐7:00～
15:00　🈺火、旧正月6日間
Card不可　📷40　🚇MTR旺
角駅B2出口より徒歩約3分
URL www.facebook.com/
muikee80

あったかお粥でほっこり❤ OK つるっと麺で決める！

体の中から
温まる〜

鹹蛋瘦肉粥44HK$。
塩漬け卵の塩気がくせ
になる。具の組み合わ
せを楽しんで

お粥だけでも40種類
七喜粥麵小廚
チャッヘイジョックミーンシーウチュー

気軽に入れる粥麺店。お粥だけでも組み合わせを
変えて40種類。湯葉を入れて炊くお粥はトロトロ
で味も調えられている。海鮮などの一品料理も種
類が豊富で、本格的な味を気軽に食べられる。

Map 別冊P.12-B1 香港島／北角

🏠琴行街6號嘉蘭大廈B舖　☎2516-
6656　🕐11:30～23:30　🈺無休
Card不可　📷30　🚇MTR北角駅B3
出口より徒歩約2分

合益泰小食 → P.72

一度はトライ、お粥しゃぶしゃぶ
新九記粥麵
サンガウゲイジョックミーン

お粥しゃぶしゃぶ（要予約）が
食べられる店。お粥しゃぶしゃ
ぶの具は女性同士なら2品でも
十分なボリューム。男性客が多い
が、ココでしか味わえないお
粥にトライしてみて。甘香蠔豉
粥など一般的なお粥は予約不要。

Map 別冊P.8-B3 香港島／灣仔

🏠大王東街9號　☎2865-2827
🕐11:00～21:00　🈺日・祝、旧正月10
日間　Card不可　📷30　🚇MTR灣仔駅
A3出口より徒歩約3分

お粥でしゃぶしゃぶ

カキの
うま味が
最高！

具からだしが
出てうま味が
増すお粥

甘香蠔豉粥62HK$

1. お粥しゃぶしゃぶ「馳名粥底」
80HK$をまず注文　2. お好みの具を注
文。陳皮鮮鯪魚球120HK$（ケンヒー魚
の団子）　3. 特選本地粥180HK$（鶏肉）
4. 手切牛肉150HK$（牛肉）

朝から夜までOK！ どれにする？

つるっと**麺**

脂ののった牛大腸（牛の大腸）も人気

おすすめトッピング

特製スープで蒸し煮した蘿蔔（大根）は味がしみしみ！

ラー油で辛さを調整

滷水豆腐（味付き揚げ豆腐）

麺の種類

- 粗麺：コシの強い幅広の太麺
- 幼麺：コシの強い平たい細麺
- 油麺：鹹水麺のソフト麺
- 米粉：細めのライスヌードル
- 河粉：平たいライスヌードル
- 全蛋麺：卵入り。雲呑麺に多用
- 雲南米線：過橋麺用の米の麺
- 公仔麺：インスタントヌードル

車仔麺
チェージャイミーン

昔は屋台で売っていたスタイル。麺の種類を選び、そこに調理済みの具をお好みでのせて食べるスタイルが引き継がれている。

巨型魚蛋（ジャンボフィッシュボール）

麺の代わりに野菜＋2種トッピング（兩餓）44HK$。スープはクローブやフェンネルなどをブレンドしたこだわりの自家製滷水汁 A

油麥菜（ムギレタス）

五香牛（味付き牛バラ）

豬頭肉（豚の頭の肉）

豬皮（豚の皮）

追いパクチー（多芫茜）はプラス1HK$

ピリ辛スープ＋細麺＋3種トッピング（三餓）52HK$。コクのあるピリ辛スープがクセになる A

擔擔麺
ダームダームーン

中国四川省が発祥のタンタン麺、香港で独自にアレンジされた味が定番。花椒は強くなく、細麺。

花椒、ラー油の四川風

汁なし

（左）桂花冰粉34HK$。花椒入りの麻麻地奶凍48HK$

四川擔擔麺54HK$。花椒などの香辛料と隠し味の紅糖が食欲をそそる。よくかき混ぜて食べる B

やみつきの辛さだよ

カリカリ系

起源は上海地方の麺料理が潮州料理として定着。スナック感覚で。

糖醋煎麺118HK$。ゆでた麺を外はカリカリ、中はもっちりと焼き、黒酢と砂糖を付けて食べる

陳儀興 尚潮樓 → P.61

A 珍しい潮州系車仔麺

華記潮州滷水車仔麺 ワーゲイチウジャウロウソイチェージャイミーン／WaKee

スパイスの配合にこだわる特製滷水スープで食べる麺。スープとしても成立するから麺抜きで注文する客も多い。

Map 別冊P.19-C1 九龍／太子

🏠界限街34號民興大廈地舖 ☎6563-3939 ⏰12:00～23:00 休無休 Card不可 席35 🚇MTR太子駅D出口より徒歩約3分 URL www.facebook.com/wakeefood
西環店 **Map 別冊P.13-C3**

B 四川の味を香港で

渝酸辣粉 ユィーシュンラーッファン／Yu

四川の味にこだわり、手軽に食べられる四川料理を提供。花椒を多用、「麻」（ピリピリ感）が味わえる。

Map 別冊P.10-A3 香港島／銅鑼灣

🏠耀華街4號 ☎2838-8198 ⏰11:30～22:00 休旧正月8日間 Card35HK$～ M.V. 席35 🚇MTR銅鑼灣駅A出口より徒歩約2分

C エビ雲呑麺の老舗

麥文記麵家 マックマンゲイミーンガー／MMK Noodle Shop

麺の屋台からスタート、今でもご飯物は扱わずに麺だけを提供。干し魚などを使ったコクのあるスープも美味。

Map 別冊P.18-B3 九龍／佐敦

🏠白加士街51號 ☎2736-5561 ⏰12:00～翌0:30 休旧正月3日間、端午節、中秋節 Card不可 席60 🚇MTR佐敦駅C2出口より徒歩約3分

好きな具と麺を選べる車仔麺にトライ。注文表のある店ならオーダーも楽でした。（茨城県・Ataru）

エビ系

エビ雲呑麺が有名だが、ふんわり香る蝦子（エビの卵）を使った麺もポピュラー。プチプチ感をエンジョイ！

プリップリのエビ雲呑が醍醐味！

雲呑麺には赤酢も合う

上湯雲呑麵45HK$。エビだけの雲呑とコシの強い全蛋麵が美味 C

韮菜（ゆでニラ）26HK$とオイスターソース1HK$ C

蝦子撈麵54HK$。撈麵は汁なし麺。エビの卵をふりかけて。スープは別 C

あったかお粥でほっこり♥ or つるっと麺で決める！

雲南過橋麵
ワンナムグォッキーウミーン

中国雲南省が発祥。汁の熱で具を調理する。太めのライスヌードル。香港式は調理された麺が運ばれてくる。

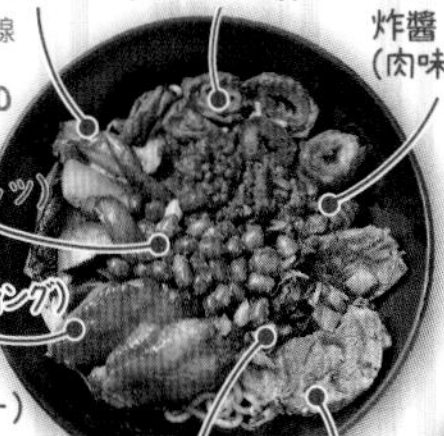

牛肝菌（ポルチーニ）
豬大腸（豚の大腸）
炸醬（肉味噌）
花生（ピーナッツ）
中翼（チキンウィング）
酸菜（自家製漬物）
牛展（牛スネ肉）

四拼撈米線69HK$（汁なし）D

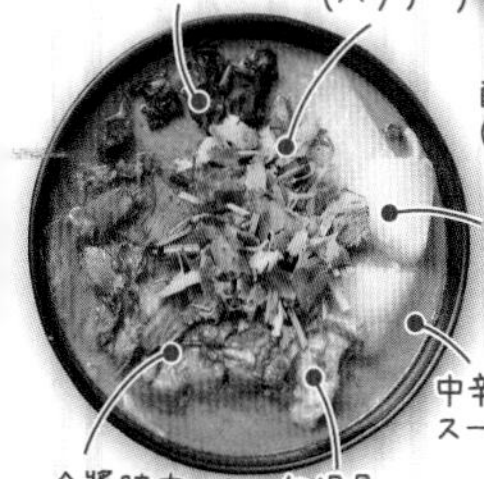

黑木耳（キクラゲ）
芫茜（パクチー）
蘿蔔（ダイコン）
中辛スープ
金獎腩肉（豚バラ肉煮込み）
無錫骨（豚スペアリブ）

四拼小鍋米線67HK$ D

スープが自慢です！

牛肉系

香港の食堂ではポピュラーな牛肉と大根のスープ。シンプルな味だけにていねいな作り方が結果に表れる庶民の味。

ホロホロに煮込まれた牛肉に感動

牛骨や漢方素などを十数時間煮て作る滋味深いスープ、大根と牛バラ肉、清湯蘿蔔牛腩麵63HK$ E

清湯蘿蔔牛寶麵133HK$。牛の中落ちカルビ、かたばら、胸膜の筋肉の豪華3部位をたっぷりと E

スープを味わってね

[D] 雲南の米線や素材がやみつきに

橋香園雲南過橋米線
キウヒョンユィンワンナムグォキウマイシーン

ピリ辛スープの過橋米線が香港スタイル。スープの辛さ、具の数や種類を決めて注文する。

Map 別冊P.15-C2 香港島／中環

威靈頓街91號 ☎2581-1337 11:00〜22:30、土〜20:00 [休]日・祝 [Card]不可 [席]30 [交]MTR中環駅D2出口より徒歩約8分

[E] こだわりの牛肉が絶品

八寶清湯腩 バーッボウチェントーンナーム／Eight Treasures

スープのおいしさがクチコミで話題になった店。當歸やクコなどの生薬を加えた特製スープも、軟らかく煮込まれた部位別の牛肉も完食必至。常連客が多いのも納得できる。

Map 別冊P.11-D1 香港島／天后

電氣道124號榮華大廈B舖 ☎2889-8366 11:00〜21:00 [休]水 [Card]不可 [席]35 [交]MTR天后駅A2出口より徒歩約4分 [URL]www.facebook.com/eighttreasures

好食！好食！

全蛋麵はコシがあるものの汁を吸いやすいので、エビ雲呑などの具を麺の下にするのが香港スタイル。

ハフハフ食べたい！
香港名物☆うまうま煲仔飯
ボウジャイファン

香港がウインターシーズンを迎えると、皆こぞって食べにいく煲仔飯。
アツアツでおいしい香港式土鍋ご飯が1年中味わえる名店にご案内します。

煲仔飯って何？

香港の冬を代表する料理で、マカオや中国広東省などを含む広東料理エリアで親しまれている、土鍋炊き込みご飯。肌寒くなってから提供する店がほとんどだが、なかには1年中食べられる店も。

直径
約15cm

バリエーションは？

「北菇滑雞（シイタケと鶏肉）煲仔飯」、「鹹魚肉餅（塩漬け魚と豚ひき肉）煲仔飯」、「梅菜肉餅（漬物と豚挽き肉）煲仔飯」、「鳳爪排骨（鶏の足とスペアリブ）煲仔飯」などがスタンダードメニュー。店ごとにオリジナルもあり。

どこで食べられるの？

専門店のほか、茶餐廳や燒味店（ロースト店）、一部の高級広東料理店でも食べられる。寒くなると店の外にコンロを並べて調理する店も。土鍋が店頭に並んでいたら煲仔飯を出しているサインなのでトライしてみて。

食べ方は？

アツアツの煲仔飯が到着したら、醤油ベースのオリジナルソースを好みでかけ、よく混ぜ合わせたら、茶碗に取り分け、いただきます！ ひとつを2〜4人でシェアできる。

よく使われる食材は？

鶏肉、スペアリブ、豚・牛ひき肉、梅菜（菜心の漬物）、鹹魚（塩漬け魚）、臘腸（中華ソーセージ）など。

臘味排骨飯
110HK$（坤記）

臘腸（中国ソーセージ）とスペアリブの組み合わせ。臘腸は約1年かけて作られる

土鍋は買えるの？

煲仔飯の「煲仔」とは土鍋のこと。素焼きで軽い土鍋は上海街（→P.140）などで入手可能。取っ手がひとつかふたつか、釉薬が塗ってあるかなどで価格が違うがひとり用なら30HK$〜。とても壊れやすいのでタオルなどに包んで機内持ち込みに。

長細いタイ米のような米を洗って土鍋に入れ強火にかける。だしは使わない

沸騰して湯気が上がり、ふつふつとしてきたら火加減を弱火にする

ご飯がある程度炊き上がった時点で一度蓋を開け、具材をのせる。蓋を閉め、再び加熱

初香港で味わった煲仔飯を忘れられず、2度目の香港で煲仔飯の食べ比べをしました。（神奈川県・美波）

窩蛋肉片飯　103HK$

具材は豚肉と卵。卵を著で崩して全体をよく混ぜるとまろやかな味わいに。日本人にも好まれそうな煲仔飯

卵が半熟でトロットロ！

坤記煲仔小菜
クァンゲーボウジャイシウチョイ／Kwan Kee
地元の人とワイワイ煲仔飯
煲仔飯のおいしい店としてその名を知られる。夜限定で1年中煲仔飯を提供しており、25種類ほどのバリエーションがある。ラストは、鍋底にできたおこげに特製甘辛ダレをかけてシメる。至福の味わいを堪能。

Map 別冊P.13-C3 香港島／西環

⌂皇后大道西263號 和益大廈地下1號舖
☎2803-7209 ⑪11:30～14:30、17:30～22:30（煲仔飯は17:30～）⑯旧正月1週間 Card不可
⑬夜は予約がベター ㉖60 ㉝MTR西營盤駅B1出口より徒歩約3分

ハフハフ食べたい！香港名物「煲仔飯」

永合成馳名煲仔飯
ウィンハップチィメンボウジャイファン
1日中いつでも煲仔飯
いつ訪れても煲仔飯がいただける専門店。バリエーションは9種だが冬には2種が加わる。ランチタイムは激混みなので14:00すぎがオススメ。少し遅いお昼ご飯に煲仔飯なんて香港ならでは。おなかをすかせてGO！

Map 別冊P.13-C3
香港島／西營盤

⌂德輔道西360號舖
☎2850-5723 ⑦7:00～16:00 ⑯日・祝、旧正月 ㊵40HK$～ ㉝40 ㉝MTR香港大學駅B1出口より徒歩約6分

窩蛋牛肉飯　90HK$

シイタケと鶏肉の煲仔飯。ぶつ切りにした鶏肉がゴロゴロのっていてボリュームもあり、大満足

北菇滑雞飯　90HK$

牛肉のミンチと卵がベストマッチ。黄身を崩してよく混ぜてから食べよう。一番人気のメニュー

うちの煲仔飯はウマイよ！

金銀蒜粉絲開邊蝦煲仔飯新　90HK$

エビとエビのうま味がしみた春雨の組み合わせでニンニクたっぷり。近所の魚市場から毎日仕入れる素材が自慢

香ばしいおこげも美味♪

豉汁帶子煲仔飯　90HK$

ホタテの豆豉蒸しの煲仔飯

立派なおこげならおまかせよ

新銓滿記餐廳小廚
サンチュンムンゲイツァンテンシウチュー
New Chuen Moon Kee Restaurant
こだわりのおこげがおいしい
新鮮な海鮮を使った煲仔飯が人気。煲仔飯には日替わりスープとゆで野菜がセット。スタッフがおいしいおこげを作ってくれる。おこげには甘辛醤油にショウガを加えたタレをかけて食べよう。

Map 別冊P.19-C2 九龍／旺角

⌂新塡地街419號 萬福大廈 ☎3760-8855 ⑦7:00～24:00（L.O. 23:15）⑯旧正月 Card不可 ㉝40 ㉝MTR旺角駅C3出口より徒歩約3分

煲仔飯とセットの日替わりスープ（写真は漢方薬入り豚骨スープ）。お得感が！

煲仔飯初心者向けメニューは梅菜肉餅煲仔飯。青菜の菜心の漬物と豚挽き肉をハンバーグのように固めたものが具材。万人に好かれる味。

バリエ無限大∞ アツアツごちそう 火鍋（フォーウォ）はいかが？

1年中 OK!

具だくさんの香港式しゃぶしゃぶ「火鍋」は
にぎやかな食卓が大好きな香港人に大人気！
冬は湯気をあげながら、夏は冷房をガンガン効かせて。
香港式に鍋を囲んでワイワイ、ハフハフしよう！

火鍋ってなに？
好みのスープを煮立たせた鍋に、思いおもいの具を入れて火を通し、たれにつけて食べる鍋料理。ひとり当たりの予算は200〜400HK$程度。

日本語オーダー表のある店も

どこで食べられるの？
看板に「火鍋酒家」などと掲げた専門店やレストラン、熟食中心で食べられる。ローカルのファストフード店にはひとり鍋セットも。

オーダーの方法は？
①湯底（スープベース）を選ぶ
どの店も数種の湯底を用意しており、たいてい、店ご自慢の湯底がある。

②具材を選ぶ
各席にオーダー表とペンが用意してあるので、欲しい具材をチェック。スープと具材は別料金。

看板スープベース 卜蜆豬骨煲
ハマグリの一種がベース（238HK$）。クラムチャウダー風だからスープとしてもOK！

モリモリ食べてね！

おすすめの具材は？
※写真は2人前

炸魚皮
魚の皮の揚げ物68HK$。自家製でパリパリ。スープの染み込み具合も◎

野菜盛り合わせ
雑菜拼盤88HK$。野菜は種類別でもオーダー可能

餃子
招牌午餐肉餃とエビ雲呑の合盛り90HK$。火鍋に餃子はマストな具のひとつ

手打五賀丸
豚肉、牛肉、エビ、イカ、鯪魚（コイ科のケンヒー）の手作り団子盛り合わせ98HK$

牛肉
主役の具のひとつ。写真はアンガス牛のザブトン268HK$。肉は部位やランク別に用意あり

好みでブレンド♪（薬味18HK$/人）

自家製蔥頭油 58HK$

1. 蔥頭油（焦がしエシャロットオイル）2. ラー油 3. 白ゴマ
4. ゴマだれ 5. ゴマxラー油 6. 炒めニンニク 7. パクチー
8. ネギ 9. 生ニンニク 10. 唐辛子

独創的で豊富な「湯底」が人気

叁不館 チャームパッグーン／CITY OF DARKNESS

貝類や肉類をメインにしたオリジナルスープで食べる火鍋専門店。80年代風のインテリアなど、若手オーナーのセンスが光る。予約はフェイスブックで可能。

Map 別冊P.11-D1 香港島／天后

電氣道68號金輪天地7樓 ☎9364-9678
⏱18:00〜24:00 無休 💰200HK$〜、サ10% Card A.M.V. 予約がベター 60席
MTR天后駅A2出口より徒歩約2分
URL www.facebook.com/cityofdarknessltd

火鍋を食べるとき、餃子や団子、貝類などの具材にちゃんと火が通っているかをチェック。（鹿児島県・帆乃華）

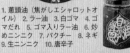

70年代の香港家庭で楽しむ鍋

十下 ザップハー／SUPPA

円卓に座って夕食を楽しんだ1970年代をイメージしたインテリア。火鍋はふたり分の具とスープがセットになった「二人套餐」(ひとり298HK$) がおすすめ。スープは6種あり、鴛鴦（2種）も可能。

[Map] 別冊P.10-A3 香港島／銅鑼灣

🏠登龍街28號 永光中心2樓
☎3520-4111 🕘12:15～16:00、17:00～23:30(L.O.22:30) [休]旧正月4日間 [料]300HK$～、サ10%
[Card]A.M.V. [予]予約がベター [席]60
[交]MTR銅鑼灣駅B出口より徒歩約3分
[URL]www.facebook.com/SUPPAHK

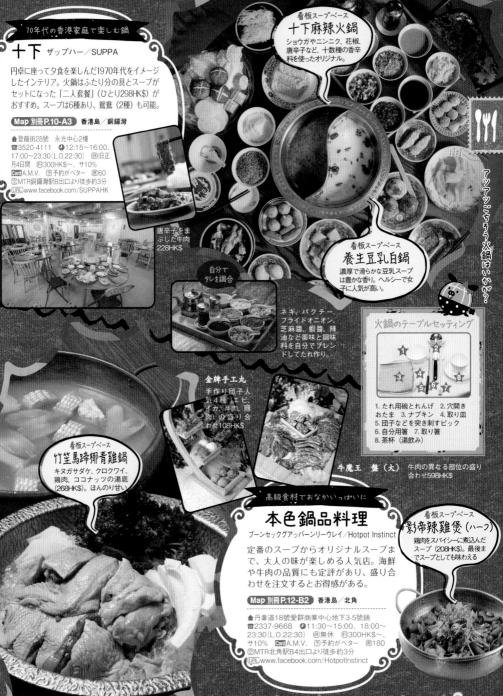

看板スープベース
十下麻辣火鍋
ショウガやニンニク、花椒、唐辛子など、十数種の香辛料を使ったオリジナル。

看板スープベース
養生豆乳白鍋
濃厚で滑らかな豆乳スープは豊かな香り。ヘルシーで女子に人気が高い。

唐辛子をまぶした牛肉 228HK$

自分でタレを調合

ネギ、パクチー、フライドオニオン、芝麻醬、蝦醬、辣油など薬味と調味料を自分でブレンドしてたれ作り。

アツアツごちそう火鍋はいかが？

火鍋のテーブルセッティング

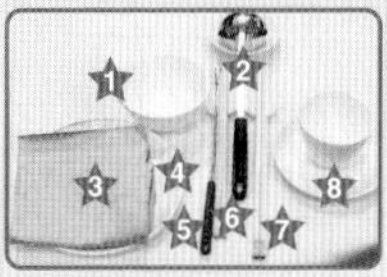

1. たれ用碗とれんげ 2. 穴開きおたま 3. ナプキン 4. 取り皿 5. 団子などを突き刺すピック 6. 自分用箸 7. 取り箸 8. 茶杯（湯飲み）

看板スープベース
竹笙馬蹄椰青雞鍋
キヌガサダケ、クロクワイ、鶏肉、ココナッツの湯底(268HK$)。ほんのり甘い

金牌手工丸
手作り団子人気4種（エビ、イカ、牛肉、豚肉）の盛り合わせ108HK$

牛魔王 盤（大） 牛肉の異なる部位の盛り合わせ598HK$

高級食材でおなかいっぱいに

本色鍋品料理

ブーンセックグアッパーンリーウレイ／Hotpot Instinct

定番のスープからオリジナルスープまで、大人の味が楽しめる人気店。海鮮や牛肉の品質にも定評があり、盛り合わせを注文するとお得感がある。

[Map] 別冊P.12-B2 香港島／北角

🏠丹拿道18號愛群商業中心地下3-5號舖
☎2337-9668 🕘11:30～15:00、18:00～23:30(L.O.22:30) [休]無休 [料]300HK$～、サ10% [Card]A.M.V. [予]予約がベター [席]180
[交]MTR北角駅B4出口より徒歩約3分
[URL]www.facebook.com/HotpotInstinct

看板スープベース
影帝辣雞煲（ハーフ）
鶏肉をスパイシーに煮込んだスープ（208HK$）。最後までスープとしても味わえる

お手軽においしい香港をテイクアウト
外賣パラダイスを大活用！

TEA ONLY

LOCK CHA BEER

中国茶テイストの
ビールで乾杯！

樂茶軒 **H**

ヘルシー茶で
体調管理 **D**

テイクアウト専門店

コンビニ・スーパー **F G**

ハーイザイシーウマイウォーン
蟹籽燒賣皇
蟹入りシュウマイ。なじみのある無難な品をチョイス（18HK$） **B**

テイクアウト専門店

マーライゴウ
馬拉糕
湿気で糖まないように早めに袋から出しておこう（18HK$） **B**

テイクアウト専門店

ヒョーンロウガイトイ
香滷雞腿
鶏もも肉の醤油煮。軟らかい部位で食べやすい。おかずにもつまみにもなる **A**

テイクアウト・イートイン

HOW TO テイクアウト

● おかずは、次々に作られて店頭に並ぶので作りたてを狙うのがカツウ
● 持ち帰り容器は有料（2HK$〜）の店が増加。「外賣加2元」など表示あり。フォーク＆スプーンの提供はない（箸提供はある）。

ンゴイマイ（レンジャウ）
外賣（拎走）to go

ハイドウセック
喺度食 for here

TAKE OUT

ソン
餸 おかずのこと。

兩餸飯……おかず2種とご飯
三餸飯……おかず3種とご飯
四餸飯……おかず4種とご飯
淨餸………肉＆魚抜きのおかず

シーガンヂャ・チャイソーイ
番茄炒蛋
トマトと卵の炒め物。栄養があって野菜も一緒に食べられる **A**

テイクアウト・イートイン

色彩・
バランス重視の
グルメおかず

ゴンビーンセイグワイダウ
乾煸四季豆
インゲンのピリ辛炒め。冷めてもベチャッとなりにくい野菜 **A**

テイクアウト・イートイン

テイクアウトでご飯を買って、ホテルに戻って気ままに食事。ビールで酔ってもすぐに寝られる！（山梨県・K子）

無性にポテトが食べたくなるでしょ？

サラショウ・バーガー
經典漢堡
アメリカの定番ハンバーガー（HK$182）。洋食気分にぴったり

テイクアウト・イートイン

J

ダーイセンチョン・マッイー
大生腸（左）・**墨魚**

街頭小食（→P.96）の大生腸（豚の卵管）と墨魚（イカ）。各15HK$

テイクアウト専門店

C

クリスピー・チキン・バイブ
酥脆雞塊（細）
フィリピン発のチェーン店も便利（チキン18HK$＋飲料8HK$）

おつまみにちょうどいいサイズ

E

ピスタチオ・クランチ
開心果脆脆
手作りチュロスは冷めてもおいしい。疲れたときに効く！（40HK$）

テイクアウト専門店

I

ジーンヨーンケイジー
煎釀茄子
人気のナスの肉詰めとピーマンの肉詰めのセット（18HK$）

テイクアウト専門店

B

ジーシーフォードイグワッチーン
芝士火腿滑蛋
ホンセッ トウシー
韓式吐司
ハム、ベーコン、チーズ、卵入り韓国スタイルのオープンサンド（68HK$）

テイクアウト専門店

K

作りたてのおかずが並ぶ一般的な「兩餸飯」の店頭

どれが食べたい？

チョイピイシーウラックファーン
脆皮燒肉飯
皮付きローストポーク。通りかかった茶餐廳でテイクアウト（55HK$前後）

テイクアウト・イートイン

L

A 喜洋洋美食 ヘイヨンヨンメイセッ
好きなおかずを選ぶスタイルの食堂。兩餸飯37HK$、三餸飯46HK$など。

Map 別冊P.19-C2 九龍／旺角

🏠上海街494號地舖
🕐10:30～21:30 🚫無休
Card不可 🪑20 🚇MTR
旺角駅C4出口より徒歩約5分

B 包點達人 バーウディムダッヤン
点心専門のテイクアウト専門店。1種類よりまとめ買いすると割引される。

Map 別冊P.19-C2 九龍／旺角

🏠旺角道26號地舖
🕐7:00～24:00 🚫無休
Card不可 🚇MTR旺角駅
B3出口より徒歩約3分
🏠灣仔店 Map別冊P.9-C3

C 肥姐小食店 フェイジェーシーウセックディム
素材のよさと安さで大人気の串もの店。3本セットなど選択肢が多い。

Map 別冊P.19-D3 九龍／旺角

🏠登打士街55號地下4A號舖 ☎8489-2326
🕐13:00～22:30 🚫火
Card不可 🚇MTR油麻地駅A2出口より徒歩約5分

D 唇茶 ソンチャー
天然素材のドリンクショップ。P.86はイチジクや梨など入った壽眉茶（32HK$）。

Map 別冊P.16-B2 九龍／尖沙咀

🏠堪富利士道8A號地舖 ☎5548-4470
🕐12:00～23:00 🚫無休 Card不可 🚇MTR尖沙咀駅A2出口より徒歩約3分 🌐www.facebook.com/TeaOnlyHK 🏠銅鑼灣店 Map別冊P.10-B2

E ジョリビー Jollibee 快樂蜂
フィリピンのファストフードチェーン。香港に20店ほど。気軽に利用できる。

Map 別冊P.19-D3 九龍／油麻地

🏠彌敦道534-538號嘉榮大廈地下3號舖
☎2677-7277 🕐9:00～22:00 🚫無休
Card不可 🚇MTR油麻地駅A2出口より徒歩約1分 🌐www.facebook.com/JollibeeHKofficial
🏠中環店 Map別冊P.15-C3

外賣パラダイスを大活用！

2024年4月より使い捨てプラスチック食器などの使用が禁止に。スプーンやフォークは提供されないので自分で用意を。

香港のファミレス 賢く使い

早い・安い・おいしい・便利
茶餐廳＆冰室の特色や利用法

香港スタイルで満喫して！
オーナーのSwadiaさんとパートナー

茶餐廳＆冰室って何？

香港スタイルのファミレス。メニューは幅広く、ドリンクから洋食、中華風、エスニックまで多彩でボリューミーなB級グルメをラインアップ。注文したメニューの提供はスピーディ。冰室は、1960年代に存在した茶餐廳の原型だが、今では茶餐廳と冰室は同列の扱い。

HOW TO USE 茶餐廳＆冰室

1 入店＆着席

- 席は自分で探す：店員からの声かけはないと思って。
- 相席が当たり前：特に混雑時は相席で、4人掛けのテーブルなら向かい合わせではなく横並びに座る。
- カトラリーはまず洗う：着席するとお茶入りのコップ（吉水）が置かれるが、これは飲用ではなくカトラリーを洗う用（飲んでもいいがまずい）。
- 着席したらメニューを見る：決まるまで見ていてOK。店員はせかしてこないからじっくり見て。
- テイクアウト（拎走・外賣）の場合は容器代が追加される。

繁忙時間四位坐位
來賓兩位請坐一邊

上のような張り紙があれば「混雑時には4名で&横並びに2名で座ってください」の意味

歓迎光臨 いらっしゃい！
空席発見！
卡位(ブース席)が伝統スタイル

2 注文＆食事

- 注文は慌てずに、自分のタイミングで！
- 最低消費（ミニマムチャージ）の有無をチェック。追加料金（「凍飲加5HK$」冷たい飲み物はプラス5HK$など）にも注意して。
- 基本的に広東語か中国語（有名店では英語も可）
- カトラリーが見当たらない場合は、テーブルに引き出しがあるかをチェック。引き出しに用意されている。
- 味付けは、卓上の調味料やスパイスを使って自分好みに。万能スパイスは白胡椒！
- 食べきれない場合は、「打包」と言えば容器代なし（店により異なる）で包んでくれる。

白胡椒

おやつやドリンクのみの利用もOK

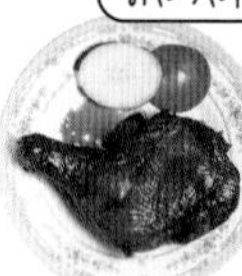
森美鹵肶 34HK$
鶏もも肉の甘辛煮。手羽を使った「瑞士雞翼」が最もポピュラー

魔鬼潛艇34HK$
魚肉ソーセージのホットドッグ。ピリ辛のマスタードソースと特製パンの甘さがマッチ

西洋菜蜜(熱) 22HK$
クレソンを煮出した汁にハチミツを入れた飲み物

3 会計

- 伝票は、暗号のような記号か数字だけ。この伝票を持って店入口方面にあるカウンターで支払う。
- 基本的にクレジットカードは不可。小銭や小額紙幣を用意しておこう。高額紙幣（1000HK$や500HK$）は受け付けない店もあるので、100HK$以下の紙幣か小銭かチャージ済みの八達通があれば安心。
- チップは不要。
- 領収書は「単（ダーン）／収據（サウゴイ）」と言えば発行してくれる。何も言わないとレシートも出ない。

メニューの成り立ち

メニュー名は、「材料＋料理の内容」または「調理法or状態＋材料＋料理の内容」が基本。
例外：青椒肉絲のようなポピュラーなものは、調理法や味付けは省略される

例1 材料＋料理の内容
瑤柱 蛋白 ＋ 炒飯
⇨干し貝柱 卵白 ＋ チャーハン

例2 材料＋調理法or状態＋料理の内容
青椒 ＋ 炒 ＋ 肉絲
⇨ピーマン ＋ 炒める ＋ 豚肉細切り

応用キーワード

[底]（ダイ） ベースをどうするか
- 烘底（ホンダイ）：パンをトーストする
- 加底（ガーダイ）：大盛り
- 扣底（カウダイ）：ご飯や麺を少なめ
- 炒底（チャーウダイ）：ご飯を炒める

[多]（ドー） 増量
- 多奶（ドーナーイ）：ミルク多め

[少]（シーウ） 減量
- 少甜（シーウティーム）：ガムシロップ少なめ

[走]（ジャウ） 入れない
- 走甜（ジャウティーム）：ガムシロップ抜き
- 走青（ジャウチャン）：ネギ抜き

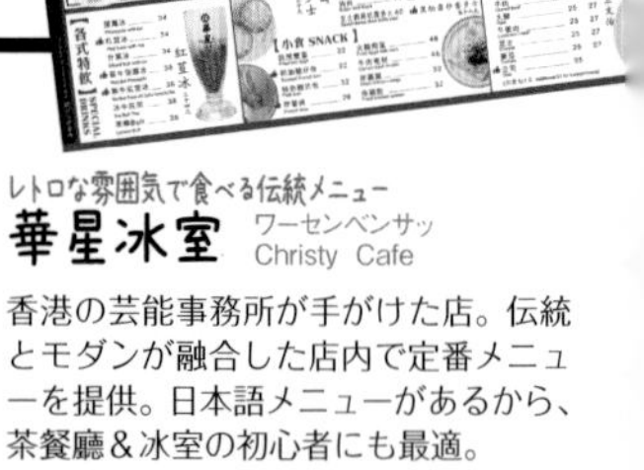

レトロな雰囲気で食べる伝統メニュー
華星冰室 ワーセンベンサッ Christy Cafe

香港の芸能事務所が手がけた店。伝統とモダンが融合した店内で定番メニューを提供。日本語メニューがあるから、茶餐廳＆冰室の初心者にも最適。

Map 別冊P.19-C2 九龍／旺角

🏠西洋菜南街107號C鋪 ☎2520-6666
🕐7:00～21:00 [休]旧正月 [Card]不可 [席]70
[交]MTR旺角駅B3出口より徒歩約4分
[URL]www.facebook.com/chrislycafe

✉ 茶餐廳&冰室はファミレス感覚で利用できた。旅行者でもハードルが高くなかった。（長野県・田村）

茶餐廳 & 冰室を倒しちゃお!

チャーツァーンテン　ベンサッ

香港のあらゆる場所にある
知って、使い倒しちゃおう。

茶餐廳 & 冰室 → P.90

壁にもメニューあり

香港のファミレス「茶餐廳 & 冰室」

\出前一丁/

メニュー解説

ポピュラー & 基本

or

早餐・A餐（モーニングセット）　41HK$

モーニングセットは早餐（ジョウチャーン）もしくはA餐（エーチャーン）という。ハムなどがのったスープマカロニ、トースト、卵料理、香港ミルクティーか鴛鴦（コーヒー & ミルクティー）が基本セット（朝〜11:00）。

愛されメニュー

叉燒公仔麺　39HK$

即席麺は茶餐廳 & 冰室の定番メニュー。出前一丁や公仔麺とメニューに記載。ハムや目玉焼きをトッピングすることが多い。写真は叉燒のセバージョン。

パン

三文治 サームマンジー	サンドイッチ
多士 ドーシー	トースト
西多士 サイドーシー	香港風フレンチトースト
菠蘿包 ボーローバーウ	パイナップルパン

菠蘿油 20HK$
パイナップルパンにスライスバターを挟んだ定番メニュー

トーストのスプレッド

(牛)油 ンガウヤウ	バター（トーストに塗られている）
鮮油 シーンヤウ	バター（スライスされたバターがのっているか挟んである）
(果)占 グォッジーム	ジャム
醬 ジョン	ピーナッツクリーム
奶 ナイ	練乳
奶醬 ナーイジョン	練乳とピーナッツクリーム
加央 ガーヨーン	カヤジャム

油醬多士 14HK$
バター & ピーナッツクリームのトースト

ご飯

飯 ファーン	ぶっかけご飯（上に何かがのっている）
炒飯 チャーウファーン	チャーハン
湯飯 トンファーン	おじや
粥 ジョッ	お粥
靚仔 レンジャイ	白いご飯
靚女 レンノイ	白粥

叉燒炒蛋飯 65HK$
11:00以降提供。
卵と叉燒のせご飯

麺類

麺 ミーン	コシのある麺
出前一丁	インスタント麺
公仔麺	インスタント麺
通粉 トンファン	マカロニ
意粉 イーファン	パスタ
米粉 マイファン	ビーフン
河 ホー	米製の幅広麺（フォー）
貴刁 グァイディーウ	米製の幅広麺（クイティオ）
麥片 マッピン	オートミール

麺の調理法　麺の種類 → P.80

湯麺 トンミーン	スープ麺
撈麺 ロウミーン	あえ麺（スープは別添え）
炒麺 チャーウミーン	具とともに炒めた麺

卵料理

炒蛋 チャーウダーン	スクランブルエッグ
煎蛋 ジーンダーン	半月卵
太陽蛋 タイヨーンダーン	目玉焼き（片面）
荷包蛋 ホーバーウダーン	ターンオーバー（両面焼き）
奄列 アムリッ	オムレツ
富蛋 フーダーン	落とし卵

おもな具材

火腿 フォータイ	ハム
芝士 ジーシー	チーズ
叉燒 チャーシーウ	チャーシュー
雞蛋 ガイダーン	卵
豬扒 ジューバー	ポークステーキ
雞扒 ガイバー	チキンステーキ
牛扒 ンガウバー	ビーフステーキ
午餐肉 ンフチャーンヨッ	ランチョンミート
番茄 ファーンケー	トマト
公司 ゴンシー	ミックスもしくは3枚重ねのクラブサンドイッチ

牛肉三文治 25HK$
牛ひき肉入りサンドイッチ

茶餐廳で使う 広東語

すみません〜／ありがとう
▲ 唔該 ンゴーイ

オーダー
▲ 點嘢 ディームイエー

これください
▲ 要呢個 イウリゴ

ホット
▲ 熱嘅 イッゲ

アイス
▲ 凍嘅 ドンゲ

テイクアウト
▲ 打包 ダーバーウ（残り物）
▲ 拎走・外賣 リンジャウ・ンゴイマーイ

お会計
▲ 埋單 マイダン

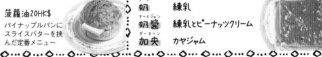

香港人が愛してやまない茶餐廳&冰室でローカル気分のティータイム

香港のファミレス的存在、茶餐廳と冰室。朝食、ランチ、アフタヌーンティー、夕食と一日中多彩なメニューを提供。ローカル気分を味わって。

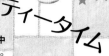

控えめな甘さです♥
愛され メニュー
蓮の実の あん入り

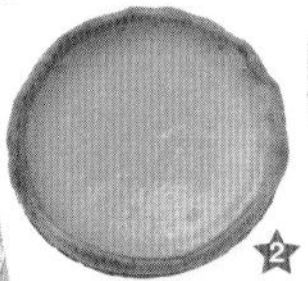

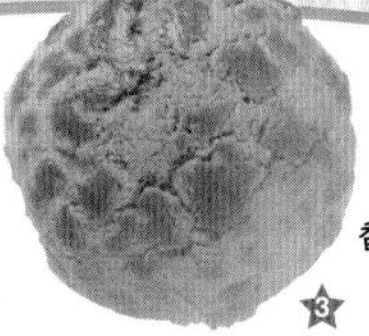
香港パンを楽しんで

祥香園餐廳

1. 一番人気の蓮蓉雞尾飽10HK$と熱奶茶（香港式ホットミルクティー）19HK$ 2. 蛋撻（エッグタルト）8HK$ 3. 菠蘿包（パイナップルパン）9HK$ 4. フードメニューは幅広い

1967年より香港島西環で営業していたが惜しまれつつ2022年に閉店。翌年、灣仔に移転・再開を果たした。名物の蓮のあん入りパンをはじめ、常連に愛されてきたローカルパンが再び味わえるようになった。

[Map] 別冊P.9-C2 香港島／灣仔

⌂灣仔道128-150號 明豐大廈1 ☎3188-0906 🕘7:00～18:00 [休]旧正月2日間 [Card]不可 [席]180 [交]MTR灣仔駅A3出口より徒歩約5分

1967年創業の老舗を継承

祥香園餐廳

チョンヒョンユィンツァンテン

愛され メニュー
香港牛乳 たっぷり♪
十字冰室

十字牌

1960年代にランタオ島で創業した、メイド・イン香港の牛乳「十字牌」（トラピストデイリー）が経営する香港スタイルのカフェ。自社製ミルクを使ったメニューが味わえる。店内は、レトロかわいいインテリア。

1. 黒松露滑蛋菠蘿包40HK$ 2. 熱奶茶（ホットミルクティー）20HK$ 3. 香港産牛乳、十字牌鮮奶26HK$ 4. 冰鑽濃滑奶茶（アイスミルクティー）28HK$ 5. 十字炸鮮奶（揚げミルク）38HK$ 6. 椒監炸燒賣（揚げシュウマイ）38HK$

[Map] 別冊P.10-B3 香港島／銅鑼湾

⌂禮頓道64號 禮賢大廈地舖 ☎2955-4722 🕘7:15～18:30 [休]無休 [Card]不可 [席]60 [交]MTR銅鑼灣駅A出口より徒歩約5分

十字冰室

香港牛乳ブランドのカフェ

十字冰室

サップハーペンサッ

愛されメニュー

焼きたて最高に美味

たくさん食べてね!

1. パイナップルパンにバターを挟んだ金獎菠蘿包 17HK$ 2. 香滑奶茶22HK$ 3. 紅豆冰(アズキペーストと牛乳のドリンク)28HK$ 4. 柱侯牛腩飯(牛バラ肉のせライス)59HK$ 5. 超級餐蛋麵(目玉焼きのせ出前一丁)63HK$

1951年開業。高級住宅地にあり、スターも来店する。看板商品の菠蘿包(パイナップルパン)は、香港式ミルクティーとの相性バツグン。料理メニューも多彩で、ランチスポットとしても利用価値が高い。

Map 別冊P.8-A3 香港島/跑馬地

🏠 奕蔭街9至11號地下 ☎2572-5097
🕐7:00～17:00 🈷無休 Card不可
🍴70 � トラム跑馬地總駅より徒歩約3分

芸能人にも愛される老舗 **祥興咖啡室** チョンヒンガーフェーサッ
Cheung Hing Coffee Shop

香港式のおやつです

愛されメニュー

1950年の開業以来、昔ながらのメニューを提供し続けている。ドリンクや軽食だけでなく、焗排骨飯(ドリア)などご飯物や各種麺類など、食事メニューも充実。香港映画の撮影にも使われたため、ロケ地巡りで訪れる人も多い。

1. 午後は観光客や地元の人でにぎわう 2. 西多士(フレンチトースト)32HK$ は揚げ焼きした香港スタイル 3. かわいいイラストが描かれた店の壁は撮影スポット。店内のタイルや椅子など、創業当時のまま。映画のロケも行われた

Map 別冊P.18-B2 九龍/油麻地

🏠 廟街63號 ☎2384-6402
🕐11:30～19:30 🈷水、旧正月、端午節 Card不可 🍴60 🚇MTR油麻地駅C出口より徒歩約5分

変わらぬ味を守り続ける **美都餐室** メイドウチャンサッ
Mido Café

座雅機二

懐かしい香港

愛されメニュー

1970年代初頭に開店した順楽冰室とパン店快樂麵包(→P.103)。ともに2022年に閉店したが2024年にコラボして茶餐廳を開業した。

Map 別冊P.10-B3 香港島/銅鑼湾

14:30～18:00提供のアフタヌーンティーセット44HK$

🏠 蘭芳道3號地鋪 ☎6711-9298
🕐7:00～21:00 🈷不可 🍴40 🚇MTR銅鑼湾駅F2出口より徒歩約4分

パン店とカフェの老舗がコラボ **快樂.順景** ファイロッ.ションゲン

1952年創業のオールド茶餐廳。オリジナルブレンドの紅茶を独自のレシピと方法で抽出する奶茶(香港式ミルクティー)のほか、フードなどこだわりのあるメニューを多数揃えている。

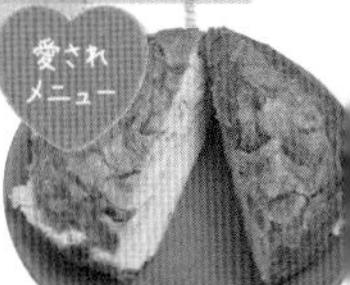

愛されメニュー

1. 威撑七 24HK$ 2. さくっとした食感の香脆奶油豬仔包(コンデンスミルクとバター入りパン)21HK$

Map 別冊P.15-C2 香港島/中環

🏠 結志街2號 ☎2544-3895 🕐7:30～18:00 🈷日・旧正月3日間 💰ひとり40HK$～の注文が必要 Card不可 🍴50 🚇MTR中環駅D2出口より徒歩約7分

レトロカフェで小休止 **蘭芳園** ランフォンユン

奶茶(香港式ミルクティー)は濃厚。ハマる人続出! 91

aruco調査隊が行く!!③

ビジュアルも味もトリコです❤ 最旬香港スイーツ巡り

これまで見たことがない、ルックスも味も斬新なスイーツが続々と登場。計算されたビジュアルスイーツをチェック!

その場で揚げる生チュロス
トゥイスト&バックル
TWIST & BUCKLE

小麦粉、水、塩だけのシンプルな生地を、その場で揚げる生チュロスは冷めてもモチモチの食感。テイスト別のトッピングも楽しんで。

Map 別冊P.17-C2 九龍／尖沙咀

🏠漆咸道南29-31號溫莎莎大廈地舖
☎6508-2674 ⏰12:00～22:30
無休 Card J.M.V. 🚇6 MTR尖沙咀・尖東駅P3出口より徒歩約1分
URL www.twistandbuckle.com
🏠北角店 **Map 別冊P.5-D2**

Glazedのストロベリーチョコ&カラフルチョコスプレー40HK$

ダイエットは明日からでOK!

映え度…❤❤❤
甘さ…😊😊😊
作りたてチュロスはモチモチ。気がつけば完食(ライターA)

Sundaesのレインボー68HK$。酸味のあるイチゴソースと甘いチュロスのコラボが最高!

マンゴー問屋の本気スイーツ
皇冠(呂宋芒)専門店
ウォングーンロイソンジュンムーンディーム
Crown Mango Expert

フィリピン産カラバオマンゴーの問屋が営むマンゴースイーツ店。甘いマンゴーお目当ての客で夜遅くなるほど混雑する。

Map 別冊P.10-A3 香港島／銅鑼灣

🏠耀華街31號 ☎2686-1122
⏰15:00～24:00、金・土・翌3:00 旧正月4日間 Card不可
20 MTR銅鑼灣駅A出口より徒歩約5分 URL www.facebook.com/CrownMangoExpert

芒果椰皇凍配雪糕(マンゴー、タピオカ、アイス)88HK$

映え度…❤❤❤
甘さ…😊😊
ナチュラルな甘さとほのかな酸味のトリコ(カメラマンM)

皇冠(マンゴー、アイス、ココナッツ)88HK$

芒果黃金巻(マンゴークレープ)68HK$

自信作だから食べ比べも大歓迎

スイーツも点心も同時に食べられる
星十五
センサップンー／STAR FIFTEEN

甘いスイーツと甘くない点心を提供する。「二人六格格」はスイーツ(写真は楊枝甘露)と日替わり点心のふたりセット。

Map 別冊P.16-B2 九龍／尖沙咀

🏠加連威老道26A地下
☎9518-9202 ⏰13:30～24:00、金・土・祝前日～翌0:30
旧正月 Card A.J.M.V.
🚇35 MTR尖沙咀・尖東駅B2出口より徒歩約4分
URL star15.com.hk

二人六格格114HK$ 1人用(一人六格格50HK$～)

映え度…❤❤❤
甘さ…😊😊
甘じょっぱい味の絶妙セット。これは女子ウケ◎(編集T)

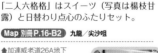

マンゴーを使ったスイーツは本当においしくて見つけたら食べていました。ただし、食べすぎは体によくないので注意して。(愛知県・千夏)

タイ発のスイーツ専門店
アフター・ユー・デザート・カフェ
After You Dessert Café

超低温で凍らせたフレーバーアイスの中にマンゴーともち米入り。ルックスにも味にも大満足。塩卵フレークのせトーストもおすすめ。

Map 別冊P.9-C3　香港島／灣仔

🏠皇后大道東200號利東街G24-25號舖　☎2312-2038　🕐12:00～22:45（変動あり）、金・土～23:00（L.O.22:00）　🗓旧正月　🪑40　🚇MTR灣仔駅A3出口より徒歩約3分　🔗www.afteryouhk.com

塩卵フレークのせは香港限定

鹹蛋黃吐司（小）108HK$

映え度 😋😋😋😋😋
甘さ 😋😋😋

繊細なかき氷の中にマンゴー味のもち米が！おいしい（編集N）

芒果糯米飯刨冰（マンゴー味もち米とマンゴー入りマンゴーかき氷）148HK$

映え度 😋😋😋😋😋
甘さ 😋😋😋

甘くクリーミーな豆腐とミロ味団子の驚きコラボ（ライターS）

伝統とモダンの組み合わせ
小點角落
シウディームゴーロック
Bite By Bite

伝統スイーツにトレンド食材や味を組み合わせた創作スイーツを提供。凝ったルックスも注目を集める。

Map 別冊P.19-C2　九龍／旺角

🏠亞皆老街8號朗豪坊4樓8號舖　☎2318-1928　🕐11:30～22:30　🗓無休　💰サ10%　**Card** A.M.V.　🪑20　🚇MTR旺角駅C3出口直結　🔗www.facebook.com/bitebybite.hk

火灸奶蓋美綠豆腐湯圓（ミロ味の団子入りクリーミー豆腐）58HK$

香港の味をヴィーガンアイスに
迆雪糕專門店
HEA ICE CREAM

乳製品や卵などを使わない自家製アイスは香港フードの味を再現。アイスキャンディをトッピングして食べる。

Map 別冊P.20-A1　九龍／深水埗

🏠界限街10F號南楓檬地下5號舖　☎5345-5954　🕐12:30～20:00　🗓月　🪑20　**Card** A.M.V.　🚇MTR太子駅D出口より徒歩約7分　🔗www.facebook.com/hea.ice.cream

楊枝甘露ソフト＋ミントライムアイス48HK$

カプチーノソフト＋玄米アイス（乳製品使用）48HK$

映え度 😋😋😋😋😋
甘さ 😋😋😋

楊枝甘露はポメロの果肉も。さっぱりしてグッド！（編集K）

紅棗ソフト＋桑寄生茶（ヤドリギ茶）アイス48HK$

豆腐凍芝麻糊（豆腐アイスと黒ゴマしるこ）58HK$

楊枝甘露果凍碗（マンゴープリンやタピオカ入り楊枝甘露）62HK$

アメリカ発の大人気チーズケーキ
ザ・チーズケーキ・ファクトリー
The Cheesecake Factory

アメリカから空輸するチーズケーキは本格的なアメリカンテイストとサイズ。甘党でなくても食べたいおいしさ。

Map 別冊P.16-A2　九龍／尖沙咀

🏠廣東道25號海港城港威商場G102號舖　☎2791-6628　🕐11:00～23:00、日10:00～　🗓無休　💰サ10%　**Card** A.J.M.V.　🪑280　🚇MTR尖沙咀駅A1出口より徒歩約9分　🔗www.thecheesecakefactory.hk

オレオドリームエクストリームチーズケーキ88HK$

写真映えする店内で撮影してね

フレッシュストロベリーチーズケーキ89HK$

映え度 😋😋😋😋😋
甘さ 😋😋😋

濃厚なチーズとイチゴの絶品コラボにハマった！（カメラマンJ）

日本未上陸の「ザ・チーズケーキ・ファクトリー」は、ステーキやハンバーガー（→P.87）などを提供。洋食気分におすすめ。

スイーツ天国♡香港で食べたい 伝統&定番おやつ大集合

食材の持つパワーを組み合わせてスイーツにも応用。
香港でしか味わえない本気のスイーツをめしあがれ。

のどから肺に◎

スープ系

星十五→P.92

南北杏澄津梨36HK$。梨には体にもこった熱を冷ます効能も。ホットがおすすめ

定番

白果薏米腐竹27HK$。銀杏、ハトムギ、湯葉のデザート。栄養価も高く、おやつにぴったり

春蛋燉雪耳29HK$。白キクラゲとウズラの卵をシロップで食べる。冷たいほうがオススメ

美肌に

濃薑薯蕃糖水27HK$。サツマイモをショウガシロップで食べる。昔ながらの素朴なおやつ

シンプル

芒果白雪涼粉46HK$。薬草ゼリーとカットマンゴー、バニラソースのコラボ。薬草ゼリーの苦味がクセになる

なごみの甘さ

甜心甘露（楊枝甘露）52HK$。厳選したマンゴーに、ココナッツミルクなどの材料を黄金比率でミックス

さわやか

マンゴー系

芒果西米小丸子33HK$。マンゴー、マンゴーピューレ、白玉、タピオカの夢の盛り合わせ

自慢の味をぜひ！

芒果班戟（兩件）37HK$。ふわふわのクリームとカットしたマンゴーの悪魔的な組み合わせ

大人気

ヘルシー

ファン多し！

楊枝甘露44HK$。ほぐしたポメロの酸味と食感がさわやか。スイーツが苦手な人にもおすすめ

抹茶最強！

日本小山園抹茶奶凍配紅豆麻糬40HK$。抹茶プリンにアズキ、お餅をプラス。香港と日本の絶妙なコンビネーション

下町に根付く実力派
地茂館甜品
デイマウグーンティームバーン
Map 別冊 P.20-B2 九龍／九龍城

🏠 福佬村道47號地下 ☎2382-5004 ⏰12:00～24:00 休旧正月3日間 Card不可 席40 交MTR宋皇臺駅B3出口より徒歩約4分 URLwww.facebook.com/tmkdessert ※沙田店 **Map 別冊 P.3-C2**

職人技が光る伝統スイーツ
辛の作手工糖水
サンノジョウサウゴントンソイ
Map 別冊 P.19-C1 九龍／太子

🏠 界限街12A號2W舖 ☎9559-4465 ⏰14:00～23:30 休月 CardM.V. 席14 交MTR太子駅D出口より徒歩約4分 URLwww.facebook.com/sun.blessinghouse

体に優しいスイーツを提供
滔滔甜品
トウトウティームバーン
Map 別冊 P.13-C3 香港島／西環

🏠 水街1號地下E號舖 ⏰16:00～24:00 休月、旧正月 Card不可 席15 交MTR西營盤駅B2出口より徒歩約5分 URLwww.facebook.com/TotalDessertSaiwan

夜がふけるほどに混雑する人気店
佳佳甜品
ガーイガーイティームバーン
Map 別冊 P.18-B2 九龍／佐敦

🏠 寧波街29號地舖 ☎2384-3862 ⏰12:00～翌1:00 休旧正月 Card不可 席30 交MTR佐敦駅A1出口より徒歩約3分

✉ 香港のスイーツ店は深夜まで営業している店が多くて、食後のシメスイーツも満喫できますよ！（新潟県・えりむ）

遠年陳皮紅豆沙21HK$。百合根入りのアズキしるこ。アクもなく優しい甘さでさらっと食べられる

懐かしい味 C

手磨龍皇杏仁露杏仁片40HK$。甘い南杏と苦い北杏を9対1の配合で用いた杏仁しるこ。肺をケアする伝統のスイーツ

トローリ系

暑さ対策に B

温まる〜

星十五→P.92

特製蓮子合桃露王62HK$。百合根入りクルミのしるこ。血行を促進して美肌や美髪に効果があるとされる

祖傳椰子糊25HK$。ココナッツミルクのしるこ。提供している店は少ない C

ツウ好みの味

自家製芝麻糊配核桃芝麻脆脆38HK$。黒ごまのしるこに炒ったクルミをのせて。ミネラル、ビタミン摂取にぴったり B

濃厚！

健康維持に C

香汁綠豆沙21HK$。綠豆のしるこ。綠豆は体の熱を冷ましてくれる。ハーブを加えているから独特な味 C

伝統＆定番おやつ大集合

左から、香滑咖啡燉奶（コーヒープリン）41HK$、馳名雙皮燉奶（ミルクプリン）40HK$ H

オススメ

ぷるん系

杏汁燉雞蛋35HK$。卵と杏汁を煮て固めた香港式プリン C

美顔に

蛋白燉鮮奶35HK$。美顔効果や免疫力アップにいいといわれる C

冰茶龍珠39HK$。イモ団子、アズキ味のタピオカ、お茶ゼリーに冷凍パイナップルをのせて。冷たいうちに C

楽しい食感

シェアして

姝姝 辣菜魚→P.59

彩虹烏龍汁冰粉68HK$。ゼリーにアズキやタピオカ、蒸した米を混ぜてココナッツミルクをかけて食べる

たまご味！ C

紅豆馬蹄糕（1個）6HK$。コーンスターチにココナッツミルク、アズキ、エンドウ豆を加えて冷やして固めたもの

B クリーミー！

ういろうみたい！ F

糕點3件21HK$（椰汁綠茶糕、椰汁芋頭南瓜糕、椰汁馬蹄糕）。左から綠茶、南瓜、エンドウ豆

優しい味 F

体仔糕8HK$。米粉やもち米粉を用いてアズキを加えて蒸した昔ながらのおやつ。モチモチ感が◎

弾力命！ F

法國栗子蓉椰汁西米露42HK$。上が栗のピューレ、下がココナッツミルク味のタピオカ B

スイーツやドリンクを注文の際、必ずホット（熱嘅イッゲ）、コールド（凍嘅ドンゲ）を指定するのが香港スタイル。

マンゴー満載の創作スイーツ

満記甜品
ムンゲイティームバーン

Map 別冊P.6-B1　香港島／上環

🏠德輔道中323號西港城地下4-6號舖　☎2851-2606　🕐12:00〜22:00、金・土13:00〜22:30　🈺無休　Card M.V.　🈺少し　💺50　MTR上環駅B出口より徒歩約4分　URL www.honeymoon-dessert.com
🏠旺角朗豪坊店 Map 別冊P.19-C2 など
※支店により価格が異なる

香港人が愛してやまない伝統菓子

方太糕品鋪
フォーンターイゴウバーンボウ

Map 別冊P.18-A3〜B3　九龍／佐敦

🏠廟街198號舖　☎5628-5486　🕐10:00〜23:00　🈺旧正月　Card不可　🈺不可　MTR佐敦駅A出口より徒歩約4分

行列必至の茶餐廳

澳洲牛奶公司
オウジャウンガウナーイゴンシー

Map 別冊P.18-B3　九龍／佐敦

🏠白加士街47-49號舖　☎2730-1356　🕐7:30〜22:00　🈺木・祝、旧正月7日間　Card不可　💺106　MTR佐敦駅AまたはC2出口より徒歩約3分

マカオ発名物ミルクプリン

港澳義順牛奶公司
ゴーンオウイーソンガウナーイゴンシー

Map 別冊P.10-A2　香港島／銅鑼灣

🏠駱克道506號地鋪　☎2591-1837　🕐12:00〜23:00　🈺旧正月　Card不可　💺40　MTR銅鑼灣駅D4出口より徒歩約1分

食べ歩きの広東語
これ（あれ）をください。
唔該要呢様（嗰様）
ンゴーイ イウリーヨン（ゴーヨン）。

持ち帰ります。
拎走、唔該！
リンジャウ、ンゴーイ！

街を歩いていると見かける
小腹がすいたときに
バラエティ豊か。旅の途中、

串物イロイロ

小食のなかでも、フィッシュボールや焼売などを刺した串ものは超定番。つまみにぴったりだけど、ビールは販売していないのでコンビニで購入しよう。出来たてをホテルに持ち帰って乾杯！　なんていうのもいいかも。

マッユッチョン
墨魚串
たれに漬けたコウイカの足の串焼き、ほんのり塩味。20HK$

ユウヨックチウマイ
魚肉焼賣
飲茶の焼売よりジャンキーな味わいだけどクセになる。8HK$～★

ロンハーユン
龍蝦丸
エビのすり身を丸めたボール。ちょっと高級感あり？20HK$

ロブスター！のお団子

ジャーダイチョン
炸大腸
揚げた豚の大腸。外側はカリッ、中はムニュッとした食感。20HK$

ツウ好みの味わい

イチオシ！

ユーダーン
魚蛋
魚のすり身団子を揚げて串刺しにしたもの。人気No.1。20HK$★

お椀・お皿系

おやつというより、食事にもなるご飯物やスープ系。ポーションが大きめなので、何品か注文してふたり以上でシェアするのがベター。気温が下がる冬には、スープ系や蒸したての粽がおすすめ。テイクアウトして夜食にするのもいいかも。

チョンファン
腸粉
巻いたお米のクレープ。甘いソースやゴマをかける。15HK$★

イチオシ！

ウンチャイチー
碗仔翅
フカヒレを春雨で代用したフカヒレスープもどき。25HK$★

お好みでチョイス

ジンシンサァンボウ
煎釀三寶
厚揚げやソーセージ、野菜各種を鉄板で焼いたもの。12HK$～

ボリュームあります

チューン
粽
具材を包んだ粽は、ボリュームたっぷり。25～30HK$

スナック＆スイーツが買える！
小食店が多いエリアはココ！
小食店が集まっているエリアは下記のとおり。
香港島／銅鑼湾 Map 別冊P.10-A2
九龍／佐敦 Map 別冊P.18-A3　九龍／油麻地 Map 別冊P.19-D3
★印はセブン-イレブンやサークルKでも購入可能。

※小食の価格は目安で店によって異なりま

街歩き中、小腹がすいたので魚のすり身団子をパクリ。いろいろな串物、制覇してみたい！（大阪府・B級ハンター）

ストリートフード カタログ

ストリートフード。
香港人が食べる小食は
ちょっとトライしてみましょ。

スイーツ ♥

伝統的なローカルスイーツからヨーロッパ風のモダンなお菓子まで、香港の街角スイーツは多彩。あれこれほどお張ってお気に入りを見つけたら、何店か食べ歩いて極めてみるのも楽しい。蛋撻とソフトクリームは必食。

もちもちっ食感です

街頭小食★カタログ

小腹がすいたら「小食」をパクリ！

小食とは「スナック・おやつ」という意味。
小食店では、スナック系とスイーツ系、両方を扱う。おやつタイムには、学生やオフィスワーカーで大にぎわい。

カリッモチッたまらん

雞蛋仔（ガイダーンチャイ）
表面カリカリ、中はモチモチ。焼き型に卵液を流して作る。25HK$

砵仔糕（ブッチャイゴウ）
ういろうに似ているけど弾力があって食べ応え十分。8HK$ 📦♥

格仔餅（ガッチャイビン）
ワッフル。バターやピーナッツバターを塗ってめしあがれ。25HK$

沙翁（サーヨン）
ドーナツに似た揚げパン。中華×洋風のスイーツ。12HK$ 📦♥

ホロリととろける

懐かしのおやつ

昔懐かしい伝統的なお菓子。今もスーパーや菓子店などで販売されている。発見したらトライしてみて。

龍鬚糖（ロンソウトン）
麦芽糖を引きのばして糸状にし、ピーナッツ砂糖などを巻いた飴 📦

花占餅（ファアチムベン）
焼き菓子の上に色付けした砂糖がのっている。嘉頓の製品

烏結糖（リイクギャットン）
ヌガー。香港製造のレトロなパッケージ入りは裕華國貨で購入

イチオシ！

麦芽糖を煮詰めて練り固めた飴。叮叮とは小さく割るときの音が由来

蛋撻（ダータッ）
エッグタルト。パイ皮とクッキー皮の2種類がある。11HK$ 📦♥

車を見たら即GET！

軟雪糕（ユンシュッゴウ）
ソフトクリーム。販売カーで売る富豪ブランドが有名。尖沙咀や深水埗、西貢など、あちこちに出没。13HK$

イチオシ！

葡撻（ボウダッ）
ポルトガル風エッグタルト。トロットロのクリームが美味。13HK$ 📦♥

♥のスイーツが買える店

Ⓐ 1954年創業の老舗菓子店
泰昌餅家 タイチョンベンガー

伝統的なローカル菓子を製造販売している老舗菓子店。蛋撻と沙翁が人気で店頭には行列ができることも。蛋撻は濃厚な卵味が特徴。

Map 別冊P.15-C1 香港島／中環

🏠 擺花街35號 ☎8300-8301 🕘9:30〜19:30
🈺無休 Card V.M. 🚇MTR中環駅D2出口より徒歩約12分 URL www.taoheung.com.hk/tc/brands/tai_cheong/index.html

Ⓑ マカオ料理のカジュアルレストラン
澳門茶餐廳 オウムンチャーチャンティン

葡撻はもちろん、マカオ風チャーハンやマカオ風ポークバーガーなど、マカオ料理各種が楽しめるカジュアルレストラン。

Map 別冊P.16-B2 九龍／尖沙咀

🏠樂道40-46號 華源大廈地庫 ☎2628-1990
🕘7:00〜18:00、金・土〜21:30 🈺旧正月 Card不可 🚇MTR尖沙咀駅、尖東駅NまたはR出口より徒歩約5分

Ⓒ 香港伝統菓子の専門店
砵仔王 ブッチャイウォン

店内で手作りしている香港式ういろう、砵仔糕をはじめ、伝統菓子を販売する専門店。龍鬚糖や叮叮糖など、懐かしのおやつも販売している。

Map 別冊P.14-A3 香港島／上環

🏠禧利街20號地舗 ☎なし 🕘11:30〜20:00
🈺日・旧正月7日間くらい Card不可 🚇MTR上環駅A1出口より徒歩1分

尖沙咀の「澳門茶餐廳」は、ポルトガル風エッグタルトのほか、麺やご飯物などメニュー豊富。

物語を感じる香港リノベカフェで コーヒーブレイク

地元の人に長く愛されていた老舗がカフェとして再生。物語がある空間を楽しんで♪

元「海安喫茶室」
ハーフウェイ コーヒー
harfway coffee

Cafe's Story
物語を引き継ぐ

1952年創業の「海安咖啡室」の社長と親しくしていた「半路咖啡」（→P.148）のオーナーが引き継いだ。「昔のすばらしいデザインを若い世代に伝えたい」という思いから当時の雰囲気を残している。

Map 別冊P.6-B1　香港島/上環

🏠干諾道中西17號地舗　☎9511-7197　🕐8:00〜18:00　🈺無休 **Card** M.V.　📷18　🚇MTR上環駅C出口より徒歩約4分

1. ブラウニー78HK$と龍眼ハニーラテ55HK$、香港産ハチミツを使用
2. ベーコンサンドイッチ118HK$とアメリカーノ45HK$　3. ホットドリンクのカップはビンテージ　4. 長い時間が紡いだ雰囲気ある空間

茶餐廳を引き継ぐカフェ
大安茶氷廳
ダイオンチャーピンテン

Cafe's Story

昔の♪ままに♪

ブレイクするに

ゆっくり楽しんで♪

1969年創業の老舗茶餐廳を移民する元オーナーから若者が引き継ぎ、モダンなエッセンスを加えたカフェとして生まれ変わった。香港らしいメニューをアレンジしたフードも味わってみて。

Map 別冊P.19-C3　九龍/油麻地

🏠廣東道830號地舗　☎2385-2774　🕐9:00〜19:00　🈺旧正月3日間 **Card** 不可　📷44　🚇MTR油麻地駅A1出口より徒歩約3分

1. 蜜糖叉焼太陽蛋葱油撈麺（チャーシューと目玉焼きのせ和え麺）88HK$（ランチ。ドリンク付き）　2. スパークリングレモンティー52HK$　3. 蕃薯姜汁撞奶西多士（フレンチトースト）72HK$　4. 蛋撻（エッグタルト）28HK$　5. 外観・内観とも昔のまま

🔻「大安茶氷廳」でハンバーガーを食べた。フライドポテト付きでボリュームたっぷり。大満足のランチに。（兵庫県・紀香）

布地店をリノベ。壁や梁、芸術的ならせん階段など、もとのインテリアを残しつつ、グリーンレイアウト。居心地のよい空間を創り出している。コーヒーもフードも美味。

カラーブラウン
Colour Broun

Cafe's Story
らせん階段も

のんびりしていって♪

1. クロワッサン＆バニラアイスクリーム50HK$、パンは自家製　2. 太陽蛋猪肉腸出前一丁66HK$、香港で人気の出前一丁を使ったメニュー　3. 奥に長い町家のような造り

Map 別冊P.20-A1　九龍／深水埗

🏠黃竹街13 地舗　☎2791-7128
🕐10:00～19:00　休旧正月2日間
Card A.M.V.　席30　🚇MTR深水埗駅B1出口より徒歩約7分

物語を感じる香港リノベカフェ

大和堂咖啡店
ダーイウォードンガーフェイディム

Cafe's Story
漢方薬の薬棚

100年営業してきた漢方薬店が2018年にカフェとして再生。レジ側の壁には漢方生薬用の棚が残っている。昔の内装を残したインテリアは落ち着ける雰囲気でゆったりくつろげる。

1. 自家製熟香餅（パンケーキ）96HK$　2. 漢方薬店の名残を感じるクラシックな店内　3. 香港らしいアレンジが楽しいフードメニュー　4. 日本抹茶鮮奶（抹茶ラテ）46HK$

Map 別冊P.20-B2
九龍／九龍城

🏠衙前圍道24號地舗　☎2623-2006　🕐8:30～18:00　休旧正月2日間
Card A.M.V.　席22　🚇MTR宋皇臺駅B3出口より徒歩約1分

順流精品咖啡
ションロウジンバンカーフェイ

コーヒー味わってね

生地の小売店だった50年以上前の建物を再生。2階席へ続く階段と壁のレトロなタイルは昔のまま。香り高いコーヒーと手作りスイーツ＆フードで思い出に残る旅時間を。

Cafe's Story
レトロなタイル

1. 餐肉炒蛋手工具果（ランチョンミートとスクランブルエッグのベーグルサンド）70HK$。人気メニューのベーグルは5種　2. キャラメルソースがかかったチーズケーキ55HK$はホームメイド＋3Mixed（コーヒー＋ミルク＋宇治抹茶）55HK$

Map 別冊P.20-A1
九龍／深水埗

🏠黃竹街2C號地舗　☎なし
🕐10:00～18:00　休不定休
席土・日・祝サ10%　Card不可
席20　🚇MTR深水埗駅D出口より徒歩約8分

ごゆっくり

英国王室御用達の
紅茶とともに

Fortnum & Mason
フォートナム＆メイソン

Classic

3 スイーツ
ケーキやムースなど、
リッチな味わいのスイ
ーツたち

2 スコーン
伝統的なプレーンとレ
ーズン。クロテッドクリ
ームとジャムでどうぞ

1 セイボリー
フィンガーサンドイッ
チやキッシュなど塩味
のスナックたち

アフタヌーンティー
14:00〜17:00
1人用…
588HK$

優雅に過ごす
ラグジュアリー
アフタヌー

英国の習慣、アフタヌーンティ
ホテルやカフェなどでエチ
オリジナルのスイーツ
楽しむ午後時間。香

英国の女王の侍従が創業したフォートナム＆メイソ
ンは英国王室とのつながりが深い。レストランは尖
沙咀のアートなショッピングモール「K11 ミュージア」
(→P.114) 内にあり、ヴィクトリア・ハーバーのビュ
ーとともに正統派アフタヌーンティーを楽しめる。

Map 別冊P.17-C3 九龍／尖沙咀

🏠 梳士巴利道18號 K11 Atelier
022號鋪 ☎3916-8181
🕐11:00〜22:00 🚫無休 ⊕サ10% Card A.J.M.V. ⊕公
式サイトより要予約 ⊕70
🚇MTR尖沙咀駅D1出口より徒歩
3分 URLwww.fortnumand
mason.com/hong-kong

1. 香港ならではのビューが楽しめる　2. アフタヌーンティーの
お手本的セット　3.1階のショップでは香港限定商品も

Traditional

正統派アフタヌーンティーで知られる

The Lobby
ザ・ロビー
(ザ・ペニンシュラ香港)

1. フィンガーサンドイッチとケ
ーキ　2. 格式の高いザ・ロビー
3.3段目には、半世紀以上変わら
ぬレシピで作られた温かいス
コーンが

女子憧れのペニンシュラのクラシックア
フタヌーンティーは、3段トレイに盛られ
たキューカンバーサンドイッチやスコーン
など、定番アイテム。ドリンクは、紅茶や
中国茶、ハーブティーなどペニンシュラ名茶
からセレクト。エレガントな時間を満喫できる。

アフタヌーンティー
14:00〜18:00
1人用…
528HK$
2人用…
918HK$

Map 別冊P.16-B3 九龍／尖沙咀

🏠 梳士巴利道 香港半島酒店
☎2696-6772 🕐7:00〜
22:00、金・土〜翌23:30
🚫無休 ⊕サ10%
Card A.D.J.M.V. ⊕予約不可
⊕200 🚇MTR尖沙咀駅E
出口より徒歩約1分
URLwww.peninsula.com/
ja/hong-kong

ペニンシュラでのアフタヌーンティーは香港での最高の思い出。セット、雰囲気、サービス、どれもすばらしかった。(静岡県・朝夏)

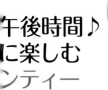

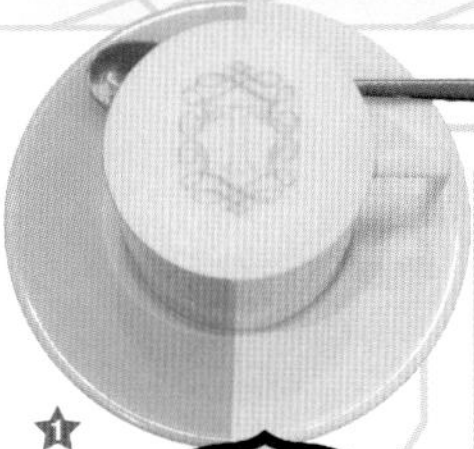

Cute

午後時間♪
に楽しむ
ンティー

って英国領だった香港では、
うしたセットを提供している。
ンドイッチとお茶をゆったり
うではのひとときをどうぞ。

アジア初のティファニーカフェ

The Tiffany Blue Box Café
ティファニーブルーボックスカフェ

ティファニー香港フラッグシップストアに併設された
カフェ。店内は、ティファニーブルーで統一され
ており、フォトジェニック。大人気のアフタヌーン
ティーセットは、ジュエリーボックス形のケーキや
スコーン、フィナンシェなど、バラエティ豊富。

アフタヌーンティー
14:00～18:30
（2時間まで）
2人用…
688HK$

ラグジュアリーに楽しむアフタヌーンティー

Map 別冊P.16-A3

九龍／尖沙咀

🏠北京道1　北京道1號2樓
7-8號舗　☎2362-9828
🕐12:00～21:00、土・日・
祝11:00～　🈲要予約　🈲無
休　🈂サ10%　**Card**A.J.M.V.
🈳52　🚇MTR尖沙咀駅L5
出口より徒歩約2分

1. ティファニーロゴ
のラテアートもオー
ダー可能　2. ドレス
アップして出かけた
い空間　3. 1・2段目
は3カ月で内容が替
わる

Elegant

エレガントなひとときを過ごせる

Clipper Lounge
クリッパーラウンジ
（マンダリンオリエンタル香港）

ラグジュアリーな
雰囲気が漂う

3段トレイにサンドイッチ、スイーツ各種、
スコーンが盛られた正統派。オリジナルの
ローズペタル（バラの花びら）ジャムでい
ただくスコーンは香港でもNo.1と評判が高
い。1963年の開業以来愛されてきたアフ
タヌーンティーの王道を楽しんで。

アフタヌーンティー
14:30～17:30
土①14:00～15:45
　②16:00～17:30
日　15:30～18:00
1人用…月～金
428HK$

1. フィンガーサンドイッチ
もスイーツも上品な味わい
2. マンダリンならではの
サービス

Map 別冊P.7-D3　香港島／中環

🏠干諾道中 5號 香港文華東方酒店M/F
☎2825-4005　🕐7:00～22:30　🈲無休
🈂サ10%　**Card**A.D.J.M.V.　🈲要予約
🈳139　🚇MTR中環駅F出口より徒歩約1分
URLwww.mandarinoriental.co.jp/hongkong/

「フォートナム＆メイソン」は、オリジナルの英国製ボーンチャイナティーセットでサービス。

101

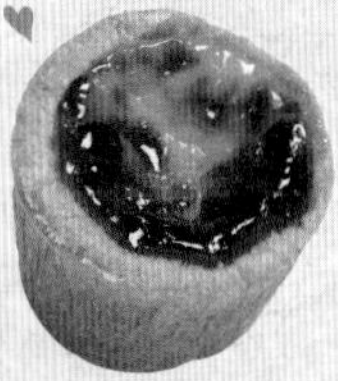

パン大好き

香港女子が推す♥

ベーカリーが続々誕生し
行列が絶えないおしゃれ店
老舗ローカルパン

人気No.1
サックサク&
ふんわりした食感
バターが香る♪

クラシック
クロワッサン 25HK$

25層もある。フランス産の小麦粉と発酵バターを使い、独自の製法で3日間かけて作り上げる。セサミなど5種ほど。

イートイン
ok!

パインベーグル
25HK$

パイナップルがほのかに香る。ベーグルならではのモチモチした食感で満足感が高い

フランタルト
22HK$

フランはフランスの国民的スイーツ。クリーミーでとろける食感。焼き上がり時間に遭遇したらぜひ

ナチュラルなパン
品穀
バンコッ
Big Grains

次々と焼き上がったパンがショーケースに並ぶ

一粒栗子
15HK$

栗アンパン。しっとりした生地に包まれたマロンクリームは甘さ控えめ。中国茶や日本茶にも合いそう

東京とフランスの「ル・コルドン・ブルー」でパン作りを学んだ兄弟が経営。素材を厳選した無添加のパンが人気を集めている。おいしくて安全、ヘルシーなパンは人気となり、現在4店を展開。

ヘルシーなパンをどうぞ

品穀菠蘿
17HK$

店名が冠されたパイナップルパン。香港パンの代表でもあり、茶餐廳のと食べ比べてみて

Map 別冊P.9-C3 香港島／灣仔

🏠太和街10-20 ☎3956-8620
🕘8:00～20:00 [休]旧正月 [Card]M.V.
[席]4 [交]MTR灣仔駅A3出口より徒歩約3分

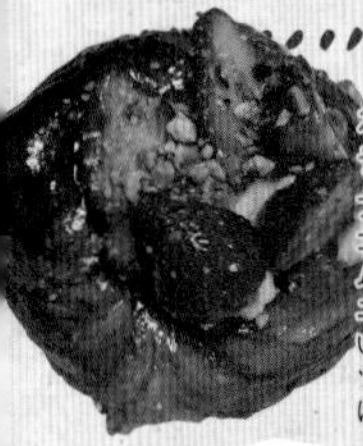

ストロベリーバニラデニッシュ 40HK$

フレッシュなイチゴとバニラクリームを使ったデニッシュ。パンというよりスイーツ。紅茶とともに味わいたい

人気No.1
上品な甘さの
カスタードクリーム
がとろける

サワードウ・エッグタルト 12.5HK$

生地にサワードウを練りこんだオリジナルのエッグタルト。サクサクの食感がやみつきに

カフェ併設

クルミと
イチジク入り
サワードウ 38HK$

香港の人に合わせて酸味を抑えたサワードウ。14年かけてたどり着いたシェフ渾身の一品

行列ができる
ベイクハウス
Bakehouse

新鮮で上質な食材にこだわるパンが並ぶ

もとフォーシーズンズ・ホテルの有名パティシエが街の人に愛されるパン店を目指してオープン。季節ごとに登場する新作や代名詞のサワードウを求める人で毎日行列が絶えない人気店に。

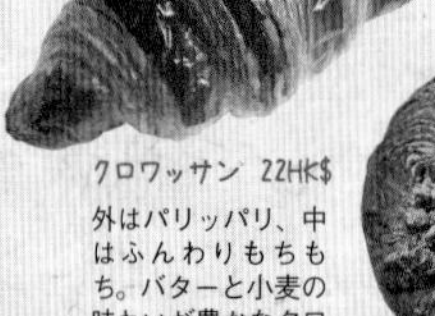

クロワッサン 22HK$

外はパリッパリ、中はふんわりもちもち。バターと小麦の味わいが豊かなクロワッサンの理想形

アップルクランブル
デニッシュ 32HK$

煮たリンゴとカスタードクリーム、クランブル（そぼろ状の生地）をのせて焼き上げたデニッシュ

対面で注文。この青い紙袋を下げて歩く人急増中

Map 別冊P.8-B3 香港島／灣仔

🏠大王東街14號地舖 ☎非公開
🕘8:00～21:00、カフェ～18:00（L.O.17:30）
[休]月 [Card]A.M.V. [交]MTR灣仔駅B2出口より徒歩約3分 [URL]www.bakehouse.hk

 香港には何度も訪れているけどここ数年のパンのレベルアップは驚く。ベーカリーチェックが旅の目的のひとつに。（京都府・未空）

気パンを食べ歩き

気を呼んでいる香港。
から長く愛されてきた
店までarucoがナビ。

デニッシュ各種30HK$〜。季節ごとに新たな商品が登場する

人気No.1
バラエティ豊かで目を引く美しさのデニッシュ

カフェ併設

デリもおいしい!

パッション Passione

バゲットサンドイッチ 50HK$〜
フレンチハムやチーズなどの具材を挟んだバゲットサンドはスープとともに

店内はいつも焼きたてパンとお菓子の甘い香りに包まれている。ショーケースにはデニッシュやケーキ、デリコーナーにはサラダがずらり。朝食にもお茶にも立ち寄りたい。

Map 別冊P.8-B3 香港島／灣仔

🏠皇后大道東200號 利東街地舗G11、12及F12A號舗 ☎2833-6778 🕘8:00〜21:00（1F11:00〜） [休]無休 [Card]M.V. [席]28 [交]MTR灣仔駅D出口直結 [URL]www.passionhkcafe.com

香港ローカルパンならこの店へ♪

バターレーズンスワール
焦糖提子巻 15HK$
レーズンとクリームを使った伝統的なペストリー。フランスでは「パン・オ・レザン」と呼ばれている

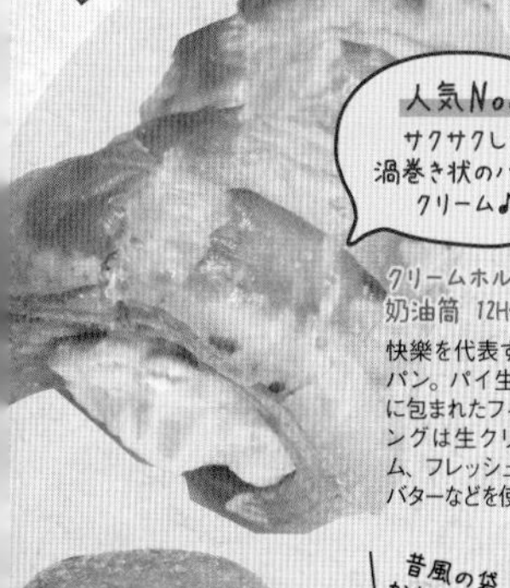

人気No.1
サクサクした渦巻き状のパイとクリーム♪

クリームホルン
奶油筒 12HK$
快樂を代表するパン。パイ生地に包まれたフィリングは生クリーム、フレッシュなバターなどを使用

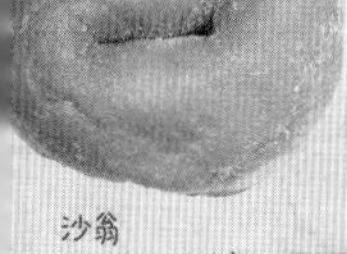

沙翁
サーヨン 8HK$
揚げドーナツ。香港の伝統的なパンのひとつ。ふんわりとした食感と優しい甘さで大人気

昔風の袋かわいい!

老舗が復活!

快樂麵麭 ファイロッミンバーウ Happy Bakery

灣仔で45年営業し、惜しまれつつ閉店した快樂餅店が2024年に再オープン。開店時には、元常連客や近隣住民が来店し、大にぎわいとなった。昔ながらの製法で作る香港パンが揃っている。

Map 別冊P.8-B2 香港島／灣仔

🏠皇后大道66-88號地舗 ☎3956-8620 🕘6:30〜20:30 [休]旧正月 [Card]不可 [交]MTR灣仔駅B1出口より徒歩約6分

必食 香港ローカルパン

香港の生活に根付いた昔ながらのパンたちを味わってみて♪

ココナッツとカスタードのパン
雞尾飽 ガイメイバーウ

粗びきココナッツ入りカスタードのジャリッとした食感がフシギ!

パイナップルパン
菠蘿飽 ボーローバーウ

プレーンなパンに卵、砂糖、ラードを練ってかぶせて焼いた、香港菓子パンの横綱。ブラックコーヒーください!

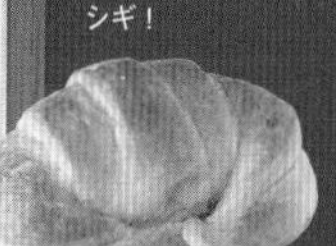

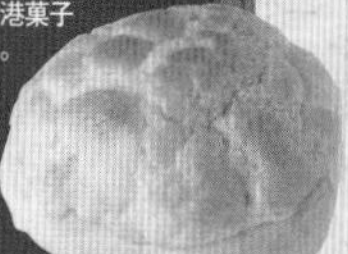

クロワッサン
牛角飽 アウゴッバーウ

バターの代わりにたっぷりのラードを使っているのでしっとり食感

チャーシューパン
叉燒飽 チャーシューバーウ

中身はこんな感じ♪

イースト・ミーツ・ウエスト。これぞ香港の調理パン! 中に甘辛いチャーシュー餡がたっぷりの点心的味わい

クロワッサン
火腿蛋飽 フォートゥイダンバーウ

中身はこんな感じ♪

香港B級グルメの名コンビ、ハムと卵に、ちょいマヨ味がウマい

「快樂麵麭」の沙翁はハワイのマラサダにちょっと似ている。マカオのパン店でも沙翁が売られていてルーツはポルトガルとか。

極うまグルメとクラフトビール

HONG KONG
セカンド・ドラフト
2nd DRAFT
CRAFT BEER

1. 23種のうち11種が香港製造　2. 少爺の1Pilsner 400mℓ、76HK$　3. Hong Kong Black 200mℓ 56HK$（左）、クラシック 200mℓ、48HK$。奥の料理はTai Hang Fries 88HK$と毛豆68HK$　4. おしゃれな店内。屋外席もある

ビール&創作料理で乾杯

香港ビール楽しんで！

香港ブランド「少爺」と提携。クラフトビール23種をラインアップ。アジア最優秀女性シェフに輝いたメイ・チョウ氏による創作料理もグッド。

Map 別冊P.10-B2

香港島/銅鑼湾

🏠京士頓街9號 Fashion Walk地下H01
☎5748-0770
🕐15:00～24:00、土・日・祝12:00～　🈲旧正月数日　💰10%　Card A.M.V.
💺70（テラスを含む）　🚇MTR銅鑼湾駅E出口より徒歩約5分

人気急上昇

香港ナイト
クラフトビール

香港街歩きを楽しんだあとは
個性豊かなクラフトビール

craft BEER

世界各国のクラフトビール

HONG KONG
ティプシー・タップ
Tipsy TAP
CRAFT BEER

Tipsy TAP
CRAFT BEER TAPROOM

ビールを楽しんでね

世界のクラフトビール

1. シグネチャーチキンTipsy雞翼配醬芝士醬88HK$　2. 持ち帰り用ビールも販売　3. Apple 400mℓ 108HK$（左、ベルギー）、Lillian's Lychee 400mℓ 98HK$（右、上海）　4. 香港のビール好きが常連　5. 気軽に立ち寄れる雰囲気

週ごとにラインアップを変え、常時約20種類の世界のビールを提供。ローカルブランドから珍しい銘柄まで世界各国のクラフトビールを飲み比べできる。

Map 別冊P.17-C1　九龍/尖沙咀

🏠柯士甸路5號地舖　☎6822-9840　🕐16:00～24:00、金～翌2:00、土12:00～翌2:00、祝12:00～24:00　🈲無休　💰10%　Card A.J.M.V.　💺60　🚇MTR佐敦駅D出口より徒歩約9分

香港クラフトビール「少爺」の缶ビールをスーパーで発見。ビール好きの友人へのおみやげとして購入。（北海道・結衣）

…こ乾杯
でCheers！

…冷え冷えのビールで乾杯！
…香港の夜を楽しんじゃお！

クラフトビールでCheers！

レトロでポップ♪フードも充実

HONG KONG
何蘭正
ホーランチェン
CRAFT BEER

ビールもスイーツも♪

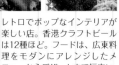

1. Signature 450mℓ。ローカルビールはすべて230mℓ 55HK$、450mℓ 85HK$　2. 北海道のホタテを使ったサラダ178HK$　3. チーズケーキ248HK$（2・3人用）。デザートにも力を入れている　4. イベリコ豚の叉焼、ラードあえご飯198HK$、後方のビールはSil Dan

スイーツも人気だよ！

レトロでポップなインテリアが楽しい店。香港クラフトビールは12種ほど。フードは、広東料理をモダンにアレンジしたメニューからデザートまで幅広い。

[Map] 別冊P.15-D2　香港島/中環

🏠雲咸街29號LKF292樓　☎2342-2224　🕘12:00～23:00、金・土～翌2:00　[休]旧正月　[Card]A.J.M.V.　[席]66　[交]MTR中環駅D1出口より徒歩約4分

CRAFT BEER

YOUNG MASTER
少爺
PRODUCT OF H.K.

香港トップブランドを飲み比べ

HONG KONG
タップ・ジ・エール・プロジェクト
TAP The Ale Project
CRAFT BEER

旺角で盛り上がろう！

クラフトビールとは？

英語で「職人技のビール」「手作りのビール」などを意味しており、小規模醸造所が独自の製法で生産するビールのこと。近年、香港ではクラフトビールブームが起こり、新しい醸造所が続々誕生。現在、50を超える醸造所があり、クオリティは国際的にも評価が高い。2013年創業の醸造所「少爺 Young Master Brewery」は、数多くの受賞歴がある。

ビールは、「少爺」をメインに香港ブランドとインポートが半々。200mℓからオーダーできるのでいろいろ試せる。コリアンダーをたっぷり使ったバーガーなどフードも◎。

[Map] 別冊P.19-D2　九龍/旺角

🏠黒布街19號地舗　☎2468-2010　🕘15:00～24:30、金～翌1:30、土12:00～翌1:30、日12:00～翌0:30　[休]無休　[税]10%　[Card]A.M.V.　[席]45　[交]MTR旺角駅E2出口より徒歩約6分

1. Cha Chaan Teng Sour 200mℓ 48HK$とGolden Fries 88HK$　2. カジュアルなビアバー　3.「少爺」から3種試せるテイスティングセット128HK$、奥はCorianger 158HK$

香港のビアバーは、フードメニューが充実。店ごとに工夫を凝らしているので、おすすめをスタッフに聞いてみて。

串焼きを
どうぞ♪

11:00～翌5:30

深夜の
グリル★

aruco オススメ

イカ
（魷魚鬚）

パイナップル
（菠蘿）

アスパラガス
（有機露筍）

鶏皮
（雞皮）

各種グリル
18HK$～
野菜、肉、魚介
から1本ずつ注
文できる

ビーフ
（牛肉）

さつま揚げ
（泰國魚餅）

ベビーコーン
（有機粟米）

チキンウィング
（雞中翼）

夜明けの
チキン

**泰式去骨海南雞1/4羽
72HK$**
重くない海南チキンは夜
遊びに不可欠。ライス付
きもある

24時間ガッツリが正解！

やっぱ
焼きたてだよ！

**泰式青咖喱大魚蛋
28HK$**
グリーンカレー味のジャンボ
フィッシュボール

we Love
早朝&深夜の
誘惑グルメ

タイ式グリルの人気店

グリル・クントーン

GRILL ขุนทอง

深夜営業の店が集まる蘭桂坊（ランカ
イフォン）にある。夜遊び好きの腹ごし
らえにもってこい。アルコール類もある
から上手に利用してみて。

Map 別冊P.15-D2 香港島／中環

🏠和安里1號地舗 ☎2530-
1022 🕐11:30～翌5:30
🈺無休 Card M.V. 💰$25
🚇MTR中環駅D2出口より徒歩約3分
🌐www.facebook.com/CamboGrill
🏠別撰居店　**Map 別冊P.10-A2**

17:00～翌1:30

時間が遅くなるほど活気あり

糖水雄

トンソイホン

なぜここが？と思うほど、時間が遅く
なるほど混み合う小さな食堂。主食や
おかずからスイーツまで揃う。ローカル
色しかない濃密な空間を体感してみて。

Map 別冊P.18-A2 旺角

🏠渡船角匯街30號文景樓
地舗 ☎2771-4628
🕐17:00～翌1:30 🈺月 MTR柯
士甸駅A出口より徒歩約4分
Card 不可 💺30
🌐www.instagram.com/
desert_hero_hk

食べに
きてね～

深夜でも朝方でも、おなかがすいたら
ガマンしないでOK。深夜便や早朝便の
利用時にも便利な2店はココ！

**焦糖爆谷楊枝甘露
49HK$**
楊枝甘露にキャラメ
ルポップコーン。太
らせるつもりはない
とか

深夜の
スイーツ♡

白果腐竹薏米29HK$
湯葉を煮とかしてギンナンとハトムギを加えた香
港式のスイーツ

深夜の
腸粉♪

キャラメル味
ポップコーン

クリーム

**XO醬炒麵
32HK$**
XO醬風味の焼
きそば。薄味
だから自分で
味の調整をし
て食べる

**一煲一鳳腸粉
32HK$**
パイナップル入り
の炒めた腸粉。
パイナップルの
酸味がクセになる

マンゴー

タピオカ

ムクムクと
物欲わいてくる〜！

シノワテイストだけじゃない！
洗練アイテム満載♪
香港ショッピングクルーズ

巨大ショッピングモールで日本未上陸のブランドを発見したり、
スーパーでメイド・イン香港のスイーツや調味料をGETしたり。
もちろん、香港発のショップやブランドも要チェック！
女子ゴコロを魅了するショッピングクルーズにGO♪

S H O P P I N G

日常使いの食器や日用品

黒地

ハッデイ

グラフィックデザイナーのオーナーがセレクトした香港で長く愛されてきた食器や日用品、海外の調理器具などを扱っている。香港製造の生活雑貨を手頃なプライスで提供。じっくり店内を見て選んでみて。

[Map] 別冊P.19-C2 九龍／旺角

🏠上海街618　618上海街G/F
☎9806-1476　🕘12:00～20:00
[休]無休　[Card]M.V.　[交]MTR旺角駅C2出口より徒歩約1分

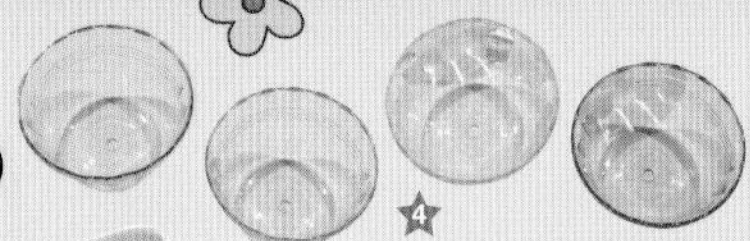

幸福が訪れそう♪

1. プラスチック製品の香港ブランド「紅A」の楊枝入れ12HK$　2. 色違いで揃えたいレンゲ各22HK$　3. ご飯茶碗にぴったりな器。各 10HK$　4.「紅 A」のゼリー型 各9HK$　5. 福の文字が愛らしい器65HK$　6. 茶餐廳の定番カップ各14HK$、ソーサー10HK$

定番からファッションまで

かわいい♥　おしゃれ♪ 香港雑貨をハンティング

生活に根付いた日用品からおしゃれなセレクトショップまで
雑貨パラダイスの香港でお気に入りが見つかるショップをご紹介。
とっておきを探してショップ巡りを楽しんで♪

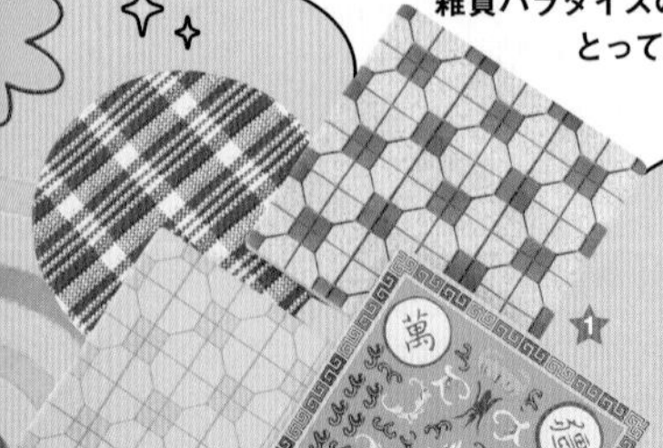

お茶時間を楽しく♪

多彩なオリジナル雑貨

香港淳記

ヒョンゴンソンゲイ

町歩きの必需品です

話題のスポット「中環街市」(→P.30) にある。昔ながらの香港の風物をモチーフにしたグッズが店内にぎっしり。オーナー夫妻の奥さんがアイデアを出し、ご主人が商品化し、多彩なグッズを販売している。

[Map] 別冊P.15-C2 香港島／中環

🏠皇后大中93　中環市場1棟107舗
☎6114-3255　🕘11:00～19:30
[休]無休　[Card]M.V.　[交]MTR中環駅C出口より徒歩約5分

おみやげを探しにきてね♪

1. 古い建物に見られる香港タイルなどをモチーフにしたコースター各68HK$　2. メモパッド各28HK$、4つで100HK$　3. キーチェーン各28HK$　4. 保温瓶はサイズにかかわらず各268HK$　5. グリーティングカード各25HK$　6. 接客担当のShirleyさんとアイデア出しをするRebeccaさん

 ✉「黒地」の入っている「618上海街」では、ショップ巡りが楽しかった。写真映えするスポットもあちこちに。(熊本県・綾香)

Present aruco 香港

「aruco 香港」の
スタッフが取材で
見つけたすてきなグッズと、
編集部からの
とっておきのアイテムを
30名様 にプレゼント
します！

たくさんのご応募
お待ちしてまーす!!

▶01 マグネット
3種セット

▶02 「十二味」の
ぬいぐるみ
P.59 掲載
10名様

▶03 香港柄
タンブラー

▶04 カードホルダー

▶07 カードパース
P.161 掲載

「M+」トートバッグ
P.24 掲載
▶05

2名様

▶08 「地茂館甜品」
オリジナル
Tシャツ

▶06 「華藝帆布」の
トートバッグ
P.37 掲載

▶10 香港柄ソックス
大人＋子供
(2〜4 歳サイズ)
セット

▶11 クリア
ファイル
2種セット

To do list
1. 笑顔😊
2. Keep住好
3. 吃好住好
4. 嘆世界
5. 郵中住好
mission completed !

▶09 「香港猿創」
コースター P.110 掲載
※柄は選べません

10名様

※02、08、09 を除き、各 1 名様へのプレゼントです。※返品、交換等はご容赦ください。

応募方法

アンケートウェブサイトにアクセスして
ご希望のプレゼントとあわせて
ご応募ください！

URL https://arukikata.jp/hncdsm

締め切り 2025年8月31日

当選者の発表は賞品の発送をもって代えさせて
いただきます。(2025年9月予定)

Gakken

スマホの
充電器です

1. 文具からチャイナドレスまで幅広い品揃え
2. 香港の生活をテーマにした刺繍入りティータオル各139HK$　3. 香港柄がキュートなソックス各69HK$　4. スマホ用ワイヤレスチャージャー228HK$　5. 大きめのマグカップ各98HK$
6. 郵便受け形マグネットセット249HK$　7. マグ用の蓋2個120HK$　8. ネームタグ158HK$

レトロ香港グッズが大集合
ジー・オー・ディー
G.O.D. 住好啲

おうちで
香港気分を

生活雑貨をメインにインテリアグッズやTシャツといったファッションまで、レトロな香港をデザインしたグッズをバラエティ豊かにラインアップ。ユニークなアイテムが揃っていて選ぶのが楽しい。

香港雑貨をハンティング

Map 別冊P.15-D3
香港島／中環

⌂德己立街6 G/F&M/F　☎2890-5555　⏰10:00～20:00　休旧正月1日　Card J.A.M.V.　🚇MTR中環駅D2出口から徒歩約4分

香港モチーフの雑貨やゲーム
ザ・ライオン・ロック・プレス
The Lion Rock Press

上環のオフィスビルの10階にある。雑貨の企画・販売を行う「THE LION ROCK PRESS」のショップで、香港マップのジグソーパズルをはじめ、オリジナルグッズが並ぶ。特に種類豊富なオーナメントは人気商品。

Map 別冊P.14-A1　香港島／上環

⌂皇后大道西2-12 聯發商業中心1005室　🚫非公開　⏰10:00～18:00　休土・日・祝、旧正月　Card J.M.V.　🚇MTR上環駅A2出口から徒歩約7分

お部屋の
アクセント

1. ジグソーパズル各280HK$　2. 香港の乗り物ピンバッジ各68HK$　3. ガラスに手書きでペインティングしたオーナメント220HK$
4. グリーティングカード各35HK$　5. スターフェリーの玩具は木製100HK$　6. オーナメント各120HK$　7. ポストカード各30HK$
8. オーナメント3個入り320HK$

ロースト
グースだよ！

燒味紙袋
丈夫だよ！

香港をテーマにしたアクセサリーを中心にバッグなどを扱う。商品はオーナーであるデザイナーのRonnoさんが手がけている。Ronnoさんはアジアのデザイン賞を受賞。ほかにはないユニークなグッズが入手できる。

ユニーク香港グッズとアクセサリー
香港猿創
ヒョンゴンユンチョン

カード
ホルダー♪

焼腊

お店に遊びにきてね！

Map 別冊P.10-B2 香港島／銅鑼灣

🏠告士打道311號 皇室堡3樓306號鋪
☎3520-2460 ⏰12:00～21:00
旧正月2日間 Card A.J.M.V.
MTR銅鑼灣駅E出口より徒歩約5分 URL www.hkoapes.com

1. コインパース99HK$はイヤホン入れにも
◎ 2. キーチェーン99HK$ 3. ロースト
グースエコバッグ199HK$ 4. ミニショルダー299HK$ 5. トートバッグ399HK$、4
と5は紙製ではなく洗濯可能なタフな素材を
使っている 6. 点心や香港スイーツ、ミルク
ティーのコースター各38HK$ 7. カードホルダー149HK$ 8. デザイナーのRonnoさん

レトロな
デザイン

香港ブランドを世界に発信
デザイン・ギャラリー
Design galley 香港：設計廊

中環街市
にもあるね！

香港貿易發展局（HKTDC）が運営するギャラリーショップ。主目的は、デザイナーが手がける香港ブランドを世界に発信し、PRすること。もちろん、商品は購入可能で、文具や雑貨をはじめ、ジャンルは幅広い。

Map 別冊P.9-C1 香港島／灣仔

🏠港灣道1號 香港會議展覽中心G/F
☎2584-4146 ⏰10:30～19:30
旧正月4日間 Card A.J.M.V.
MTR灣仔駅A1出口より徒歩約7分
またはMTR會展駅直結

1. 紅白藍のポーチ58HK$ 2. 乗り物7種のマグネット130HK$ 3. パスポートケース159HK$ 4. 市場で見られる赤いランプが描かれたマグ180HK$ 5. 老舗ブランド駱駝牌のポット各339HK$ 6. ソックス各118HK$ 7. リーフタイプの紅茶各85HK$ 8. カードケース129HK$

スケジュールがタイトだったので「デザイン・ギャラリー」へ。ここならメイド・イン香港グッズが一度に見られる！（沖縄県・遥香）

高感度セレクトショップ

カポック

Kapok

香港人デザイナーのブランドや世界中から選んだセンスの光る商品を揃えるセレクトショップ。デザイン性の高い雑貨やファッショングッズを扱い、高感度な人に支持されている。10店舗ほどを展開し、灣仔は旗艦店。

Map 別冊P.8-B3 香港島／灣仔

[住]日街8號 ☎2589-9254 [時]11:00～20:30、日～20:00 [休]無休 [Card]A.J.M.V. [交]MTR灣仔駅A3出口より徒歩約6分

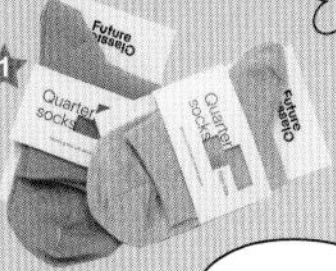
Future Classics
Quarter socks

Future Classics
カラーは4色展開♪

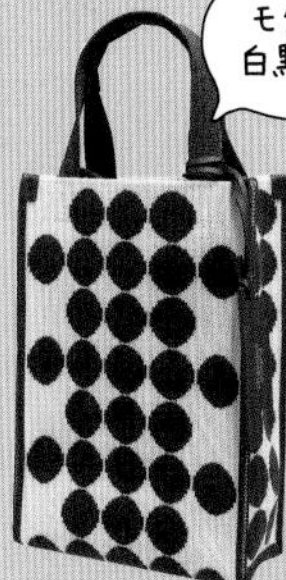
モダンな白黒ドット

愛らしい猫の刺繍

BOOKNITURE

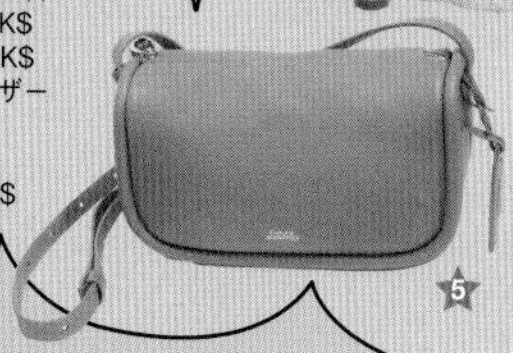

Green Tea
BeCandle

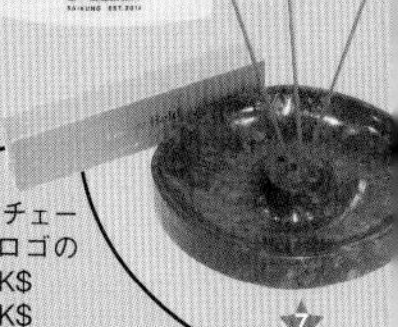

1. パステルカラーのソックス 各130HK$ 2. Tシャツ、ロゴT380HK$、猫刺繍Tシャツ580HK$ 3. カポックオリジナルブランドのバッグ1080HK$ 4. 香港獅子山をかたどったアロマディフューザー630HK$ 5. 革製ショルダーバッグ1680HK$ 6. アロマキャンドル290HK$、香りは20種ある 7. インセンス立て850HK$、インセンス280HK$

香港大学オリジナルグッズ

ホンコン・ユー・ビジターセンター

香港大學訪客中心

HKU
香港大学のアイドル

HKU

The University

THE UNIVERSITY OF HONG KONG
1911

1. テディベアのキーチェーン60HK$ 2. 大学ロゴのラゲージタグ各55HK$ 3. ブックマーク35HK$ 4. 大学のメインビルディングが描かれたマグカップ110HK$は7色展開 5. キーホルダー35HK$

香港大学キャンパス内にあるショップで誰でも利用可能。文具を中心に雑貨やウエアなどを扱う。おみやげに最適なグッズが見つかるはず。

Map 別冊P.13-C～D2 香港島／西環

[住]香港大學百周年校園 ☎3917-7853 [時]9:30～17:00 [休]日・祝、大学の祝日 [Card]M.V. [交]MTR香港大學駅C1出口より徒歩約2分

キュートな刺繍シューズ専門店

先達商店

シンダーッションディム

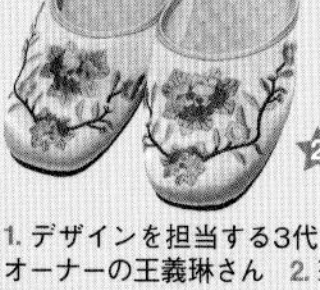

ステキなモチーフの手刺繍よ♥

1. デザインを担当する3代目オーナーの王義琳さん 2. 華やかなゴールドのスリッパ180HK$ 3. サンダル380HK$ 4. パンダ刺繍のスリッパは日本人に人気。280HK$ 5. 新登場のシルバーのシューズ880HK$ 6. 中敷き80HK$

1958年創業、ハンドメイドのスリッパ・履物専門店。デザインはオリジナルで、金魚や牡丹の花など中華圏で好まれる縁起のよい吉祥柄から、パンダなど今風の柄まで揃う。色柄もサイズも豊富。

Map 別冊P.18-B3 九龍／佐敦

[住]吳松街150-164號 寶靈商場1樓16-17號舖 ☎6623-3015 [時]14:00～20:00 [休]旧正月7日間 [Card]A.M.V. [交]MTR佐敦駅C2出口より徒歩約2分 [URL]www.facebook.com/sindart1958

インフルエンサーに人気の香港発バッグブランド「CAFUNÉ」は、「カポック」の銅鑼灣店 Map 別冊P.10-B2 で扱っている。

aruco調査隊が行く!! ④

チャートでナビ

お買い物天国★香港の今、行くべきショッピングモールはココ！

ハーバー・シティ
Harbour City
海港城

HARBOUR CITY 海港城

日本未上陸のブランドショップは必見！

＼いらっしゃいませ！／

香港No.1の規模を誇る巨大モール

スターフェリー乗り場から廣東道沿いに、マカオ行きフェリーターミナル「中港城」の手前まで広がる。5つのゾーンに450もの店が並ぶ巨大モール。眺めのよいレストランもあり、一度は利用したい。

Map 別冊P.16-A2~3

九龍／尖沙咀

🏠廣東道3-27號
☎2118-8666
🕘10:00～22:00（店舗により異なる）
[休]無休 [Card]A.D.J.M.V.（店舗により異なる）
[交]MTR尖沙咀駅A1またはC1出口より徒歩約5分
[URL]www.harbourcity.com.hk

SHOP LIST

エルメス、クロエ、ジョイス、スワロフスキー、セルジオ・ロッシ、トリー・バーチ、マリメッコ、ルイ・ヴィトン、ロンシャンほか

おすすめPOINT

1. 豊富な品揃え
2. 50軒以上の飲食店
3. イベントや景色も楽しめる

店舗数
高級ブランド
カジュアルブランド
香港ローカル
グルメ
カルチャー

1 イニシャル INITIAL

エレガンスをより洗練させたブランド

クリエイティブな次元で時代の空気感を敏感に読み取るデザインを展開。ゲートウエイ・アーケードL2 2402（🕘11:00～22:00 [休]旧正月2日間 [Card]A.M.V.）

着る人の個性に合わせてみて

INITIAL

2 サタミ プラス SATAMI Plus

セットで使えるショーツもある

SATAMI Plus

香港発のインナーウエアブランド

機能性やつけ心地にこだわって、1980年代にスタート。ブラジャーの肩ひもや脇、カップの設計、通気性のよさに信頼が集まる。LCX 3F 30A（🕘10:00～22:00 [Card]A.M.V.）

3 アワーグラス HOURGLASS

きれいな発色でより美しく！

HOURGLASS

HOURGLASS

HOURGLASS
VEIL
H

HOURGLASS

肌に優しいヴィーガンコスメ

植物性原料のみを使った自然にも肌にも優しいアメリカ発のコスメブランド。マルコポーロ香港ホテルアーケードL2 HH201（🕘10:00～21:00 [Card]A.J.M.V.）

4 クリーン・クラシック CLEAN CLASSIC

気分に合わせてチョイス♪

CLEAN

CLEAN

CLEAN

シンプル＆ナチュラル

化学的添加物を不使用のアメリカ発の香水ブランド。ボディ、フェイス、ヘアケアのコスメラインも展開。ナチュラルな香りに癒やされる。LCXキオスク（🕘10:00～22:00 [Card]A.M.V.）

✉「ハーバー・シティ」に行くと気分がアガる。広大なモールだからマップを入手して歩くのがおすすめ。（千葉県・はや）

お買い物もグルメも楽しめるショッピングモール。ブックストアやギャラリーなどカルチャーに力を入れたモールも登場。ますます進化中の最旬モールへご案内。

3F｜オーシャン・ターミナル
エックスプラス

香港雑貨探しにぴったり

香港に関連する各種雑貨が揃う。自分用やおみやげ探しに
（🕙10:00～22:00 Card A.M.V.)

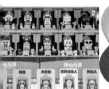

1. 貓愁。散水茶シリーズ 25HK$。2種のティーバッグと菊入り氷砂糖のセット。効能別に9種類ある
2. 香港にちなんだ柄のアンクル丈靴下。3足セット250HK$。
3. 香港名物フードのピアス238HK$。

4F｜ゲートウェイ・アーケード
シティ・スーパー

高級食材や雑貨が揃う

生活提案型の大型スーパー。海外からの輸入品が多い。デリコーナーも充実（🕙10:00～22:00、金・土・祝前日～23:00 Card A.J.M.V.)

キュートなオリジナルエコバッグ 65HK$

みやげに自分用に重宝する

\開放的な場所だよ/
香港人クリエイターたちの感性をチェック!

ピー・エム・キュー PMQ
元創方

香港デザインの多彩なショップ

PMQの名前は"Police Married Quarters"に由来。2000年まで既婚警察官の宿舎だった。2014年、クリエイティブスポットとして再生され、個性あふれるクリエイターたちによる高感度ショップなどが集まっている。

SHOP LIST
一筒、オスカー・アート、オリエンセンス、克、カラベラ、グルー・アソシエイツ（→P.31)、コール・クール、ジェシー・コーヒー、半茶十里、バンボア・ライフスタイル、緣ほか

おすすめPOINT
1. 香港デザインの多彩な店
2. 歴史的建造物が見られる
3. NOHO散策も楽しめる

店舗数 9種類ある 2

カルチャー　高級ブランド
グルメ　　　カジュアルブランド
香港
ローカル

Map 別冊P.14-B3　香港島／上環

🏠鴨巴甸街35號 PMQ元創方　☎2870-2335
🕙7:00～23:00（店舗により異なる）
休店舗により異なる Card A.J.M.V.（店舗により異なる）🚇MTR上環駅E2出口より徒歩約10分
URL www.pmq.org.hk

4F｜ブロックA
ベイス・トゥー・ベーシクス

素材を厳選、手作りにこだわる

世界各地の素材を厳選して香港でブレンドしたナチュラルコスメを展開（🕙12:00～19:00 Card A.M.V.)

ディーツープレイス
D2 Place

オリジナル商品を探しにGO!

ふたつの工業ビルがファッションビルに

起業家たちを応援するふたつのファッションビル。香港製のこだわりグッズを探すのにぴったり。週末開催のフリーマーケットでは地元クリエイターの手作りアイテムが並ぶ。作り手との交流も楽しみのひとつ。

SHOP LIST
ビー・グッド・トゥー・ライフ、気見×不只、微景タイニー、ジェニーマドローズ、ホンコンハンドメイドなど

おすすめPOINT
1. 個性的なショップが点在
2. 地元クリエイターの手作りアイテム
3. 掘り出し物があるかも

店舗数

カルチャー　高級ブランド
グルメ　　　カジュアルブランド
香港
ローカル

Map 別冊P.3-D2　九龍／茘枝角

🏠長義街9號（D2プレイス1)、長義街15號（D2プレイス2)　☎3620-3098　🕙10:00～22:00（店舗により異なる）休無休（店舗により異なる）🚇MTR茘枝角駅D2出口より徒歩約1分
URL www.d2place.com

NEW!

テラスにあるシェア型農園♪

エアサイド
AIRSIDE

啟德 Kai tak

こだわりの大型複合施設

2023年オープン。かつてあった啟德（カイタッ）空港にインスパイアされたコンセプトのもと、約40店の飲食店、約160の店舗を構える。定期開催されるアート展も毎回話題に。

SHOP LIST
シティ・スーパー、ニュー・エラ、エフ・エム・プラス・コンセプト、デタミナント、ファンケル、無印良品など

おすすめPOINT
1. アート、エコ意識、低炭素ライフスタイルを体感
2. 建築様式も必見
3. 啟德空港について学べる

店舗数

カルチャー　高級ブランド
グルメ　　　カジュアルブランド
香港
ローカル

Map 別冊P.3-D2　九龍／啟德

🏠協調道2號　☎2686-0333　🕙10:00～22:00休無休　🚇MTR啟德駅C出口直結　URL www.airside.com.hk

---

ハイサン・プレイス
Hysan Place
希慎廣場

`8-10F 誠品`

`11F キッチン11`

銅鑼灣のランドマーク

MTR銅鑼灣駅に直結、人気のショッピングタウンのモール。キーテナントの大型ブックストア「誠品」が3フロア展開。本だけでなく文具や雑貨も大充実。11〜14階には飲食店が並ぶ。11階の多彩な店が揃ったフードコートは使い勝手が◎。香港島唯一の免税店「Tギャラリア」もあり。

SHOP LIST

イソップ、インティック、ヴァンズ、ササ、セオリー、トレッカ・グリーン、ナイキ、ニューエラ、バティスリー・メロウデイズ、ビームス、#アーバンフードほか

おすすめPOINT
1. 台湾資本の大型書店
2. フードコート充実
3. MTR銅鑼灣駅に直結

Map 別冊 P.10-B2
香港島／銅鑼灣

🏠 軒尼詩道500號
☎ 2886-7222 ⏰ 10:00〜22:00、金・土・祝前日〜23:00、レストラン11:00〜24:00（店舗により異なる）
休無休 Card A.D.J.M.V.（店舗により異なる）交MTR銅鑼灣駅F1出口直結
URL www.hysan.com.hk

ラブ・コンセプト
Lab CONCEPT
金鐘廊

駅直結のコンセプトモール

パシフィック・プレイス（→P.115）から延びる室内歩道橋の延長にある小規模なモール。複数ブランドを揃えるコスメ専門店「フェイセス」には日本未上陸のブランドもある。

Map 別冊 P.8-A2
香港島／金鐘

🏠 金鐘道93號金鐘廊2樓
☎ 2118-3599 ⏰ 10:00〜21:00（店舗により異なる）
Card A.D.J.M.V.（店舗により異なる）交MTR金鐘駅C1出口直結
URL www.labconceptxfacesss.com

SHOP LIST

アヴェダ、オリジンズ、キャンヴァス、シティ・スーパー、スターバックス、ダーマロジカ、ボビー・ブラウン、マークス&スペンサー、ルクラス、ロマノバ・ベーカリーほか

おすすめPOINT
1. ファッション&コスメ多数
2. シューズも充実
3. MTR金鐘駅に直結

充実のビューティ・コーナー。ほかにも飲食店などがあり、気軽に立ち寄れる。「名都酒楼（→P.40）」がある「統一中心」ビルにも直結している

香港島サイド

ケー・イレブン
K11

SHOP LIST

アイビーベアーズ、アークテリクス、RBRKコンセプト・ストア、イケア、ジョアンナ・イン・ワンダーランド、ハイ・ソサエティ・ビューティ、ポップマートほか

おすすめPOINT
1. アート体験が楽しめる
2. 個性的な店が多い
3. MTR尖沙咀駅に直結

アートと一体化した話題のモール

コンセプトは、「アート、人、自然の一体化」。館内には、オブジェなどアート作品が配されている。ハイセンスでオリジナリティのあるブランドが入っており、シューズやバッグなどファッション雑貨が充実する。

Map 別冊 P.16-B2
九龍／尖沙咀

🏠 河内道18號 ☎ 3118-8070 ⏰ 10:00〜22:00（店舗により異なる）
休店舗により異なる 交MTR尖沙咀駅D1、D2、N1、N2出口より徒歩約1分 URL hk.k11.com

K11ミュシーア
美術館のようなショッピングモール。アートと商業が融合した目を見張る空間で、ショッピングを楽しめる。

Map 別冊 P.17-C3
九龍／尖沙咀

🏠 梳士巴利道18號 ☎ 3892-3890
⏰ 10:00〜22:00 休無休 交MTR尖沙咀駅E出口、尖東駅J1・J2出口直結 URL www.k11musea.com

---

ザ・ワン
The One

香港カジュアル&グルメ

23のフロアに200店ほどが入ったモール。「b+ab」「チョコレート」など香港ブランドや「ビームス」など日本のセレクトショップが並ぶ。17〜21階を占める「スカイダイニング」からはヴィクトリア・ハーバーを一望、おすすめは「ウールームールー・プライム」や「ザ・グラム」。

Map 別冊 P.16-B2
九龍／尖沙咀

🏠 彌敦道100號 ☎ 3106-3640
⏰ 10:00〜22:00（店舗により異なる）
休店舗により異なる Card A.D.J.M.V.
※日インフォメーションセンターは少し通じる 交MTR尖沙咀駅B1出口より徒歩約5分 URL www.the-one.hk

SHOP LIST

アス・ノー・アス・ド・ベース、カンペール、サタミ・プラス、ジャーナルスタンダード、スタイル・プラス、ファンケル、フレッド・ペリー、マンダラ・シーズン、ロココほか

おすすめPOINT
1. カジュアル系充実
2. 絶景ダイニング
3. 映画も楽しめる！

1. ネイザン・ロードに面して立つ映画館も入った複合モール　2. カジュアルブランドが充実する各フロア。広めの通路でのんびりショッピングできる

九龍サイド

🦇「K11ミュシーア」のゴージャスな常設アートにびっくり。ビル全体で160点以上の作品があるそうです。(大阪府・みみん)

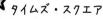

ランドマーク
The Landmark／
置地廣場／チーデイグォンチョン

高級ブランドが大集合
グッチ、ヴィトンほか、ハイブ
ランドをラインアップ。英国の
高級デパート、ハーヴェイ・ニコルズも入っている。

Map 別冊P.15-D3 香港島／中環

🏠皇后大道中15號 ☎2500-0555 🕐7:00～24:00（店舗により異なる）🈺店舗により異なる Card A.D.J.M.V.（店舗により異なる）🚇MTR中環駅G出口直結 URL www.landmark.hk

タイムズ・スクエア
Times Square／
時代場／シートイグォンチョン

幅広いジャンルが揃う
ファッションだけでなく、スー
パーやスポーツ店など200店が
入店。10～13階はレストラン街「食通天」。映画館もある。

Map 別冊P.10-A3 香港島／銅鑼灣

🏠勿地臣街1號 ☎2118-8900 🕐10:00～22:00（店舗により異なる）🈺無休 Card A.D.J.M.V.（店舗により異なる）🚇MTR銅鑼灣駅A出口直結 URL timessquare.com.hk

IFCモール
IFC Mall　國際金融中心商場／
グォッザイガムヨンジンサムションチョン

香港駅に直結したモール
アップルストアやシティスーパー
など注目店が並ぶ。シンガポール
発の「Tea WGブティック」も人気。

Map 別冊P.7-D2 香港島／中環

🏠金融街8號 ☎2295-3308 🕐10:00～20:00（店舗により異なる）🈺無休 Card A.D.J.M.V.（店舗により異なる）🚇MTR香港駅F出口直結 URL ifc.com.hk

パシフィック・プレイス
Pacific Place／
太古場／ターイグーグォンチョン

オシャレな雰囲気漂う
MTR金鐘駅と結ばれたモール。レーン・
クロフォードやハーヴェイ・ニコルズを
核に、ファッションやコスメなどが充実。

Map 別冊P.8-A2 香港島／金鐘

🏠金鐘道88號 ☎2844-8988 🕐10:00～20:00（店舗により異なる）🈺店舗により異なる Card A.D.J.M.V.（店舗により異なる）🚇MTR金鐘駅F出口直結 URL www.pacificplace.com.hk

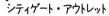 まだまだある！ 定番＆オススメのショッピングモール

ランガム・プレイス
Langham Place
朗豪坊／ローンホウフォーン

最新トレンドを発信
13階まで吹き抜けのアトリウムが斬新。
最先端のファッションブランドを網羅し
ており、映画館、フードコートもある。

Map 別冊P.19-C2 九龍／旺角

🏠亞皆老街8號 ☎3520-2800 🕐11:00～23:00（店舗により異なる）🈺無休 Card A.D.J.M.V.（店舗により異なる）🚇MTR旺角駅C3出口直結 URL www.langhamplace.com.hk

エレメンツ
Elements
圓方／ユィンフォン

「木火土金水」がテーマ
5つの元素をテーマにエリアを分け、オブ
ジェやアートを配置。一流ブランドが並
ぶ巨大なラグジュアリーモール。

Map 別冊P.20-B1 九龍／西九龍

🏠柯士甸道西1號 ☎2735-5234 🕐10:00～21:00（店舗により異なる）🈺無休 Card A.D.J.M.V.（店舗により異なる）🚇MTR九龍駅B出口直結 URL www.elementshk.com

シティゲート・アウトレット
Citygate Outlets／東薈城名店倉
ドンウーイセンメンディームツォーン

郊外の大型アウトレットモール
MTR東涌駅に隣接。約100の
アウトレット店が入店。割引
率は30～70%程度。

Map 別冊P.3-D1 島部／ランタオ島

🏠大嶼山東涌達達遠路20號 ☎2109-2933 🕐10:00～22:00（店舗により異なる）🈺無休 Card 店舗により異なる 🚇MTR東涌駅C出口直結 URL www.citygateoutlets.com.hk

アイ・スクエア
iSQUARE
國際廣場／グォッザイゴンチョン

尖沙咀のランドマーク
ファッションやライフスタイルグッズの
店が充実。3～7階、20～31階はレスト
ラン。7～9階には映画館が入っている。

Map 別冊P.16-B2 九龍／尖沙咀

🏠彌敦道63 ☎3665-3333 🕐10:00～22:00 🈺無休 Card A.D.J.M.V. 🚇MTR尖沙咀駅H出口直結 URL www.isquare.hk

各モールの公式サイトで事前に気になるショップをチェックして、効率よく買い物しよう。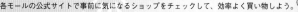

今、行くべきショッピングモール

お茶教室もある！

茶葉＆オリジナル茶器

中国茶を生活に取り入れて

茶創樂 チャーチョンロック／ZERO TO ONE TEA

中国茶を身近な友達に、というコンセプトでキャラクターをデザイン。カジュアルに中国茶を提供する。毎週土曜午後に開催されるお茶教室（350HK$）も好評。詳細はフェイスブックで。

Map 別冊P.16-A1　九龍／尖沙咀

🏠柯士甸道西88號 曲倶中心地階B2-6C　🕐11:00～19:00、金・土～19:30　🗓旧正月4日間　**Card**A.M.V.　🚇MTR柯士甸駅F出口より徒歩約3分　**URL**www.facebook.com/zerotoonetea

🏠中環街市店　**Map**別冊P.15-C2

伝統の味を現代に

デザイナーのスティーブンさん

1. 普洱花茶禮盒（6種類入り）88HK$。菊入りやボタンの花入り普洱茶6種類のセット　2. 武夷山大紅袍（15個）168HK$。福建省の岩茶　3. フォンダンウオーター（16個）158HK$。水出しで飲む　4. コーヒー＆普洱茶の水出し22HK$　5. 12星座別保温ボトル128HK$

香港ならでは！
すてき茶器＆食器と
おいしいお茶をゲット

伝統を守って長年愛される茶器から、センスのよいモダンな食器、リーズナブルな実用品まで、種類豊富。おいしい中国茶も調達しましょ。

どの味がお好み？

絵付けチャイナ食器

今も手描きだよ！

掘り出し物を探しにGO！

粤東磁廠 ユッドンチーツォーン／YUET TUNG CHINA WORKS

ホテルなどへの卸用、海外輸出向けの、絵付けの食器をおもに手がける。おみやげや自分用にお気に入りを探そう。

Map 別冊P.3-D2
九龍／九龍灣

🏠宏開道15號 九龍灣工業中心3字樓1-3室　☎2796-1125　🕐9:00～17:00　🗓日・祝　**Card**不可　🚇MTR九龍灣駅C出口より徒歩約5分　**URL**www.porcelainware.com.hk

絵付けの魅力をぜひ！

1. 先代から絵付けの技を受け継ぐ3代目の曹志雄さん　2. 山積みのなかから好みの食器を見つけよう　3. 商品はすべて手描き。レンゲ100HK$～　4. 蓋碗100HK$～　5. ピッチャー400HK$～　6. 小皿40HK$～　7. 美しい皿300HK$～　8. 見事な絵付けの皿150HK$～

4代目のマルティナさん

「粤東磁廠」の山積みの食器に圧倒されました！　食器を壊さないように動きやすい服装で行くのがおすすめ。（愛媛県・ふみか）

伝票は今でも手書き

お茶を楽しみましょう

老舗

気軽に寄ってね

店主の蘇さん

60年以上の歴史あり
美香村茶莊 メイヒョンツーン チャージョン

中国福建省産などの茶葉を扱う。安渓の鐵觀音や武夷山の岩茶など伝統的な味を求める人が足しげく通う老舗。量り売りのほか、固形の普洱茶も各種扱う。女性客に人気の花茶も揃える。

Map 別冊P.15-C2　香港島／中環

🏠機利文新街12號地下 ☎2545-4916 ⏰9:00～18:30 休日 Card A.J.M.V. 🚇MTR上環駅E2出口より徒歩約3分

1. 女性の体にうれしい玫瑰（バラ）茶は約38g25HK$～　2. 昔ながらのレトロな店内　3. 普洱茶は各種ある　4. 試飲もOK。蘇さんがお茶をレクチャーしてくれる　5. 100年以上昔の茶缶でまったりした味の鐵觀音の茶葉を保存

ステキ茶器＆食器とお茶

いろんなお茶がある

茶葉＆茶器＆お茶請け

ヘルシーなお茶請けよ

セールスマネジャーのイエンさん

問屋ならではの豊富な品揃え
啟發茶莊 カイファーッチャージョン

食品問屋が営む茶葉とお茶請け、茶器の小売店。量り売りのほか小分けのパッケージもあって買いやすい。なかでも干し梅やドライフルーツの種類が豊富で、ヘルシー志向の人に大好評。

1. 手頃な茶器から本格的なセットまで揃う　2. 中国茶や台湾茶など豊富な品揃え。試飲もできる　3. 干し梅やドライフルーツ。個別包装での販売もある　4. ドライキンカン20HK$　5. 効能別オリジナルブレンドのハーブティー15HK$　6. 茶葉各種20HK$～

Map 別冊P.14-A2

香港島／上環

🏠永樂街132號地下 ☎2543-9988 ⏰9:00～18:30 休日、旧正月6日間 Card J.M.V. 🚇MTR上環駅A2出口より徒歩約4分 URL www.kaifattea.com.hk

チャイナテイスト

雑貨好きは必見
景德行瓷業有限公司
ゲンダッホンチーイップヤウハーンゴンシー

生活雑貨を扱う店。チャイナテイストで実用的な食器や調理器具はおみやげにしてもよい。長居してしまう豊富な品揃え。

Map 別冊P.8-B3　香港島／灣仔

🏠皇后大道東126-128號 ☎3118-2422 ⏰9:30～19:00 休日、旧正月 Card M.V. 🚇MTR灣仔駅B1・B2出口より徒歩約5分

ティーポットや茶杯は組み合わせ自由で100HK$前後～

中国茶ビール

樂茶軒→P.31

中国茶味のビール♪

香港初の中国茶クラフトビールを手がけた樂茶軒。4種類のテイストで38～42HK$。お茶の味が心地よい仕上がりに

陶磁器を選ぶときは欠けていないかなどを要チェック。手指が汚れることもあるのでウエットティッシュ持参がおすすめ。

バラマキみやげの宝庫
スーパーマーケットで
プチプラフードを大人買い♪

香港で味わった料理を自宅で再現できる調味料や
香港有名メーカーのお菓子やスナック。
スーパーでGETしたいプチプラフードが集合!

CREAM CRACKERS
GARDEN CO LTD

39.9 HK$

シンプルなクラッカー。チーズやジャムをトッピングして。缶がレトロかわいい

香港有名メーカー「GARDEN」のお菓子

18 HK$

20本入りガーデンのチョコレートフィンガー・ストロベリー味

Pop-Pan
Spring Onion Crackers
Garden

aruUCoスタッフ
お気に入り
ネギがトッピングされたクラッカー。ビールのアテにぴったり。食べだしたら止まらなくなる危険なスナック

各7.5 HK$

WAFERS
Mini Cream WAFERS

ピーナッツ、チョコ、ストロベリーなど7種の味があるウエハース

ミニサイズのスイスロール。マンゴー、チョコのほか季節の味も

各10 HK$

19 HK$

老舗ガーデンの定番人気。青ネギ入りクラッカーの香葱薄餅

出前一丁のカップ麺。黒は豚骨スープ、赤は醤油味＋ゴマ油

麺

各9 HK$

aruUCoスタッフ
お気に入り
香港の調味料メーカー「李錦記」の高級即席麺。インスタントなので簡単に作れるけど本格的な味わい!

ガーリックが効いた香港テイストのポテトチップ

Calbee 避風塘炒蟹

16.9 HK$

5.8 HK$

香港版かっぱえびせん。炒めエビ味の限定版

各23 HK$

CHOCOLATE BANANA FLAVOUR
CRISPY CREPES

CHOCOLATE PEANUT FLAVOUR
CRISPY CREPES

各15 HK$

クッキーを巻いた焼き菓子。「m」マークの商品は低価格

サックリした食感のドライピーチ。食べやすい量でおやつにぴったり

greenday
PEACH

25 HK$

左から擔擔湯麺（汁ありタンタン麺）、番茄湯麺（トマトスープ麺）、椒麻拌麺（スパイシー汁なし麺）などのバリエが

スナック&スイーツ

深水埗で見つけた「U購セレクト」というスーパー Map P.20-A1 は24時間営業で便利だった。（岡山県・舞華）

調味料

37 HK$

液体タイプですぐ溶けるスープの素。炒め物の隠し味に便利

arucoスタッフ お気に入り

「李錦記」のオイスターソースの減塩版。おいしさやコクはスタンダードのものと変わらず、塩分を控えている

16.9 HK$

38 HK$

レモン入りコショウ塩。香港発オーガニックブランド。無添加

パンダが目印。減塩タイプのオイスターソースは珍しい

23 HK$

李錦記の特級オイスターソース。使いやすいチューブタイプ

ドリンク

10 HK$

香港ブランドのレトロな缶入りシリーズ。上はソーダウオーター

9.9 HK$

燒味で人気の茶餐廳「太興」オリジナル缶ドリンク。コーヒーと紅茶のミックス

各18 HK$

arucoスタッフ お気に入り

1990年代生まれの若者3人が2022年に始めた香港ブランド。ジンジャーソーダ、トニックウオーターなどがある

8.9 HK$

薄切りレモンがたくさん入った香港レモンティー風ドリンク

70年以上変わらぬ味を守る無糖全脂肪練乳。奶茶（ミルクティー）に欠かせない

25 HK$

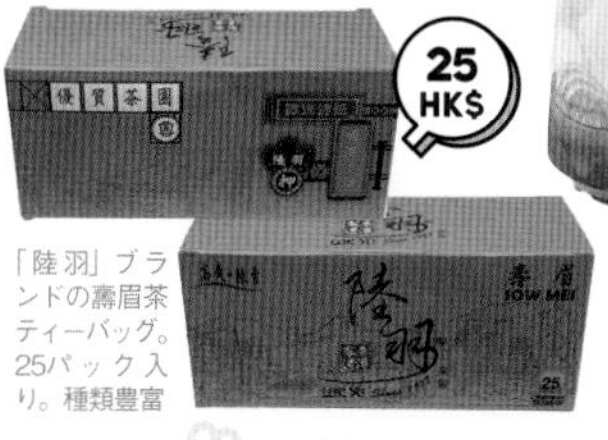

「陸羽」ブランドの壽眉茶ティーバッグ。25パック入り。種類豊富

2大スーパーチェーン

香港最大のスーパーチェーン

ウエルカム wellcome 惠康超級市場

赤い看板に黄色の文字が目印。プライベートブランドもあり、食品や日用品が充実。24時間営業の銅鑼灣店は旅行者に便利。

Map 別冊P.10-B2 香港島／銅鑼灣

住 記利佐治街25-29號 ☎2577-3215 ⏰24時間 休 無休 Card A.J.M.V. URL www.wellcome.com.hk 🏠香港内に280店以上(24時間営業17店)、営業時間や取扱商品は店舗により異なる／系列店：MARKET PLACE、ThreeSixty など

大手スーパーチェーン

パークン ParknShop 百佳超級市場

世界の食品や日用品、オーガニック商品を揃えた店舗を拡大している。市街地の店より郊外店のほうが規模が大きく、狙い目。

Map 別冊P.9-D2 香港島／灣仔

住 軒尼詩道 302-308 號 集成中心地庫 ☎2893-9466 ⏰8:00～22:30 休 無休 Card A.J.M.V. URL www.parknshop.com 🏠香港内に260店以上、営業時間や取扱商品は店舗により異なる／系列店：Taste、fusion、greatなど

スーパーマーケットでプチプラフードを大人買い♪

arucoの推しスーパー

Made in Hongkongが充実

マーケット・プレイス旺角店 Market Place

「ランガムプレイス」（→P.115）の地下2階にあり、便利なロケーション。「香港製造」と掲げたラックがあり、おみやげを選びやすい。

Map 別冊P.19-C2 九龍／旺角

住 亞皆老街8號朗豪坊地庫B2 8號舗 ☎3580-8952 ⏰8:00～22:00 休 無休 Card A.M.V. 交 MTR旺角駅C3出口直結

香港最大のウエルカム

ウエルカム 西寶城店 wellcome 惠康超級市場

市場風コーナーも楽しい

2021年にオープンしたウエルカムの香港最大店舗。世界の食料品や食材を23のゾーンで陳列、販売している。

Map 別冊P.13-C2 香港島／西環

住 卑路乍街8號 西寶城3樓 ☎2542-7174 ⏰8:00～23:00 休 無休 Card A.J.M.V. 交 MTR香港大學駅C2出口より徒歩約1分

香港では個人商店を含むほぼすべての店でレジ袋が有料。エコバッグを忘れずに持ち歩こう。

有名菓子からローカルフードまでセレクト
arucoイチオシ おいしい好味 香港みやげ図鑑

贈ったみんなに喜んでもらえる、香港ならではのおいしいおみやげ。
arucoおすすめのスイーツを一挙ご紹介しま～す♪

1938年創業の菓子メーカー
奇華餅家 ケイワーベンガー

九龍サイド油麻地でキャンディ雑貨店として
1938年に創業。現在では、香港國際空港を
はじめ、世界中に100以上の店舗がある。香
港らしいパッケージでおみやげに最適。

Map 別冊P.19-C2 九龍／旺角

🏠 亞皆老街8 朗豪坊地庫2層 39號舗 ☎3514-4399
🕐9:00～21:30 休旧正月1日 Card A.J.M.V. 🚇MTR
旺角駅C3出口直結 URL www.keewah.com/hk 🏠銅
鑼灣崇光百貨店 **Map P.10-B2**

1. スターフェリークッキー
はパンダ、ペンギン、コア
ラ入り 2. パンダクッキー
は18個入り 3. ミニバス
クッキーとトラムクッキー

72HK$

72HK$

105HK$

72HK$

人気ベーカリーのホームメイドクッキー
品穀 パンコッ

香港に4店を展開する人気ベーカリーは、クッキー
もおすすめ。ナッツやお茶を使ったものなど、6種
類（48～50HK$）ほどをライ
ンアップしている。

データは → P.102

50HK$

50HK$

1. 甘じょっぱいエビの卵とサ
クラエビ、ヘーゼルナッツクッ
キー（10個入り） 2. アールグ
レークッキー（10個入り）

有名菓子メーカー
美心西餅 メイサムサイベン

マキシムグループのベーカ
リー。MTR駅構内など店舗
数が多い。地元の人も信頼
するメイド・イン香港の洋
菓子実力店でもある。

Map 別冊P.12-B1

香港島／北角

🏠 英皇道406-408號 康威大廈
地下2號舗 ☎2510-9717
🕐7:30～20:30 休無休
Card M.V. 🚇MTR北角駅B1出口
より徒歩約3分 URL www.
maximscakes.
com.hk

各26HK$

1. マカダミアナッツクッキー 2. ヘーゼル
ナッツクッキー。いずれも8個入り。滞在中
のおやつにもいい

香港リピーターの私だけど、おみやげは定番をセレクト。「奇華餅家」のクッキーは個包装で職場でも配りやすい。(埼玉県・美里)

バラエティ豊富なパルミエ
ザ・イーサップセイ・エスティー
THE24.ST

二十四節気をコンセプトに、四季をイメージした9つのテイストを展開する香港発の新ブランド。アジアでポピュラーな食材をパルミエのジャムに使用。

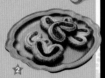

`59HK$`

Map 別冊P.19-C2 ┃ 九龍／旺角

🏠亞皆老街8號 朗豪坊B2層 38號舖
☎6507-9209 ⏰11:00～21:00
㊡無休
Card M.V.
🚇MTR旺角駅 C3出口直結
🔗www.24st.com.hk

1. オリジナルテイスト9枚入り　2. サンザシ、台湾ネギ、北海道産黒豆など5種類のアソートBOXもおすすめ

英国の総合スーパー
マークス＆スペンサー
MARKS & SPENCER

130年近い歴史をもつ英国の総合デパートのPBブランド食品を扱う。クッキーやチョコなどおみやげに適した小さなサイズも多くておみやげ選びにも便利。

`39HK$`

`26HK$`

Map 別冊P.15-D3 ┃ 香港島／中環

🏠皇后大道中28號 中匯大廈地下-1樓
☎2921-8323 ⏰8:00～22:00
㊡無休
Card A.J.M.V.
🚇MTR中環駅D1出口より徒歩約1分
🔗www.marksandspencer.com/hk

1. 英国を代表するお菓子、ショートブレッド　2. イングリッシュ・ブレックファストティーの茶葉　3. 小袋入りのチョコがけレーズン

`16HK$`

aruco イチオシ 香港みやげ図鑑

1915年創業の老舗
甄沽記 ヤンチムゲイ

話題のスポット「中環街市」（→P.30）にある。110年近い歴史があるココナッツ菓子店。ココナッツ風味のキャンディが人気商品で、7種類のフレーバーがある。

`各35HK$`

イチオシはオリジナル味のココナッツキャンディ（200g）。ハードタイプとソフトタイプの2種ある

キャンディ んでます

Map 別冊P.15-C2 ┃ 香港島／中環

🏠皇后大道中93號及德輔道中80號 2樓P05B
☎9180-3177 ⏰11:00～19:00
㊡祝、旧正月
Card M.V.
🚇MTR中環駅D2・C、または香港駅C出口より徒歩 約5分
🔗www.facebook.com/Yanchimkee/

老舗豆腐店の手作り調味料
公和豆品廠
ゴンウォダウバンチョン

1893年創業の老舗豆腐店。豆腐花などイートインで楽しめるが、レジ横に陳列されている自家製調味料がおみやげ向き。

`22HK$`

瓶入り豆板醤。自宅でも香港の味を楽しんで

データは → P.35

`2個11.5HK$`

`18HK$`

1. 干し貝柱入り50g　2. 卵麺454g　3. スープや麺に合う調味料も自家製。鳥スープパウダー1.5～3HK$など

懐かしのお菓子たち
王榮記 ウォンウィンゲイ

ドライフルーツを中心に伝統食品を扱って125年近いという老舗。シンプルでレトロなパッケージに入ったキンカンやレモンなど、各種ドライフルーツはお茶請けにぴったり。

`38HK$`

1. 檸汁薑（レモンショウガ）170g　2. 野生キンカンをドライに、170g

`35HK$`

Map 別冊P.14-A3 ┃ 香港島／上環

🏠蘇杭街52號利基商業大廈地下
☎2544-7281 ⏰9:00～17:00、日10:00～
㊡祝、旧正月
Card 不可
🚇MTR上環駅A2出口より徒歩約2分
🔗wongwingkee.com

香港ヌードルをお持ち帰り
安利製麺廠
オンレイザイミーンチョン

香港でポピュラーな卵麺をはじめ、アワビやエビの卵を練り込んだ乾麺メーカーのショップ。1玉ずつ包装された麺は、いろいろな味を楽しみたい人に最適。

Map 別冊P.14-A2 ┃ 香港島／上環

🏠文咸東街84-90號順隆大廈B1地舖
☎2564-7591 ⏰9:30～19:00
㊡日・祝、旧正月2週間
Card 不可
🚇MTR上環駅A2出口より徒歩約3分
🔗www.onleenoodle.com.hk

レシピも用意してます！

Made in Hongkong

香港製中華調味料をお持ち帰り
おうちで香港ごはんがカンタンに作れちゃう♪

中華調味料をお持ち帰りして、自宅でおいしい香港ごはんを作っている香港LOVERのイラストレーター・小野寺光子さん。直伝のカンタン＆美味なメニューのレシピを大公開！

教えてくれた人

小野寺光子さん
（おのでら・みつこ）

香港と食を愛するイラストレーター。香港で食材や調味料を調達し、日本でも香港料理を楽しむ。香港政府観光局認定「超級香港迷（スーパー香港ファン）」。2024年4月には香港で個展を開催。

キュウリのXO醤和え
XO醤青瓜

キュウリがグレードアップして極上の味

5分でできます

材料/2人分
●キュウリ … 1本
●XO醤 … 大さじ1/2（お好みで適宜）
●塩 … 少々

作り方
①キュウリを包丁の腹などでたたいて、軽くひびを入れてから回し切りにする。
②塩少々を振って少し時間を置き、出てきた水分を切ってXO醤で和える。

オイスターソース
李錦記舊庄特級蠔油
40HK$

カキを主原料とした調味料

Ⓒ

材料/2人分
●レタスまたは好みの青菜 … 1/2個
●油、塩、オイスターソース … 適宜

作り方
①たっぷりの湯を沸かし、油少々を加えてレタスをサッとゆでる。冷水に取る。
②レタスの水分をしっかり切り、皿にのせ、オイスターソースをかける。

レタスのオイスターソースがけ
蠔油西生菜

レタスの底を思い知るおいしさにお試し！

サッとゆでて！

XO醤 八珍XO醤
95HK$

ザ・ペニンシュラ香港で誕生した高級調味料

Ⓐ

料理をグレードアップしてくれる九龍醤園のゴマ油

オススメ！

調味料の老舗、香港島中環にある「九龍醤園」。ここのゴマ油「優質麻油」は香港で必ず購入するアイテムのひとつ。このゴマ油は、香りが高く、しかも軽やか。しつこくないので炒め物に使うのはもちろん、仕上げにひとたらしして香ばしい香りを添えたりしています。

データは→P.147

優質麻油
（500ml）九龍醤園
115HK$

ココで買える‼

Ⓐ 八珍醤園 中環専門店
バッチャンチョンユン ジョンワンチュンムンディム

Map 別冊P.15-C2
香港島／中環

創業90年を超える老舗調味料を製造・販売

1932年創業。生抽や甜醋（甘酢）を製造・販売している。甜醬醬やXO醬など、多彩な中華調味料を扱う。旺角を含めて4店舗を展開している。

威霊頓街75號
☎2545-6700 ●9:00〜19:00 ●旧正月4日間
Card A.M.V. ●MTR中環駅D2出口より徒歩約6分
URL www.patchun-store.com
●旺角店 Map 別冊P.19-D2

Ⓑ マーケット・プレイ
→P.119

Ⓒ ウエルカム
→P.119

---

122 ▼ 香港のスーパーで購入した「李錦記」のオイスターソースは濃厚。野菜炒めに加えるとぐっとおいしくなる！（長崎県・美紀）

チキンストック 史雲生調味雞汁 32HK$

液体チキンコンソメ。家庭料理に大活躍

> トマトと卵が調和して優しい味わい

トマトと豆腐入り卵とじスープ 番茄豆腐蛋花湯

材料/2人分
- 鶏もも肉……150g
- ブロッコリー……150g
- 調味雞汁……小さじ2
- ニンニク……1片（みじん切り）

作り方
① ブロッコリーは小房に分けて堅めにゆでる。
② 細長く切った鶏肉は半量の調味雞汁で下味を付け、10分ほど置く。
③ ②をニンニクと一緒に炒め、火がとおったらゆでたブロッコリーを加える。
④ 残りの調味雞汁を加えて全体を混ぜながらサッと炒める。

チキンとブロッコリーの炒め物 西蘭花炒雞柳

> ブロッコリーのゆですぎに注意！

> 味がしっかりしたチキン♪ 白いご飯にぴったり

材料/2人分
- 調味雞汁……小さじ1
- トマト……1個
- 豆腐……1/2丁
- 卵……1個
- 万能ネギまたは香菜……適宜

作り方
① 400ccの湯を沸かし調味雞汁を溶かす。
② 大きめのざく切りにしたトマトとひと口大に切った豆腐を加える。
③ 再沸騰したら火を弱め、溶いた卵を流し入れる。
④ 味見をして、必要なら塩（分量外）で調整する。
⑤ 器によそって、万能ネギ（香菜）を散らす。

> おうちでカンタン 香港ごはんが作れちゃう♪

老抽 八珍醬油王 24HK$（300ml）

中国のたまり醬油。色づけに使われる

材料/2人分
- ライスヌードル（フォー/乾燥）……100g
- 牛肉（ももなど）……100g
- モヤシ……100g
- 赤パプリカ……1/4個
- 万能ネギ……2本
- サラダ油

[下準備] 牛肉の下味調味料（塩・コショウ、酒・老抽・ゴマ油各少々、片栗粉小さじ1を混ぜる）、炒め調味料（醬油・オイスターソース・老抽各小さじ2、砂糖ひとつまみを混ぜる）、ライスヌードルはぬるま湯に15分ほど浸す。ひと口大に切った牛肉に下味調味料をもみ込んでおく。

作り方
① 赤パプリカと万能ネギはいずれも4〜5cmに切る。
② ライスヌードルを硬めにゆで（約1分）、水に落としてぬめりを取りザルに上げる。
③ 炒め鍋を熱してサラダ油を回し入れ、牛肉を炒め、ライスヌードルを加えてほぐしながら煎り焼くように炒める。
④ 赤パプリカ、万能ネギ、モヤシを加えてさらに炒める。
⑤ 鍋肌から炒め調味料を回し入れる。

牛肉入り炒め麺 千炒牛肉河粉

> 香港で食べたテイストそのもの♪ うまうま

> 黄ニラを入れると香港っぽい！

ローカル市場「街市」をチェック！

香港全域に100近くある「街市」。旅行者も立ち寄りやすい街市で香港の食事情をウオッチ！

清潔でエアコン完備、最新街市
樂富街市
ロックフーガーイシー

オーガニック野菜や香港産の食材が充実した新しいスタイルの街市。「良質な海鮮が手に入る」とグルメな香港人の間で評価が高い。ワイン専門店もある。

Map 別冊P.3-D2 九龍/樂富

⌂ 黄大仙樂富聯合道198號 ⏰7:00〜22:00 ※旧正月（店舗により異なる） Card不可

1. 日系スーパーUNYが入る樂富廣場に隣接　2. 有機野菜が人気

ローカルムード漂う、これぞ街市！
士美非路街市
シーメイフェイローガーイシー

生鮮食品や加工食品などの店がずらりと並び、活気あふれる街市。ローカルな雰囲気いっぱい。上階には安うまグルメが楽しめる熱食中心（フードエリア）がある。

Map 別冊P.13-D1 香港島/堅尼地城

> 朝食も楽しめる

⌂ 士美菲路12號K 士美菲路市政大廈 ⏰6:00〜20:00 ※旧正月（店舗により異なる） Card不可　🚇MTR堅尼地城駅A出口より徒歩すぐ

1. 西環巡り（→P.150）のスタートに立ち寄ってみて　2. 早朝からにぎわう

調味料は、タッパーのようなプラスチック容器に入れて機内預け荷物に。液体扱いになるため、手荷物として機内持ち込みは不可。

まとめ買いしちゃお♪

これぞバラマキみやげ！

七宝焼のブレスレットは40HK$前後。好きな柄、あるかな〜

点心などの食品サンプルブマグネット。1個30HK$前後が目安

ポーチなどの雑貨もある。25HK$前後。買う前に細部の確認を

柄がかわいいコンパクトミラー各30HK$。複数個買うと値引きも！

女人街
（ナイ・ヤン・ガーイ）

通菜街／Tung Choi St.
（トーンチョイガーイ）

女人街への行き方

Map 別冊 P.19-D2

MTR旺角駅D3出口より徒歩約3分。南側はMTR油麻地駅A2出口より徒歩約4分。

安かわファッションや小物など露店がズラリ

ネイザン・ロードの東側、平行に走る2番目のストリート（通菜街）に女性物の格安ファッションや雑貨を扱う露店がズラリ。昼頃から店は開くが夕方以降がにぎやか。深夜まで活気があるので、夕食後に出かけてみるといい。

にぎやか夜市へGO！

香港2大ナイトマーケットで買食を満喫

ナイトマーケットで使う

広東語

これはいくらですか？
▲ 呢個幾多錢呀？
リーゴー ゲイドーチンア？

高いなぁ、まけてください。
▲ 太貴啦，計平啲呀？
ターイグァイラ、ガイペンディーア？

もうひと声！
▲ 再平啲啦！
ジョイペンディーラ！

5つ買ったらいくらにしてくれる？
▲ 如果買五個計幾多錢呀？
ユーグォ マーインーゴーガイ ゲイドーチンア？

廟街 TEMPLE STREET

観光名所の定番露店ストリート。まとめ買いするとディスカウントあり。おみやげを探してちょっとおさんぽ♪

赤が効いている干支別オーナメント。3〜4本で100HK$が目安

占いも！

男人街
（ナム・ヤン・ガーイ）

廟街／Temple St.
（ミウガーイ）

天后廟周辺には占い屋台が並ぶ。手相、四柱推命、タロットなどさまざま。「日本語OK」という看板もあるが、会話レベルに達しないほうが無難かも……。

香港とわかるカラフルな絵柄のマグネット。1個30HK$前後

男人街への行き方

Map 別冊 P.18-B2〜A3

南端へはMTR佐敦駅A出口より徒歩約3分。北端へは油麻地駅C出口より徒歩約2分。

バラマキみやげはここでゲット！

油麻地の南京街と文明里に挟まれた600mほどの道（廟街）の両サイドに露店が並ぶ。「男人街」とも呼ばれるこのナイトマーケットは、衣料品、小物雑貨などを扱う店が多い。呉松街臨時熟食小販市場（→P.75）も同エリアにあるので食べ歩きも楽しめる。

海鮮料理うまぁ〜！

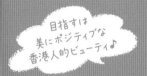

目指すは
美にポジティブな
香港人的ビューティ♪

カラダもココロも
つやつやに磨き上げましょ
香港ビューティナビ

美しさとヘルシーの秘訣は漢方と街角サロンにあり!?
旅の疲れは、ゴッドハンドに身を任せてうっとり。
街にあふれるお手軽ドリンク＆フードと、プチプラコスメでキレイを整える。
さあ、美しさに磨きをかける香港ステイ、お試しあれ♪

BEAUTY

香港女子も行きつけ！
街角サロンで癒やされマッサージ

香港マダムやOLたちがこぞって癒やされに行く街角サロンはココ！
腕自慢のテラピストに身を委ね、日頃の疲れをしっかりもみほぐしてもらっちゃおう！

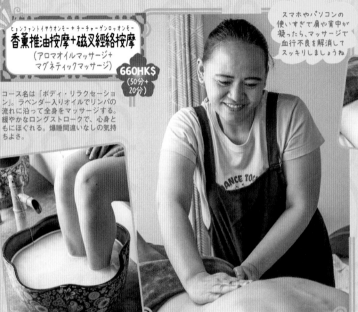

スマホやパソコンの使いすぎで肩や背中が凝ったら、マッサージで血行不良を解消してスッキリしましょうね

コレもオススメ！

磁叉経絡按摩（マグネティックマッサージ）のちょうどいい刺激で血行促進！

香薫推油按摩＋磁叉經絡按摩
ヒョンフォントイヤウオンモー＋チーチャーンロッウオンモー

（アロマオイルマッサージ＋
マグネティックマッサージ）

660HK$
（50分＋
20分）

コース名は「ボディ・リラクセーション」。ラベンダー入りオイルでリンパの流れに沿って全身をマッサージする。緩やかなロングストロークで、心身ともにほぐれる。爆睡間違いなしの気持ちよさ。

押す＆こする
刺激で
疲労回復を

1. 独自配合のミルクを入れた足湯（10分）で施術前にリラックス
2. 足裏マッサージだけなら50分280HK$
3. ヘッドマッサージで頭皮をほぐす

自分へのごほうびに利用したい

ブロッサム・ザ・シークレット・ガーデン
Blossom The Secret Garden

銅鑼灣駅からすぐの場所にありながら、サロンに入ると外の喧騒がうそのよう。ボディ、フット、フェイシャルのオーソドックスな施術メニューで心身ともにリラックス。体の内側からきれいにしてくれると、香港在住の日本人の常連も多い。中国の美容法「刮痧（カッサ）」にも対応。

Map 別冊P.10-B2　香港島／銅鑼灣

住 渣甸坊3號蓮福商業大廈1樓　電 2997-4434、
6883-6182　時 11:00～22:30（最終受付21:00）
休 水　Card A.J.M.V.　予 予約がベター　内 9　席 3
交 MTR銅鑼灣駅F1出口より徒歩約1分　URL www.
blossom-the-secret-garden.com/bodymassage

シックなインテリアで落ち着く。隠れ家的な雰囲気

マッサージ歴約10年
Amyさん

癒やされチャート
タッチ…滑らか＆じっくり、ときどき強め
イタ気持ちいい度……★★★
バク睡度…………★★★★
リフレッシュ度……★★★

日本からウェブサイトで「ブロッサム・ザ・シークレット・ガーデン」に予約を完了。便利になりました。（神奈川県・郷）

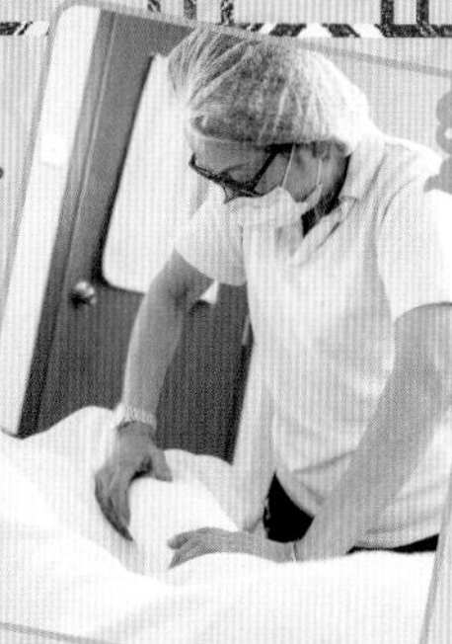

穴位經洛治療（ユッワイゲンロッジーリウ）
（全身経絡マッサージ）

500HK$（60分）

経絡（ツボが並ぶエネルギーの通り道）を押したりもんだりして刺激し、気の流れをスムーズにして体のバランスを整えるマッサージ法で施術。リズミカルなタッチが心地よい。※経洛と書く店もある。

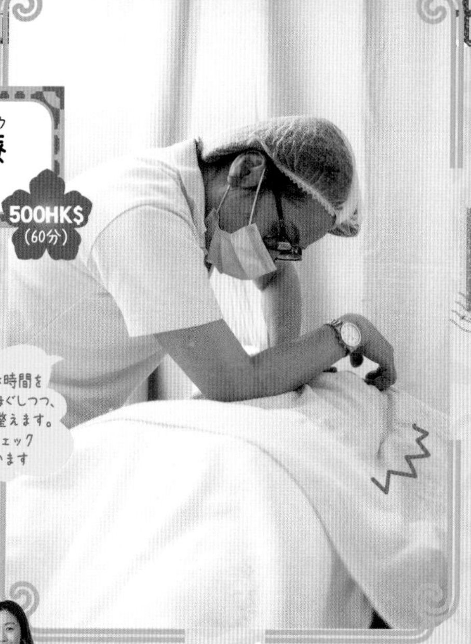

ガンコな凝りは時間をかけてていねいにほぐしつつ、体のバランスを整えます。体の不調をチェックしながら行います

癒やされチャート
タッチ…じっくりしっかりもみ&さすり
イタ気持ちいい度……★★★★
バク睡度…………★★★
リフレッシュ度……★★★★

もまれにおいで〜

中医学に基づくマッサージ
華夏保健
ワーハーボウギン／Vassar Healthcare

責任者の楊さん

中医師（漢方医）が開いたマッサージ店で、香港マダムはもちろん、体調管理に気を使うスポーツ選手やビジネスマンも常連。日本の指圧や按摩のルーツといわれる穴位経絡マッサージがおすすめ。漢方薬、鍼灸と並ぶ中国医学の3大療法のひとつで、凝りをほぐすだけでなく内臓の不調も整えてくれる。

Map 別冊P.9-C2　香港島／灣仔

🏠灣仔道133號卓凌中心7樓　☎2970-3228、9291-6448　🕘10:00〜21:00（最終受付20:00）[休]旧正月3日間　[Card]M.V.　[予]予約がベター　[室]10　[交]MTR灣仔駅A3出口より徒歩約分

コレもオススメ！
オリジナル漢方の足湯付き。足先からポカポカしてくる

1. 施術は個室で。早めの予約がベター
2. 足裏マッサージだけなら45分330HK$
3. 無料サービスの軽食や水

ホテルの部屋がサロンに早変わり？

出張ヘッドスパ ゆにおんりんけーじ
Head Spa Union Linkage

ホテルまで伺います！

マッサージのあとはそのままベッドへ

ローションで頭皮をじっくりマッサージ。ぐっすり眠れて翌朝はスッキリ&リフトアップ効果を実感。施術中のインスピレーションによるメッセージが当たるとの評判も。

☎9273-7481　✉hello@union-linkage.com　🕘10:00〜23:00　[休]不定休　[Card]不可　[予]施術希望日の3日前までに電話またはeメールで要予約　[日]　[日]

マッサージ歴15年 サキさん

ドライヘッドスパ
300HK$（38分・出張費込み）

癒やされチャート
タッチ…強めなのにリラックス
イタ気持ちいい度……★★★★
バク睡度…………★★★★★
リフレッシュ度……★★★

「ゆにおんりんけーじ」のサキさんは、対応時間や予約希望日にできるかぎり対応するが早めの予約がベター。

まずは約10分ほどの足湯でリラックス。
同時進行で肩や首、腕のマッサージが行
われる。強さの希望は遠慮せずに伝える
こと。

足裏マッサージ
＋肩・首マッサージ

238HK$
（35分＋
10分）

疲れを
癒やして

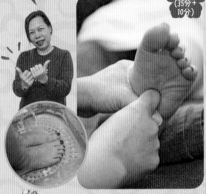

気持ちよさそう！

足裏マッサージ

208HK$
（45分）

街歩きの
疲れを
ほぐします

ハーブ配合の足湯（約5分）でリラックスしてから施術が
スタート。状態に応じて力加減を調節してくれる。念入り
にやってほしい部位があれば伝えてみて。制限時間内で
マッサージ師が調整して施術してくれる。歩き疲れたら、
ふくらはぎをほぐしてもらうとスッキリするかも。

ローカルが足しげく通う実力店

足福天下
ジョックフォックティーンハー／JOI FOK TIN HA

足湯で足先から体を温
める。マッサージ用ソ
ファは全18席。ボディ
用に個室もある

旺角にあるリピーターが絶えない実力派マッサージ
店。外国人の利用はあまり多くなく、ローカル度が
高くて最初は戸惑うが、オーナーでもある黄さんは
じめマッサージ師の確かな技術に身を委ねてみよ
う。経絡を刺激して整えていく全身穴位推拿（約
45分）268HK$で疲れた体をケアするのもいい。

Map 別冊P.19-C3 九龍／旺角

ローカルの常連客も多く、
信頼される技

足美健
ジョックメイギン／Health Feet For Life

🏠彌敦道577號高氏大廈10樓（受付）　☎2771-7892
🕐12:00～24:00　🈺無休　Card不可　📋予約がベター
🚇MTR油麻地駅A1出口より徒歩約2分
URL www.facebook.com/JoFokTinHa

ローカルだけでなく在住日本人などにも人気があるのは、
マッサージ師の施術レベルが高く、どのマッサージ師に
やってもらっても満足できるから。キャビンアテンダン
トの常連客も多い。ショッピングや街歩きの合間に利用
しやすい繁華街にあるので、早めに予約して利用するの
がおすすめ。足つぼマッサージ60分（278HK$）やボデ
ィマッサージ45分（278HK$）などもある。

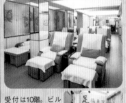

Map 別冊P.10-A2 香港島／銅鑼灣

コリを
ほぐしましょ

受付は10階。ビル
の1フロアに、足裏
マッサージ用の部屋
のほか全身マッサー
ジのベッドルームが
ある。1階にも施術用の席とベッドがある

🏠謝斐道496-498號 金利文廣場8樓　☎2574-2628　🕐11:00～
23:00　🈺無休　Card M.V.　📋予約がベター　🚇MTR銅鑼灣駅
D1出口より徒歩約2分　URL www.facebook.com/HealthFeetForLife

💬マッサージの前後に白湯を飲むと新陳代謝が促されてデトックス効果が上がるそうです。（岩手県・さよこ）

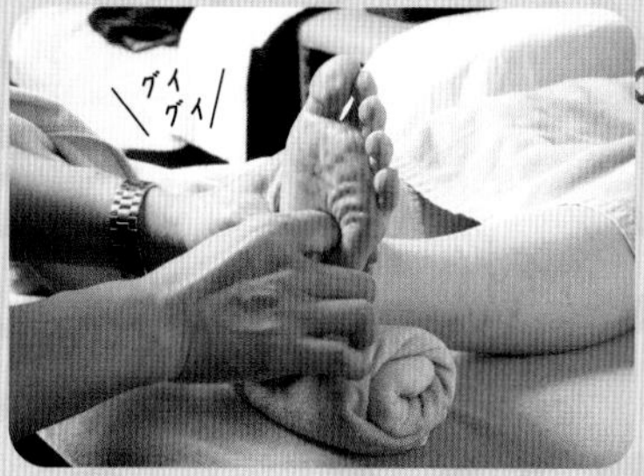

足裏マッサージ＋肩・首マッサージ

最初にマッサージ師がどこをもんでほしいか聞いてくるので、要望を伝えよう。痛いときにもきちんと伝えること。

340HK$（30分＋30分）

癒やしの空間で極上マッサージ

古法足道

グーファッジョッドウ／Gao's Foot Massage

14階のワンフロアを占め、広々としたくつろぎのスペース。疲れた体をケアする足裏マッサージと肩・首のマッサージのセットは施術時間に応じて2コースある。疲れがたまっている人に人気なのが中式指壓（45分）と足裏マッサージ（30分）のコース（420HK$）。マッサージ師に身を委ねてみて。

Map 別冊P.15-C2 香港島／中環

🏠皇后大道中79號萬興商業大廈14樓 ☎2810-9613
🕘9:00～24:00 [休]無休 [Card]A.J.M.V. [予]予約がベター
[交]MTR中環駅D1出口より徒歩約4分
[URL]www.gaosfootlankwaifong.com

在住日本人に人気の高級感あるお店です

20人が一度にマッサージを受けられる広々とした店内。マッサージ用ソファの座り心地もよく施術中に眠ってしまいそう

＼マッサージ店で知っていると便利！／

広東語

肩（首／足／腕）が凝っています
▲ **膊頭（條頸／雙腳／手臂）好酸**
ボーッタウ（ティウゲン／ションギョック／サウベイ）ホウシュン

気持ちいい
▲ **好舒服**
ホウシューフォック

痛い！
▲ **好痛**
ホウ トン

もっと強く（弱く）お願いします
▲ **大力（細力）啲、唔該**
ダーイ レッ（サイ レッ）ディー、ンゴーイ

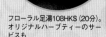

フローラル足湯108HK$（20分）。オリジナルハーブティーのサービスも

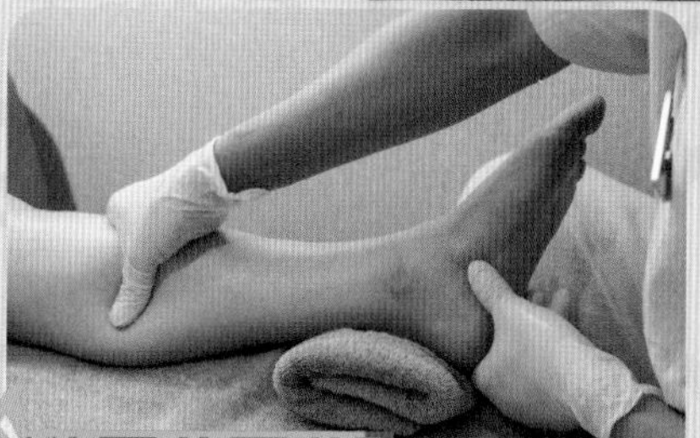

足裏マッサージ（足部養生穴位按摩）

268HK$（45分）

オーガニック・ホホバオイルを使ってリンパの流れを力強くマッサージ。むくみ解消に即効性がある。菊やバラ入りのフローラル足湯は足マッサージセット（120分568HK$）には無料で含まれる。

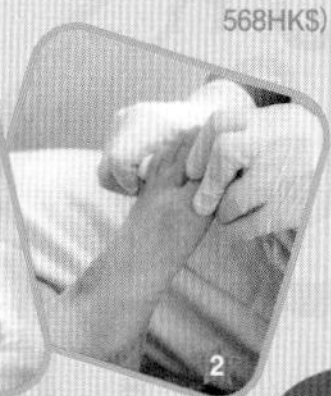

1. 専用のマッサージスティックで刺激。かなり痛いがかえって気持ちがいい 2. 足の指も念入りに 3. オリジナルシートマスク68HK$も買える

これが痛い！あとからポカポカしてくる

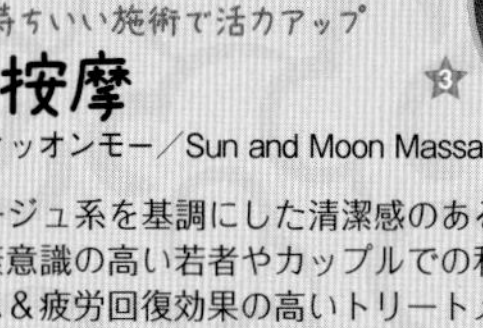
モダンな店内。若者の常連も多い。早めの予約を

イタ気持ちいい施術で活力アップ

日月按摩

ヤッユィッオンモー／Sun and Moon Massage

地中海風でベージュ系を基調にした清潔感のある店内だからこそ、健康意識の高い若者やカップルでの利用が多い。リラックス＆疲労回復効果の高いトリートメントのコースが用意されている。ハーブティーやキンモクセイ入りキャンディなどオリジナル商品も販売する。

Map 別冊P.16-B1 九龍／尖沙咀

🏠柯士甸道134號太極大樓地鋪 ☎6450-7727 🕘10:00～23:00 [休]旧正月1日 [Card]M.V. [予]予約がベター [席]6 [室]8 [交]MTR佐敦駅D出口より徒歩約4分 [URL]www.sunandmoonhk.com 🏠西營盤店 Map 別冊P.13-C3 など

足裏マッサージは食後1時間以内や飲酒後、空腹時、生理中、妊娠中などは避けたほうがいい。体調を考慮して受けるようにしよう。

for FACE
ミンボウウーレイ
面部護理

さらっとした
テクスチャー。
エイジングケアに
（ライターS）

スイス製リン
ゴ幹細胞エキ
スとホホバオイ
ル入りクリー
ム50ml。エイジングケアに

192.9HK$

58HK$

スペイン発
「ビファス」のリップ
香港でお得にゲッ
（ライターN）

保湿に優れたリップバームの
限定バージョン。各4.8g

魚の浮袋
エキス配合で肌の
弾力アップを期待
（コーディネー
ターO）

有機保湿精純玫瑰水凝凍面膜
Organic Bulgarian Rose
Replenishing Mask

ブルガリアン
ローズウオーター
配合のシートマスク。
癒やしの香り
（編集K）

左：シートマスクでお手軽に肌
の明るさアップ　右：人気シ
リーズのシートマスク

各14.9HK$

キュウリ抽出エキ
スのスクラブ100
ml。週2回の使用
がおすすめ。肌が
さっぱりする

週2回の
使用で肌が
さっぱりする感じ
（カメラマンT）

39.9HK$

aruco調査隊が行く!!⑥

お手頃プ
ドラッグスト

香港のドラッグストア
外国製から日本未発売
arucoスタッフが実際

こっくりした
テクスチャーで
しっかり保湿
（編集A）

39.9HK$

3日目で肌の
トーンが明るく
なった気が!?
（ライターK）

各9.9HK$

潤い成分配合で
保湿力がいい。
気軽に使える
（編集T）

29.9HK$

ワトソンズオリ
ジナルのリップ
バーム4.5g

オーガニック・
アルガンオイル配合の
しっとりリップ4.5g

性別、年齢
問わず乾燥を防いで
くれる優秀リップ
（カメラマンI）

左：美白を目指すためのシートマスク
右：コラーゲン配合のシートマスク

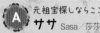

A　元祖宝探しならここ
ササ Sasa／莎莎

香港のいたるところで見かけるチ
ェーン店。日本未発売の海外コス
メや格安コスメからブランド品ま
で、多彩な品揃え。

Map 別冊P.16-B2　九龍／尖沙咀

🏠弥敦道36-44號 重慶站1樓
（旧正月は営業時間短縮）　📞2802-2286　🕐10:00～22:30
無休　Card M.V.　🚇MTR尖沙咀駅E・出口より徒歩約
2分　🌐www.hongkong.sasa.com　佐敦道 別冊P.18-B3　湾仔
荘士敦道 Map 別冊P.9-C3　銅鑼湾金利商場 Map 別冊P.10-B2 など

B　漢方系も充実の品揃え
マニングス mannings／萬寧

320店舗以上を展開するチェーン
店。コスメから漢方薬まで、幅広
い品揃え。最近は高級感ある店舗
「マニングスplus」も増加中。

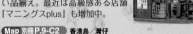

Map 別冊P.9-C2　香港島／灣仔

🏠軒尼詩道188-190號 Tower188地下　📞2633-8701　🕐11:00～
19:30　無休　Card M.V.　🚇MTR灣仔駅A4出口より徒歩約2分
🌐www.mannings.com.hk　銅鑼灣新白沙道 別冊P.10-B3、尖
沙咀海防道 Map 別冊P.16-B2 など

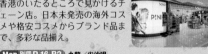

「ワトソンズ」や「マニングス」では、同一商品をひとつ買うともうひとつおまけ（買一送一）のサービスがあり、得した気分に。（兵庫県・ジャスミン）

for BODY

サンタイウーレイ
身體護理

パッケージがクールなイタリアの「マービス」♪（ライターA）

48HK$

アールグレイティーの歯磨きペースト75ml

あせもや肌の赤みに塗ったら落ち着いた（カメラマンK）

39.9HK$

アロエやオーツ麦エキス入り皮膚用軟膏13g

ノンシュガー清涼菓子。ばらまきみやげに（コーディネーターS）

緑茶の香りのハンドクリーム30ml

35HK$

肌なじみのいいテクスチャー。ちょうどいいサイズ感も◎（編集S）

カシス、ピーチヨーグルトなど3種類の味

各19.9HK$

便利なクレンジングシート、もう少し厚さがあれば……（編集M）

22HK$

保湿＆パラベンフリーで15枚入

塩レモンジンジャー味のキャンディ。さっぱりする味（ライターA）

6HK$

チアシードオイルとハチミツ抽出エキス配合のヘアオイル95ml

49.9HK$

プラコスメはでまとめ買い！

ガチプラコスメの宝庫。
コスメまで要チェック。
使用感をリポート！

ロールオンタイプ。香港製万能薬のアロマシリーズ10ml

優しい洗い心地。携帯にも便利（ライターH）

22.5HK$

万能オイル「紫花油」の柑橘系フレーバー。香り、効能ともに最高！（編集A）

Neralic
ZIHUA
EMBROCATION

7.9HK$

サトウキビ成分配合のボディソープ100ml

ナチュラル成分のヘアオイル。パサついたら併用（編集N）

香港のドラッグストアでまとめ買い！

パパイヤエキス配合ワセリンベースの万能軟膏（ライターS）

56HK$

オーストラリア発ルーカスポーポーの軟膏25g

ジャケ買い。筋肉痛のときに愛用中（カメラマンM）

29.9HK$

軽いテクスチャーでしっとり潤って、お気に入り（コーディネーターO）

25HK$

虫刺されや頭痛、乗り物酔いにも効果のある香港製の膏薬20ml

チアシードオイルとハチミツ抽出エキス配合のハンドクリーム60g

C 困ったら駆け込もう
ワトソンズ watsons｜屈臣氏

アジア最大のドラッグストアチェーン。自社ブランドのオリジナル商品も多数展開。毎日セールしているので、おみやげ探しに便利。

Map 別冊P.16-B2 九龍／尖沙咀

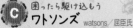

▲ 彌敦道36-44號 CKE重慶站購物商場二樓2-383・2-383-7・2-396-397號舗 ☎2390-9033 ◷10:00～21:00 ▣無休 Card J.M.V. ⊖MTR尖沙咀駅G・E出口より徒歩約2分 ▲太古廣場二期1樓 Map 別冊P.8-A2 ▲灣仔軒尼詩道 Map 別冊P.9-C2 など

D 豊富なラインアップで選びやすい
彩豊行 チョーイフォンホン

メイド・イン香港のコスメを展開。優しい洗い上がりのボディソープから、クオリティの高さとリーズナブルなプライスが評判になり、クチコミで広がった。

Map 別冊P.10-B2 香港島／銅鑼灣

▲ 告士打道311號 皇室堡1樓121號舗 ☎2882-9173 ◷12:00～21:00 ▣無休 Card J.M.V. ⊖MTR銅鑼灣駅E出口より徒歩約2分 ▲旺角店 Map 別冊P.19-D3 ▲深水埗店 Map 別冊P.20-A1 など URL www.choi-fung.com

近年「龍～」や「～城」などの店名のドラッグストアが乱立する香港。薬局開局許可取得を意味する「政府註冊」の看板の有無をチェック。

131

キレイ&元気 お手軽

漢字が並ぶ漢方配合
気軽に使えてリピーター
キレイと元気

のど&咳に効く系

陳皮や漢方の味が独特

蜂膠八仙果
フォンガーウバーッシングオ

柑橘をくり抜き、果肉に漢方やハチミツを混ぜて固めたものが八仙果。クセの強い漢方風味のソフトのど飴

各10HK$ Ⓐ

川貝枇杷チュンブーイペーパー

川貝はアミガサユリの根。咳止めにいいといわれる生薬。ビワの葉もブレンドしたソフトのど飴

ビワの葉などハーブエキスが効く!?

18HK$ Ⓐ

ソフトな食感。レモンと陳皮が香港らしい味

陳皮冰糖檸檬チャンペイベントンリンモン

甘酸っぱいシロップがソフトキャンディの中に入っている。独特の漢方風味は好みが分かれるところ

キンカン&レモン、梅味もある

京都念慈菴枇杷潤喉糖
ゲンドウニームチームイペイパーンハウトーン

檸檬草味（左）、原味（右）ともにビワの葉、キキョウなどの天然植物成分配合。檸檬草味はのどがスッキリ、原味はしっとり

各32HK$ ⒺⒻⒼ

川貝杏仁霜（454g）
チュンブーイハンヤンション

杏仁（キョウニン）と川貝（センバイ）入りのミルクパウダー。杏仁、川貝とも鎮咳去痰の効能があり、お湯に溶かして飲む

これで杏仁豆腐も作れる♪

50HK$ Ⓒ

顔用

生薬系ハーブティー。のどや肺のケアに

35HK$ Ⓕ

京都念慈菴枇杷茶
ゲンドウニームチームイペーバーチャー

のど飴やシロップで有名な京都念慈菴から飲みやすいハーブティーのティーバッグが登場

肌の弾力を引き出すスグレモノ♪

人参胎盤霜（120g）
ヤンサムトーイブーンロウ

高麗人参や真珠、動物由来のプラセンタを配合したローション。少しレトロの香りが気になるかも

216HK$ Ⓓ

体に貼るor塗る系

腰用温熱シート。けっこう温まる

66HK$ Ⓐ

艾草養生温熱敷
アイチョーヨンサンウンイッウー

ヨモギやヤクモソウ、ニッケイなどの薬草入りの温熱シート。約4時間持続する。冷え対策に便利（3枚入り）。ひざ用、足の裏用もある

凝りをほぐす信頼のクリーム

虎標頸肩舒（50g）
フービーウゲンギーンシュー

「タイガーバーム」の首と肩こり専用クリーム。べたつかず、スーッと肌になじむテクスチャーといい、じんわりリラックスできる

愛され続けるレトロなデザイン

23HK$

白猴牌百合油（10㎖）
バークッハウバーイバークハップヤウ

家庭の常備薬として有名。天然植物から抽出したウィンターグリーンオイル、メントールなどが成分。シャキッとしたいときに！

オモシロ日本語も許しちゃう

骨之寶霹靂香消痛膏（5枚入り）
グウッジーボウウーとンクトンゴウ

跌打（打撲やねんざなどが専門の中医）の馮榮太総合醫療所監修の湿布だから効き目はバッチリ。湿布独特の香りも強烈の実力派！

37HK$ Ⓓ

48HK$ ⒺⒻ

をかなえる♥ 漢方みやげ

コスメたちのなかから
い品をセレクト。
みやげにどうぞ。

ツバメの巣入りドリンク。コラーゲン補給に

[B] 38HK$

就是燕
ジャウシーイン

ツバメの巣、キヌア、ドライ龍眼、ナツメ入りの美容系ドリンク。優しい甘さ。170mℓ。目的別で味が異なる

京都念慈菴冬瓜荷葉茶
ゲンドウニームチーイーム ドングワッホーイップチャー

烏龍茶をベースに、ハスの葉やキクの花、トウガンなどをブレンド。脂っこい食事のあとに飲むとスッキリする

[F] 35HK$

デトックスを促す生薬系ハーブティー

飲む・食べる系

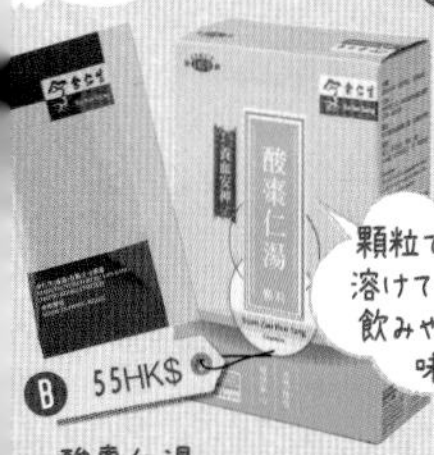

顆粒ですぐ溶けて便利。飲みやすい味

[B] 55HK$

酸棗仁湯
シュンジョウヤントン

生薬のサンソウニンの粉末。即効性はないが不眠症の改善に。効能別にさまざまなお茶が販売されている

陳意齋　燕窩糕
(6本入り)
チャンイージャーイ イーンヲーゴウ

ツバメの巣入りのもち米粉の伝統菓子。ほんのり甘くて繊細な食感。製造日から3日以内にめしあがれ

ツバメの巣で美肌力アップ♥

60HK$ [C]

メイドイン香港コスメもチェック！

45HK$

雪花膏
シュッファーゴウ

肌になじむテクスチャーの保湿クリーム(40g)。子供から大人まで使える。肌を元気に整える

専用自販機でも買える♪

花露水
ファーロウソイ

リフレッシュ時の必需品。アロマスプレーのフロリダウオーター(100mℓ)

50HK$

酒精搓手液
ジャウゼンチャーイサウイエック

フロリダウオーター配合の手指消毒ジェル。リラックスできる香り(30mℓ)

25HK$

42HK$

西柚潤唇膏
サイヤウヨンションゴウ

グレープフルーツの香りがさわやかなリップバーム(3g)

雙妹嚜→P.142

138HK$

ザボンの葉のボディソープ

ザボンの葉エキスにグレープフルーツなどのエッセンシャルオイルを加えて、リラックス効果のある豊かな香りのボディソープ

198HK$

ベーシック・ボディ・クリーム

オーガニックヒマワリ油やアボカド油など植物油をブレンドしてローズマリーなどを配合。肌の調子を健やかに導いてくれる

ベイス・トゥー・ベーシクス→P.113

A 明るくて入りやすい
位元堂
ワイユィントーン

1897年創業の漢方薬の老舗。美容や健康維持を目的とした商品も多く、漢方薬初心者でも買いやすい。

Map 別冊P.16-B2 九龍／尖沙咀

🏠漢口道28號　亞太中心地下7號舗
☎2376-2938　🕘9:30～20:30　[休]旧正月
[Card]M.V.　[交]MTR尖沙咀駅A1出口より徒歩約3分　[URL]www.wyt.com.hk　🏪銅鑼灣店 Map 別冊P.10-B2など

B いぶし銀的存在
余仁生
ユィーヤンサン

1897年創業の漢方薬の老舗。美容や健康維持を目的とした商品も多く、漢方薬初心者でも買いやすい。

Map 別冊P.16-B2 九龍／尖沙咀

🏠彌敦道80號金鑾大廈地下E鋪　🕘10:00～20:30　[休]無休　[Card]M.V.　[交]MTR尖沙咀駅B1出口より徒歩約1分　[URL]shop.euyansang.com.hk　🏪銅鑼灣怡和街店 Map 別冊P.10-B2など

C 1927年創業の伝統菓子店
陳意齋
チャンイージャーイ

今も、香港で職人たちが手作りするお菓子を販売。バリエーションも多く、リーズナブル。

Map 別冊P.15-C1 香港島／上環

🏠皇后大道中176B號地下　☎2543-8414
🕘10:00～19:30、日・祝～18:30　[休]旧正月
[Card]不可　[交]MTR上環駅E2出口より徒歩約3分　[URL]www.chanyeejai.com.hk

D 中国雑貨を扱うデパート
裕華國貨
ユィワーグォッフォー

中国製品を揃える老舗デパート。さまざまな本格的な漢方薬を扱う。食品フロアも充実。

Map 別冊P.18-B3 九龍／佐敦

🏠彌敦道301-309號　☎3511-2222
🕘10:00～22:00　[休]旧正月3日間
[Card]A.D.J.M.V.　[交]MTR佐敦駅A出口より徒歩約1分　[URL]www.yuehwa.com

E マニングス
mannings／萬寧
データは→P.130

F ワトソンズ
watsons／屈臣氏
データは→P.131

G ウエルカム
wellcome／惠康超級市場
データは→P.119

体質やほかの薬との飲み合わせ、アレルギーなどの心配がある場合、安易な漢方薬の摂取はやめておくのがベター。

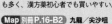

美肌と美ボディに効果あり!?
気軽に飲んで食べてキレイを目指そう

昔から受け継がれる香港の「薬食同源」文化。日常生活で無理なく取り入れられ、しかもおいしいもののなかからarucoの推しをチョイスしました。

オススメポイント
とにかく香港に来たらコラーゲンを食べておこう!って感じ（カメラマンM）

オススメポイント
ミネラル豊富な龍眼、高価なツバメの巣、食物繊維のココナッツ（編集K）

オススメポイント
こんにゃくヌードルとフカヒレスープもどきでカロリーを気にせずに食べられる。赤酢がいいアクセントに（ライターN）

花膠蛋
白杏仁霜（38HK$）
魚の浮袋をプラスした杏仁と卵白のホットドリンク Ⓖ

オススメポイント
駅ナカで買えるヘルシージュース。効能が記載されていて選びやすい!（ライターA）

雪燕椰皇燉蛋白（68HK$）
ココナッツの器で食べる卵白とココナッツミルクのプリン。ツバメの巣や龍眼、棗を添えて Ⓕ

美肌・補血

オススメポイント
味はなくトゥルンとした桃の樹液「桃膠」はピーチガムとも（ライターA）

オススメポイント
栄養成分の高い龍眼をたっぷり食べられるしココナッツミルク好きにもぜひ（ライターT）

花膠碗仔翅蕎麥
麺伴炸蕎菜（58HK$）
碗仔翅はフカヒレに見立てた春雨などを使うスープ。魚の浮袋をのせて食べるこんにゃくヌードル Ⓕ

高原沙棘雪杏薏米露（35HK$）
ビタミン豊富なサジージュース Ⓒ

龍眼椰果氷（46HK$）
タイ産の新鮮な龍眼にココナッツミルクを加えた自家製シャーベットのナタデココ添え Ⓙ

甘味の多い南杏（甜杏仁）を使用。ていねいにひいているので口当たりが滑らか

薬食同源が根付く香港の食文化から健康を意識してみて

健康アドバイザージェシカさん

体温UP

オススメポイント
3〜4個で満足感あり。小腹がすいたときにパッとつまんで（コーディネーターO）

乾燥状態の桃膠は琥珀のよう。（左）戻したあとの桃膠は無味無臭

招牌桃膠蛋白杏仁茶（39HK$）
杏仁汁と卵白の伝統的な美容ドリンクで肺をケアしてアンチエイジングや美肌効果も Ⓔ

オススメポイント
かわいいネコ形。ナッツをおいしく食べられるし、おみやげにも◎（カメラマンK）

中東椰棗（35HK$）
ドライデーツ。栄養価が高くて甘味も強いのに低カロリー。貧血予防にも Ⓗ

オススメポイント
これぞ香港の漢方茶。お通じ良好。冷やしたほうが飲みやすい!（ライターS）

デトックス

オススメポイント
まさにナチュラル!サトウキビのソフトな甘さでクールダウン（ライターN）

蔗竹糕（18HK$）
クワイの粉でサトウキビジュースを固めたゼリー。暑さや湿気対策にも Ⓑ

野葛菜水（1本33HK$、1杯14HK$）
イヌガラシ（アブラナ科）にイチジク、ナツメなどを加えて10時間近く弱火で煮出した漢方茶 Ⓑ

蕉糖堅果脆餅礼盒（9個150HK$）
ナッツが主役のモナカのフロランタン風菓子。良質な脂肪やミネラルの多いナッツで代謝アップ Ⓓ

体にいいものもジャンクフードもどちらも好き。香港では食べたいものを食べて大満足。（和歌山県・大場）

オススメポイント
クリーミーなのどごし。お通じが普通の人は飲まないように（編集S）

火麻仁（13HK$）
アサの実、ゴマ、アーモンドなどの漢方茶
Ⓐ

オススメポイント
シロップをかけるから苦味は感じない。1日1個まで！（コーディネーターO）

亀笭膏（大45HK$）
カメゼリーはデトックスや体内にこもった余分な熱を除去してくれるとも
Ⓐ

整腸・便秘など

オススメポイント
天然甘味料の羅漢果だからほんのり甘くて飲みやすい。早めに飲みきろう（カメラマンI）

オススメポイント
甘酸っぱさがクセになって止まらない。お茶請けにもぴったり（編集A）

羅漢果茶（1本33HK$、1杯14HK$）
ビタミン豊富な羅漢果の漢方茶。腸内環境を整えてくれるほか、のどのケアにも
Ⓑ

山楂漢堡（12,8HK$）
サンザシ（バラ科）のペーストを板状のサンザシで挟んだお菓子。消化不良の改善などに
Ⓗ

オススメポイント
チベット周辺に生息する黒クコを使用とか。飲み続けたい（ライターA）

眼

野生黒枸杞桑椹汁（34HK$）
アントシアニンを豊富に含む黒クコと桑の実のジュース。血液循環を促し、眼精疲労などに
Ⓒ

オススメポイント
ジャケ買い。味がユニークだけてばらまきみやげに役立った（カメラマンM）

気軽に飲んで食べてキレイを目指そう

Shop List

Ⓐ 漢方スタンド、涼茶舗でゴクリ
公利真料竹蔗水
ゴンレイジャンリーウジョックゼーソイ
生薬茶スタンド（涼茶舗）の老舗。サトウキビジュースなどレトロさが人気。

Map 別冊P.15-C1 香港島／中環

⌂荷李活道60號地下 ☎2544-3571 ⌚11:00〜21:00 休月、旧正月 Card不可 交MTR上環駅E1出口より徒歩約8分 URLwww.facebook.com/kungleeherbaltea

Ⓒ MTR駅構内にある健康食品スタンド
健康工房 ギンホンゴンフォン
前身は「同治堂」という涼茶舗。現代に合わせた飲みやすい味を提供する。

Map 別冊P.16-B2 九龍／尖沙咀

⌂尖沙咀站大堂3號舗（D出口近く）☎2377-1378 ⌚8:00〜21:00、土9:00〜20:00、日・祝10:00〜 休無休 Card不可 URLwww.health-wks.com ⌂金鐘駅店 Map 別冊P.8-A2 など

Ⓑ さっと寄ってさっと飲める涼茶舗
葉香留 イップヒョンラウ
野葛菜と羅漢果の2種類のみ販売の生薬茶スタンド。昔ながらのシンプルな健康茶は時代が変わっても不滅の定番ドリンク。

Map 別冊P.9-C3 香港島／湾仔

⌂荘士敦道104號地舗 ⌚10:30〜20:30 休無休 Card不可 交MTR灣仔駅A3出口より徒歩約2分

Ⓓ 和菓子リスペクトな香港製スイーツ
更紗制菓 Sarasei サラセイ
和菓子の要素を存分に取り入れて香港で製造。焼き菓子のほかケーキの販売も。

Map 別冊P.19-C2 九龍／旺角

⌂亞皆老街8號 朗豪坊B2F1B號舗 ☎2347-3238 ⌚8:00〜21:30、土・日・祝10:00〜 休無休 URLwww.facebook.com/SaraseiHongKong ⌂銅鑼灣希慎廣場店 Map 別冊P.10-B2

 Ⓔ 地茂館甜品 → P.94
 Ⓕ 小點角落 → P.93 Ⓖ 膠得喜 → P.77
 Ⓗ 敨發茶莊 → P.117
 Ⓘ エックスプラス → P.113 Ⓙ C²デザート → P.144

貓懶,散水茶-得閒食飯（25HK$）
ティーバッグ1（ローズとセッコク）、ティーバッグ2（緑茶やセッコクなど）にローゼル入り氷砂糖をプラスして
Ⓘ

疲労回復・リラックス

オススメポイント
疲れたときに食べるとスッキリ。果肉をかじるほか、舐め続けてもいい（編集M）

清甜話梅肉（20HK$）
伝統的なお茶請け、おやつの干し梅。酸味控えめで食べやすい。酸味や味付け別で量り売りにも対応
Ⓗ

香港には昔から、体調や状況に応じた食材を日常的に食べて健康をキープしたい、という考え方がある。

裏aruco 取材スタッフの独断TALK

「私たちの密かなお気に入りはコレ！」

取材スタッフが仕事の合間にひとめぼれしてGETした自分用のおみやげや、香港を訪れるたびに通っちゃうお気に入りスポットを特別大公開！

100円ほどで優雅な航海

香港の宝、世界遺産に推したい！スターフェリー★天星小輪

1888年からヴィクトリア・ハーバーを行き交うフェリーは、香港に旅していることを実感できる唯一無二の乗り物。世界遺産にぜひとも推薦したい香港の宝物だ。**(編集N)**

スターフェリー →P.183

ナイスビューのKFCで香港スタイルの朝食

レトロなトラムを眺めつつ、朝食がいただけるKFCを地元民から教えてもらった。確かに最高の撮影スポット。早餐（朝食）セットはボリュームたっぷり。**(カメラマンK)**

ケーエフシー KFC

[Map] 別冊P.9-C3 香港島／灣仔

🏠莊士敦道112號 雙喜樓地下4&5號舖及1樓A&B舖 ☎2521-0115 🕘7:30～22:00 [休]無休 [Card]A.M.V. 図MTR灣仔駅A3出口より徒歩約1分

しみじみおいしいオーダー必須のインゲン炒め

ピリ辛ですご飯の友♥

四季豆＝インゲンとひき肉の炒め物は、「乾煸四季豆」とか「欖菜肉崧炒四季豆」などとメニューに記載されている。シンプルな料理なのになぜかハマる。白ご飯にぴったり。**(ライターT)**

無料で楽しめちゃう♪香港藝術館は穴場スポット

尖沙咀のウオーターフロントに立つ香港藝術館。常設展は無料の太っ腹なミュージアム。館内からのビューはすばらしく、絵画のよう。リピート決定！**(カメラマンI)**

香港藝術館 →P.139

香港版ポン・デ・ケイジョのもちもち食感にハマる！

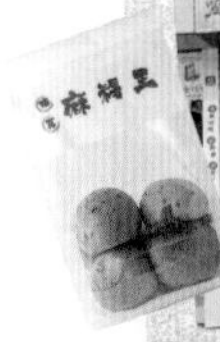

ひと口食べた瞬間にノックアウト。毎日食べたい推しおやつに。あんなしは1個5HK$、あん入りは1個各7HK$（6個入り35HK$）。**(ライターS)**

ムーイヌーマーシューヌーン
梅窩麻糬王

[Map] 別冊P.12-A2 香港島／北角

🏠電氣道302號 ☎なし 🕘10:30～19:30 [休]無休 [Card]不可 図MTR炮台山駅B出口より徒歩約5分
🏠灣仔店 [Map] 別冊P.9-C2～3

1個から購入可。チーズ味や抹茶味も◎

正宗紅豆餡の断面。食べた瞬間に次の1個に手がもう伸びているおいしさ

"映える"アートな「集合体」コレクション

細かくない集合体が大好き。香港の日常風景には私の好物が「気づくかな？」といわんばかりに点在。例えば、廟で見る祈願用の大塔香（盤香）に神秘的な光線。神々しすぎる！**(編集A)**

嗇色園 可悦居

[Map] 別冊P.3-D2

文武廟

[Map] 別冊P.14-B2

心洗われる瞬間です

知っているようで知らないかも
香港のこんな歩き方はいかが?
エリア別おさんぽプラン

ショッピングタウンや下町、多国籍の人々が集うリゾートタウン。
魅力あふれる街を歩けば、出合える香港の多彩な顔。
定番エリアだけど、こんなスポット、知らなかった!
香港愛がぐっと深まるおさんぽに、arucoがご案内♪

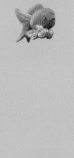

W L K

ゼッタイ行きたいメジャースポット！
尖沙咀（チームシャージョイ）で記念撮影📷しながら食べて買って遊んで♪

尖沙咀には香港の[観][食][買][遊]の超メジャーどころが集中！
香港自慢のハーバービューを楽しめるスポットを巡り、ショッピングもしながら旅の思い出をパチパチ撮って、しっかりカメラに収めちゃおう！

TOTAL 8時間

尖沙咀おさんぽ

TIME TABLE

- 11:00 前九廣鐵路鐘樓
- ↓ 徒歩2分
- 11:30 1881ヘリテージ
- ↓ 徒歩15分
- 12:30 盛意小館點心粥麵
- ↓ 徒歩4分
- 13:30 香港歴史博物館
- ↓ 徒歩18分
- 16:00 香港藝術館
- ↓ 徒歩6分
- 18:00 錦綉唐朝

フラミンゴのほかにカモやアヒルも♡
九龍公園
→P.114
ザ・ワン
加連威老道
彌敦道
漆咸道南
廣東道
九龍公園徑
ハーバーシティ
海防道
マニングス
→P.130
位元堂
→P.133
漢口道
尖沙咀駅
海防道臨時熟食小販市場
→P.74
アイ・スクエア
→P.115
→P.114
麼地道
トゥイスト&バックル
→P.92
ワトソンズ
→P.131
ササ
→P.130
→P.17、100
ペニンシュラ
尖東駅
1881ヘリテージ
梳士巴利道
→P.114
パチリ
→P.100
香港文化中心
映月樓
→P.69
香港藝術館
わたしだけの一枚撮っちゃおう
STAR FERRY

九龍のシンボルの前でキメポーズ☆

11:00

1 れんが造りの時計塔
前九廣鐵路鐘樓

チンガウグォンティッロウチョンラウ／Former Kowloon-Canton Railway Clock Tower

かつてここには香港と中国の広州を結ぶ鉄道の始発駅（九龍駅）があった。1975年に駅が移転したあとも時計塔は残され、現在は、保護建造物に指定されている。

[Map] 別冊P.16-A3

⌂星光大道 ☎なし 🕘24時間
[休]無休 [料]無料 [交]MTR尖沙咀駅連絡通路経由J4出口より徒歩約5分

「アベニュー・オブ・スターズ」が再オープン！

「ガーデン・オブ・スターズ」に移転していたブルース・リーやアニタ・ムイらの銅像がプロムナードに再登場！
[URL] www.avenueofstars.com.hk

[Map] 別冊P.17-C3

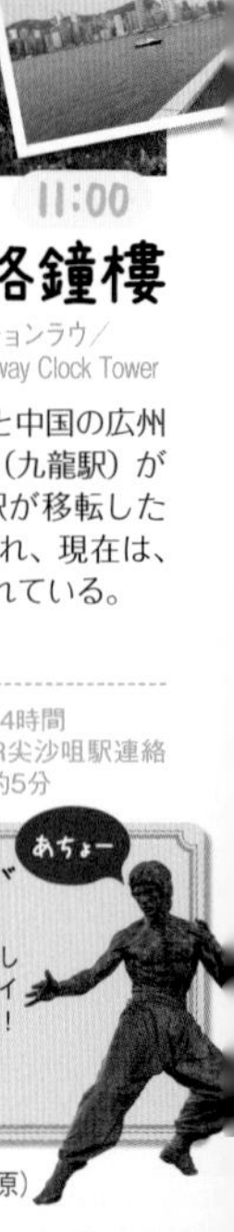

あちょー

 「前九廣鐵路鐘樓」の横でアイスクリーム販売カー（→P.97）を発見！　定番のソフトクリームを食べて満足。（茨城県・原）

Map 別冊P.16～17

2 記念撮影スポット 11:30
1881ヘリテージ 1881 Heritage

1881年創建の水上警察本部の建物を再生した高級ブランドモール。メインビルや中庭は結婚記念写真の撮影スポットとしても人気。

Map 別冊P.16-A3～B3

1. 湾内の船に時を知らせた時計塔　2. 英国統治時代の歴史をしのばせるコロニアル建築　3. 水上警察当時と同じ場所に展示された大砲　4. メインビルの奥にあるレトロモダンな中庭

⌂廣東道2號A　☎2926-8000　🕘7:00～24:00（モール10:00～22:00）　[休]無休　[Card]A.D.J.M.V.　[交]MTR尖沙咀駅L6出口より徒歩すぐ　[URL]www.1881heritage.com

ちょい食べ点心だよ～

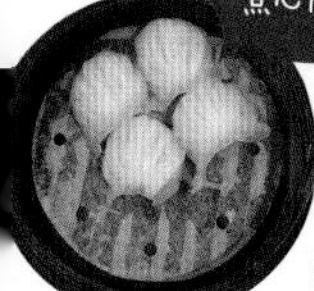
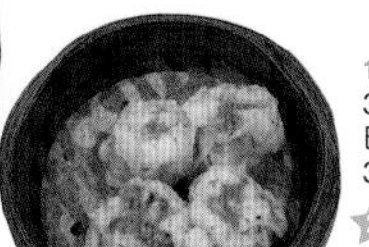

1. 招牌蝦餃皇38HK$　2. 沙巴鮮蝦燒賣皇36HK$

3 12:30 営業時間の長い点心専門店
盛意小館點心粥麵
センイーシーウグーンディムサームジョックミーン

Map 別冊P.17-C2

手作り点心の種類が多く、気軽に利用できる人気店。カフェ感覚で利用できるのもありがたい。下午茶の割引タイムがさらに狙い目。

⌂漆咸道南67-71號安年大廈地舗　☎6169-9208　🕘7:30～翌2:00　[休]無休　[料]お茶・調味料代5HK$、日・祝12:00～14:00は+サ10%　[Card]不可　[席]50　[交]MTR尖沙咀駅・尖東駅P3出口より徒歩約6分

1. 常設展は8つのテーマで展示　2. 祭りや広東オペラのコーナーは大迫力

※2024年6月現在、改修工事中で一部展示のみ見学可能

4 13:30 レトロな香港へタイムトリップ
香港歴史博物館
ヒョンゴンレクシーポッマッグン／Hong Kong Museum of History

Map 別冊P.17-C1

香港の歴史を楽しみながら学べ、撮影は自由。戦前の香港の街並みや人々の暮らしを実物大で再現した展示コーナーは必見の撮影スポット。

⌂漆咸道南100號　☎2724-9042　🕘10:00～18:00、日・祝～19:00　[休]火、旧正月2日間　[料]無料　[交]MTR尖沙咀駅B2出口より徒歩約8分　[URL]hk.history.museum

何て書いてあるのかな？

夜間営業時、椅子の無料貸し出しサービスあり。夜景観賞に利用したい

5 海に面したアートスポット 16:00
香港藝術館 ヒョンゴーンンガーイショット／HKMoA

無料で観覧できる美術館。常設展、特別展ともに見応えがある。数々の中国の至宝のほか、香港内外のアーティストの作品を身近に鑑賞できる。雰囲気のある夜の利用もおすすめ。

Map 別冊P.16-B3

⌂梳士巴利道10號　☎2721-0116　🕘10:00～18:00、土・日・祝～21:00、クリスマスイブ・旧正月除夜～17:00、大晦日～19:00（入場は閉館の30分前まで）　[休]木、旧正月2日間　[料]無料、特別展は有料　[交]MTR尖沙咀駅E出口より徒歩約4分・尖東駅J出口より徒歩約5分　[URL]hk.art.museum

広げたらエコバッグ♪

1. エコバッグ20HK$。ビッグサイズは39HK$　2. かわいい布製キーチェーン15HK（7個100HK$）

6 18:00 香港雑貨をまとめ買い
錦綉唐朝 ガムシーウトンチーウ

リーズナブルな香港雑貨を求めて、観光客から在住者まで多くの人が利用する。まとめ買いするとディスカウントがあったり、購買意欲が刺激される。

Map 別冊P.16-B3

⌂彌敦道27-33號 良士大廈地下E1號（北京道沿い）　☎3188-5177　🕘9:00～23:00　[休]旧正月　[Card]M.V.　[交]MTR尖沙咀駅E出口より徒歩約1分

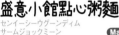

濃ゆ〜いストリートが密集！
旺角〜油麻地で熱気を体感しましょ♪

ストリートマーケットが集い、夜になるとにぎわうこのエリア。
旺角から油麻地、尖沙咀とネイザンロードを南下していくと
徐々に香港人たちの庶民的でアツ〜い素顔に触れられる！

いつもにぎやか！

TOTAL 5時間

旺角〜油麻地
おさんぽ
TIME TABLE

- 12:00 金華冰廳
  - ↓ 徒歩1分
- 12:30 添記鮮搾菓汁
  - ↓ 徒歩10分
- 13:30 ランガム・プレイス
  - ↓ 徒歩1分
- 15:00 ハンド・スリー・エー・ジー
  - ↓ 徒歩5分
- 15:30 油麻地玉器小販市場
  - ↓ 徒歩2分
- 16:30 天后廟

このストリートに注目!!

金魚街 (通菜街) 金魚
ガムユイガイ(トンチョイガイ)／
Tung Choi Street

金魚店や観賞魚店が軒を連ね、「金魚ストリート」と呼ばれている。ビニール袋入りの金魚や熱帯魚が店頭につり下げられて売られ、水族館のよう。金魚は縁起物や風水の必須アイテムなので、多くの香港や中国の人が買い求めにやってくる。

Map 別冊P.19-C1

▶MTR旺角駅B3出口より徒歩約3分

花園街 雑貨
ファーユィンガイ／
Fa Yuen Street

スポーツ用品や日用雑貨、子供服店が並ぶ。雑貨、衣料品、生花や野菜などの露店が並ぶエリアもあり、見物しながらの散策は香港の空気を体感できて楽しめる。かつて軒を連ねたスポーツシューズ専門店は点在する程度に。

Map 別冊P.19-D1

▶MTR旺角駅B3出口より徒歩約2分

上海街 キッチングッズ
ションホーイガイ／
Shanghai Street

調理・台所用品の問屋や小売店が集まる専門店街。プロ仕様の調理器具から手軽に使える個人向けのセイロや食器、製菓用品なども多く、散策だけでも楽しめる。煲仔飯(→P.82)に使う土鍋など、かさばるが日本へのお持ち帰りもアリ！

Map 別冊P.18-A1〜2

▶MTR油麻地駅B2出口より徒歩約2分

女人街 (通菜街) アクセサリー
ノイヤンガイ(トンチョイガイ)／
Tung Choi Street

約1kmの通りに、女子向けの安カワのアクセサリーや雑貨、衣類を中心にした露店が埋め尽くす。チープでキッチュなグッズがあふれるナイトマーケットとしては香港随一。毎日13:00頃から深夜までオープン。特に夜は多くの人が訪れてにぎわう。

Map 別冊P.19-D2

→ P.124

▶MTR旺角駅D2出口より徒歩約3分

男人街 (廟街) 雑貨
ナムヤンガイ(ミウガイ)／
Temple Street

約600mの道の両脇に各種雑貨、絵画や手工芸品、バッグなどの露店が立ち、17:00頃から深夜までにぎわう。飲食店のテーブルが通りに並ぶ一角もあるから食事もできる。天后廟の周辺にはタロット、手相・人相などの占いが並ぶ。

Map 別冊P.18-B2〜A3

→ P.124

▶MTR油麻地駅C出口より徒歩約2分

---

1 行列してでも食べてみたい！ 12:00

金華冰廳
ガムワーベンティン／
Kam Wah Café

毎日行列が絶えない人気店。メニューはすべて自家製で人気No.1は菠蘿油13HK$。エッグタルト7HK$もリッチな味わい。インスタントラーメンを使った麺類など、茶餐廳のスタンダードメニューも揃っている。

Map 別冊P.19-C1

パンとバターがいい仕事してます

▲弼街45-47號地下 ☎2392-6830 ◎6:30〜22:00 ⑭旧正月2日間 Card不可 ⑤108 ▶MTR太子駅B2出口より徒歩約3分

1. 気軽に利用できる 2. 餐蛋油麵33HK$ 3. 菠蘿包(パイナップルパン)にバターを挟んだ菠蘿油は愛されメニュー

---

2 フルーツ&野菜ジューススタンド 12:30

添記鮮搾菓汁
ティームゲイシンジャーグオジャップ

その場で新鮮なフルーツや野菜をジュースにしてくれるスタンド。砂糖、水、氷を使わず、フレッシュにこだわる。効能別のミックスジュースも人気。

Map 別冊P.19-C1

すぐ作るからね〜

▲花園街174號地下 ◎10:30〜19:30 ⑭不定休 Card不可 ▶MTR旺角駅B3出口より徒歩約5分

1. 値段はサイズ別で28/32HK$ 2. デトックス用ミックス32HK$ 3. 緑色5種ミックス28HK$

旺角にはどうしてあんなに人がいるの！ 休日や平日の夜は激混みだから余裕をもって行動を。(滋賀県・武見)

雀鳥花園は
ここだよ

太子駅

彌敦道

太子道西

金魚街（通菜街）
①

②
旺角海鮮
菜館

花園街

618上海街
→P.28

旺角道
妹記生滾粥品
→P.79

亞皆老街

女人街（通菜街）

ランガム
プレイス
③④

山東街

倫敦
大酒樓
→P.71

足浴天下
→P.128

新潟難粥
→P.72、78

登打士街

旺角駅

旺角
九龍
油麻地

中環
香港島

パワフルな
旺角が
体感できる

Map 別冊P.18～19

3 トレンド満載、旺角のランドマーク 13:30

ランガム・プレイス
朗豪坊／
Langham Place

Map 別冊P.19-C2

香港の若者たちに人気のカジュアルブランドが集まるショッピングモールで、隣接のホテルにも直結。全長83mの室内エスカレーターや、8～12階をらせん状に移動しながら見られるフロア構造など、ユニークな造りになっている。

亞皆老街8號　3520-2800　11:00～23:00（店舗により異なる）　無休　A.D.J.M.V.（店舗により異なる）　日少し　MTR旺角駅C3出口直結　www.langhamplace.com.hk

4 進化する香港サンドイッチ 15:00

ハンド・スリー・エー・ジー HAND3AG

Map 別冊P.19-C2

中華、西洋、和のテイストを組み合わせたオリジナルの具のサンドイッチを提供。共用のイートインスペースもある。

亞皆老街8號 朗豪坊B2層26-27號舖　3905-2226　12:00～20:45　無休　不可　MTR旺角駅C3出口直結　www.facebook.com/HAND3AG

1. 咕嚕咕嚕脆難鐵板三治62HK＄。パイナップル入り酢豚をイメージした香港テイストのサンドイッチ 2. イートインで作りたてを

5 まさに玉石混淆、宝探し気分で! 15:30

油麻地玉器小販市場
ヤウマーデイヨックヘイシーウファーンシーチョン／
YAU MA TEI JADE HEWKER BAZAAR

Map 別冊P.18-A2

倉庫のような建物のなかに、ヒスイや天然石の専門屋台が集まる。値札のついてない商品は値段交渉して納得してから買おう。

上海街251號地下　9:00～18:00　無休　不可　日少し　MTR油麻地駅C出口より徒歩約7分

1. 1個100HK＄前後のブレス 2&3. お気に入りを見つけたら、納得できる値段までスマートに値段交渉をしてみて

6 海の守り神を祀った道教寺院 16:30

天后廟 ティンハウミウ

海の守り神、媽祖（天后）像を祀った寺院。絶えることのない参拝者や線香の煙から、香港人の信仰のあつさがうかがえる。廟前の広場は地元の人の憩いの場で、のんびりした雰囲気。

夜は周りに
占いブースが
並ぶよ

Map 別冊P.18-B2

廟街　なし　8:00～17:00　無休　無料（参拝料は寸志）　MTR油麻地駅C出口より徒歩約5分

油麻地駅

窩打老道

男人街（廟街）

上海街

美都餐室
→P.91

旺角～油麻地（ウォンゴッ～ヤウマーデイ）

心静かに
線香の煙を
浴びて

旧暦3月23日が天后の聖誕祭。ご開帳を見ようと多くの人が「天后廟」を訪れ、早くから大行列になる。

141

英国領時代の名所を歩いたら にぎやか銅鑼灣（トンローワン）でグルメ&お買い物

ショッピングセンターやデパートが立ち並び、華やか&にぎやか銅鑼灣。
女王様の名前を冠した公園をおさんぽし、
正午にとどろくヌーンデイ・ガンを聞いたらグルメ&ショッピング♪

TOTAL 4時間30分

銅鑼灣おさんぽ

TIME TABLE

- 11:00 ヴィクトリア・パーク
- ↓ 徒歩3分
- 12:00 ヌーンデイ・ガン
- ↓ 徒歩5分
- 12:20 麵檔
- ↓ 徒歩5分
- 13:00 雙妹嚜
- ↓ 徒歩9分
- 14:00 渣甸坊
- ↓ 徒歩3分
- 15:00 喜喜冰室

足ツボを刺激する小径もあり

＼お買い物にGO／

1 都会のオアシスでのんびり 11:00
ヴィクトリア・パーク
Victoria Park／維多利亞公園

1957年に開園。イギリスのヴィクトリア女王の名前にちなんで命名された。入口付近には女王像が鎮座。面積は東京の日比谷公園の約2倍で香港最大。プールやサッカー場、バスケットやテニスのコートもある。一年を通じて多彩なイベントが開かれている。

Map 別冊P.11-C2

興發街1號 ☎2890-5824 🕘24時間 [休]無休 [料]無料
[交]MTR銅鑼灣駅E出口より徒歩約8分

2 英国領香港の名残 12:00
ヌーンデイ・ガン
Noonday Gun／午炮

ドーンという音とともに煙が上がる。近くで見るとかなりの迫力

毎日正午ちょうど、制服の男性が大砲を打ちにやってくる。英国植民地時代からの伝統として今も続くセレモニー。砲台には、ワールド・トレード・センターのエレベーターで地下1階へ下り、駐車場の壁に表示されている矢印に従って地下道を30mほど進む。そして階段を上ると到着。

Map 別冊P.10-B1

[交]MTR銅鑼灣駅D1出口より徒歩約5分

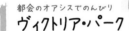

3 12:20 マイチョイスで楽しむ麺
麵檔 ミーントン

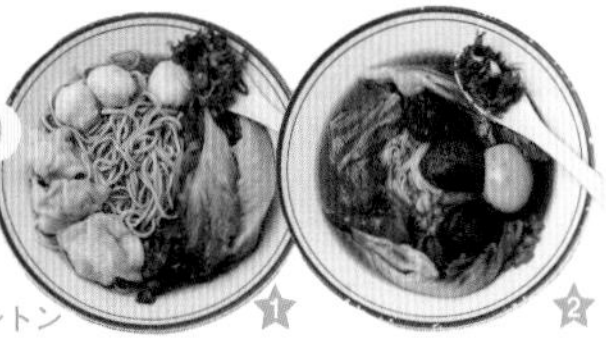

麺と具材を選んでカスタマイズできる車仔麺（→P.80）の店。1970年代の香港をイメージしたインテリアがキュート。車仔麺初心者なら、オーダーシートの「推」マークを目安に具材を選んで。スピーディな提供で時間がないときもOK。

具3つ49HK$、4つ58HK$、5つ65HK$。1. 油麺＋墨魚丸・自家製ニラ餃子・野菜 2. 河麺＋鹵水孖筋・金菇菜・糖心鹵水蛋 3. オーダーシートで注文

Map 別冊P.10-A3

勿地臣街10號地舖 ☎2889-9011 🕘11:30～20:30 [休]旧正月3日間 [Card]不可 [席]30 [交]MTR銅鑼灣駅A出口より徒歩約3分

4 歴史あるブランド
雙妹嚜 13:00
ソンムイマッ／Two Girls

香港を代表するコスメ

1898年に香港初のコスメブランドとしてスタートした廣生堂のショップ。化学物質を使わず、安心して使えるスキンケア用品を作り続けている。代表商品は天然の植物抽出エキスから作られるアロマオイルのフロリダウオーター。商品はどれもリーズナブルなプライスでおみやげにもぴったり。

Map 別冊P.10-B2

記利佐治街2-10號 銅鑼灣地帯283號舖 ☎2504-1811 🕘12:00～20:00、土・日・祝～21:00 [休]旧正月2日間 [Card]A.M.V. [交]MTR銅鑼灣駅E出口より徒歩約1分 [URL]www.twogirls.hk

1. フロリダウオーター38HK$ 2. フロリダウオーターフレグランスジェル45HK$ 3. リビングローズトラベルセット45HK$。シャンプー&コンディショナーなどのセット 4. お年玉袋20HK$

旧正月前に「ヴィクトリア・パーク」に行ったら花市開催中。雑貨や軽食の屋台が並び楽しかった！（栃木県・由利）

ショッピングが
楽しいです！

→P.104
セカンド・ドラスト

①

タイムズ・
スクエアで
お買い物♪♪

②

維園道

＾

→P.104

告士打道

ワールド・
トレード・
センター

⑥

足美健 →P.128

告士打道

波斯富街

→P.119, 122
ウエルカム

軒尼詩道

銅鑼灣駅

そごう

ウィンザー・
ハウス

④

香港猿創

銅鑼灣は
パワフル
毎日にぎやか

銅鑼灣（トンローワン／コーズウェイベイ）

ハイサン・プレイス
希慎廣場

⑤

渣甸街

→P.110

登龍街

→P.114

利園山道

リーガーデン2

晏平道

羅素街

トラム

利園山道

快樂順景

→P.91

時代廣場
タイムズ・スクエア

リーシアター

→P.115

リーガーデン1

利
ガーデン
3

リーガーデン5

リーガーデン6

千字冰室

→P.90

お店の
人気NO.1を
どうぞ

---

5 14:00
香港島版
「女人街」でお買い物

渣甸坊
Jardine's Crescent

狭い路地に屋台が並ぶストリートマーケット。アクセサリーやTシャツ、スマホカバーなど、おみやげ向きグッズがいろいろ。お手頃価格だが、いくつかまとめ買いするときは値段交渉にトライしてみて。

Map 別冊P.10-B2~3

🏠渣甸坊 🕐なし ⏰12:00~21:00
頃 ㉔無休 Card不可 ㊰MTR銅鑼
灣駅A出口より徒歩約6分

1. いちばん奥の屋台で購入した香港
柄のミニバッグ68HK$ 2. 同じく
48HK$ 3. 手作りのバッグやポーチ
を扱う屋台 4. 路地探検が楽しい

6
ホンモノのレトロインテリア 15:00

喜喜冰室 ヘイヘイベンサッ

黒電話やガラス瓶、1960年代の
香港ブランド「紅A」の照明など、
レトロなインテリアにこだわっ
ている。店員のユニホームも60
年代当時のオリジナル。

Map 別冊P.10-B2

🏠百徳新街57號地下C及D舗 ☎2868-
0363 ⏰7:30~22:00、土・日~23:00
㉔旧正月元日 CardM.V. ㊰80+テラス席
24 ㊰MTR銅鑼灣駅E出口より徒歩約4分

1. 看板メニューの雑
批浮台（チキンパイ
とグリーンピース
スープ）48HK$
2. 3. フォトジェニッ
クなオールド香港イ
ンテリア

灣仔(ワンジャーイ)オールド&ニューをぐるり 注目リノベスポットや 人気カフェ、ショップも満喫♪

TOTAL 5時間

灣仔おさんぽ

TIME TABLE

12:00 レイトン・アベニュー
↓ 徒歩4分
13:00 C^2 デザート
↓ 徒歩8分
14:00 藍屋（香港故事館）
↓ 徒歩2分
15:00 灣仔玉虚宮（北帝廟）
↓ 徒歩5分
16:30 奇華餅家 特色旗艦店

古くから栄えた港町、灣仔。今ホットなレイトン・アベニューやオシャレエリア「星街・月街・日街」も外せない。新旧入り交じる街をひと巡り。

奇華餅家のお菓子

のんびりお散歩

1 古いストリートが大変身 12:00
レイトン・アベニュー
Lee Tung Avenue／利東街

New

かつて利東街と呼ばれ、印刷関連小売店が並ぶストリートが再開発、レイトン・アベニューとして生まれ変わった。ショップや飲食店が入居する洋風建築と、上からぶら下がる大きな赤いランタンのコントラストがフォトジェニック。話題の飲食店もあるのでチェックしてみて。

[Map] 別冊P.8-B3～P.9-C3

⌂皇后大道東200號 ☎3791-2304
🕘10:00～22:00（店舗により異なる）
[休]無休（店舗により異なる） [交]MTR灣仔駅D出口直結 [URL]www.leetungavenue.com.hk

1. かつての利東街を挟んで左右に新しい西洋風建築が連なる 2. 5階には隠れ家的スポットの空中庭園があり、自由に利用可能

定番～進化系のスイーツよ

2 夜は行列必至 13:00
C^2 デザート
シートゥーデザート

手作りの定番スイーツがクチコミで有名になり、さらに進化した糖水を提供。安定のおいしさの伝統スイーツや鮮度のいい各種フルーツを使ったメニューも多く、夜になるほど混む人気店。印象深い味をご賞味あれ。

[Map] 別冊P.8-B2

⌂莊士敦道35-45號利文樓地下1D號舗
☎2493-3349 🕘13:00～23:00、金・土・祝前日・祝～24:00 [休]無休
[Card]A.J.M.V. [席]50 [交]MTR灣仔駅B2出口より徒歩約4分

aruco オススメ

（手前）芒芒麗莎48HK$。マンゴーとほかの食材の見事な黄金比率を堪能。奥は豆花にメロンシャーベットをのせた蜜瓜豆腐花42HK$

2016年にリニューアル
Old&New

3 青い外観が目印 14:00
藍屋（香港故事館）
ラムオック（ヒョンゴーングーシーグン）

20世紀初めに病院として建てられ、後に集合住宅に改造。現在は地上階で昔の生活文化を紹介する「香港故事館」を無料で一般公開している。ボランティアが説明してくれることも。隣にはベジタリアン食堂「蓮子麗姐素食」（🕘11:00～19:00 [休]不定休 [Card]不可）がある。

[Map] 別冊P.9-C3

⌂石水渠街72A號地舗及慶雲街4號地舗 ☎2833-4608 🕘10:00～18:00 [休]水、元日、旧正月3日間、聖金曜日（2025年4月18日）、12月25～26日 [料]無料 [交]MTR灣仔駅A3出口より徒歩約7分 [URL]vivabluehouse.hk/tc

✉「灣仔玉虚宮」に行ったらネコがいた。このネコを撮影に来ていた香港人もいて、ネコ好き同士で交流できた。（大阪府・リム）

Map 別冊P.8〜9

Old

信仰を集める小さな廟　**15:00**

4 灣仔玉虛宮(北帝廟)
ワンジャーイヨックホイゴン (バッダイミーウ)

1863年建立、香港法定古蹟（重要文化財）指定の廟で主神は玄天上帝（北帝）。聖誕祭は旧暦3月3日。多くの信仰を集め、奉納された蓮形灯籠が掛かる様子は幻想的。また、医学神の華陀も祀られており健康祈願でも有名。

Map 別冊P.9-C3

⌖隆安街 ☎2573-2086
🕐8:00〜17:00 🈺無休
💴無料 🚇MTR灣仔駅A3
出口より徒歩約9分

御利益祈願の
蓮形灯籠

1. 手入れが行き届き、大切に祀られる神々　2. 都会の一角にありながら凛とした空気を感じる

遊びに
おいで

Nice View!

灣仔（ワンジャーイ／ワンチャイ）

星街の一角は
すてきな雰囲気

マークス&スペンサー・フード →P.146

告士打道

キューグリーンホテル
灣仔香港 →P.167
盧押道

柯布連道

分域街

→P.131

ワトソンズ

軒尼詩道

灣仔駅

笠扶大班燒味 →P.73

トラム

快樂麵麭 →P.103

和昌大押 →P.31

莊士敦道

華夏保健

石水渠街

太和街

灣仔道

露店が並ぶ路地 →P.127

アフター・ユー・デザート・カフェ →P.93

交加街

新九記粥麵 →P.79

ベイクハウス →P.102

皇后大道東

灣仔環境資源中心

カラフルなビル群

焼きたての味を
ぜひ！

奇華茶室 →P.31

香港の婚礼に
ちなんだモチーフ

歴史的建築とミニチュアは必見　**16:30**　Old&New

5 奇華餅家 特色旗艦店
ケイワーベーカリー

Map 別冊P.8-B3

古い歴史的建築を店舗として利用し、店内には作家の手作りによる、創業当時を再現した精巧なミニチュアが展示されている。焼きたて菓子の販売もある。

⌖皇后大道東188號 ☎2898-3662
🕐10:00〜20:00
🈺旧暦正月元日 💳M.V.
🚇MTR灣仔駅D出口より徒歩約3分
🔗keewah.com/hk

雰囲気ある
レトロな建物

1. 併設ベーカリーのエッグタルト10.5HK$などが名物　2. 香港の伝統的なお菓子の詰め合わせ、香港ハートギフトボックス185HK$　3. 模型作家MaggieとTonyによるミニチュア　4. 建物の階段に描かれたウオールアート

元祖オシャレストリート、個性派ショップが集まる星街、月街、日街も散策の途中で要チェック。　**145**

超ロングなエスカレーターで中環（ジョンワン）の個性派ショップ巡り★お買い物もグルメも欲張って！

世界最長といわれる長〜いエスカレーターの周りには、魅力的なショップがたくさん。ローカルな老舗も潜む中環を街歩き♪

TOTAL 3時間

中環おさんぽ

TIME TABLE

10:30 ヒルサイド・エスカレーター
↓ 徒歩3分
10:40 マークス&スペンサー・フード
↓ 徒歩2分
11:00 ヴィジョン・ベーカリー
↓ 徒歩1分
11:30 ブッカジン
↓ 徒歩4分
12:00 九龍醬園
↓ 徒歩3分
12:30 沾仔記
↓ 徒歩4分
13:10 高山民藝

1 映画にも登場した香港名物 10:30
ヒルサイド・エスカレーター

Hillside Escalator／中環至半山自動扶梯

中環と山の中腹を18基のエスカレーターと3基の動く歩道で結ぶ。全長約800m。香港映画『恋する惑星』のロケ地。両サイドにはオシャレなショップやレストランが並ぶ。

映画のヒロイン気分です☆

[Map] 別冊P.15-C2~D1

🕘上から下へ6:00〜10:00、下から上へ10:00〜24:00 [交]MTR中環駅D2出口より徒歩約5分

1. スパークリングウオーター11HK$
2. レモネード13HK$

2 ドリンクをGET！ 10:40
マークス&スペンサー・フード

Marks&Spencer Food

エスカレーターの脇にあるマークス&スペンサー（→P.121）の食品専門館。街歩き中の水分補給用にM&SオリジナルドリンクをGETして、中環らしくおしゃれにおさんぽを始めましょ。

[Map] 別冊P.15-D1

荷李活道32號 建業榮基中心1樓 ☎2921-8552 🕘月〜金7:30〜23:00、土8:00〜、日8:00〜22:00 [休]無休 [Card]A.M.V. [交]MTR中環駅D2出口より徒歩約12分 [URL]global.marksandspencer.com/hk

皇后大道中
→P.122
八珍醬園 中環專門店
士丹利街
橋香園雲南過橋米線
威靈
→P.81
嘉咸街
結志街
泰昌餅家
→P.97
Hollywood Rd.
荷李活道
香港慎吾アート！
士丹頓街
伊利近街

3 スイーツ系パンが人気 11:00
ヴィジョン・ベーカリー

Vission Bakery

おさんぽ前の朝食にグッド

ペストリーやパイなどスイーツ系パンがメインのベーカリー。サイズが大きめなので友達とシェアしたい。ティラミスやクイニーアマンが人気。

[Map] 別冊P.15-D1

士丹頓街7號翠文樓地下低層 ☎非公開 🕘7:30〜21:00、土・日・祝9:00〜 [休]無休 [Card]A.J.M.V. [交]MTR中環駅C出口より徒歩約10分 [URL]www.vissionbakery.com

1. ティラミス58HK$などパン各種は40〜60HK$ほど。ドーナツもある
2. 見逃してしまいそうな小さなショップだがお客が絶えない

帰国後、「九龍醬園」のオイスターソースで料理してみた。ワンランク上の炒め物が完成して家族に大好評だった。（栃木県・久佳）

Map 別冊P.15

石畳の
ポッテンジャー
ストリートを歩く♪

1. スターフェリーのオーナメント120HK$　2. グリーティングカード30HK$　3. トラムのオーナメント120HK$

---

4 ブッカジン Bookazine

要チェックの書店 11:30

洋書がメインの書店。エコバッグや文具など、おみやげ向きの商品もラインアップ。「ザ・ライオン・ロック・プレス」（→P.109）のオリジナル商品も扱っている。おさんぽ途中に立ち寄りたい。

Map 別冊P.15-C1

🏠擺花街46號 中晶商業大廈G/F　☎2970-3999　🕐9:30～20:00、日・祝10:30～　🈳無休
Card A.J.M.V.　🚇MTR中環駅C出口より徒歩約8分
🏠IFCモール店、ランドマークプリンス店

中環（ジョンワン／セントラル）

---

5 九龍醬園 ガウロンチョンユン

昔ながらの製法を守り続ける1917年創業の調味料店 12:00

中国料理で使う調味料を製造販売。自社工場で作られており、防腐剤や人工色素など添加物は使っていない。香港の広東料理でも使用。扱う調味料は20種以上。おすすめは、コクのある濃いオイスターソース（蠔油）。

Map 別冊P.15-C2

🏠嘉威街9號　☎2544-3697　🕐9:15～17:45
🈺祝、旧正月1週間～10日間　Card不可　🚇MTR中環駅D2出口より徒歩約6分

1. 棚にずらりと並ぶ調味料。小瓶もある　2. 左から麻油40HK$、金牌生抽皇（醤油）36HK$、蠔油75HK$　3. 庶民的な嘉威街にある

香港で食べるべき雲呑麺

1. 招牌雲呑麺32HK$　2. 雲呑と魚のつみれ、牛肉がのった至尊三宝麺42HK$。　3. 混み合うため相席となる

お店のオリジナルカード

---

6 沾仔記 ティムチャイキー

プリプリエビのワンタン麺 12:30

ミシュランのビブグルマンに選出され続けている有名店。ぷりっぷりのエビが贅沢に使われたワンタンは必食。化学調味料不使用でだしのうま味を堪能できる。昼時は行列ができるが回転は早い。

Map 別冊P.15-C2

🏠威霊頓街98號地舖　☎2850-6471　🕐11:00
～21:30　🈵48席　🈺祝、旧正月　Card不可
🚇MTR中環駅D2出口より徒歩約6分　🏠中環店、大角咀店

---

7 高山民藝 ゴウサンマンガイ／Mountain Folkcraft

心和む民芸品 13:10

1969年から営業する民芸店。中国や東南アジアの伝統的な手工芸品に加え、地元で作られた陶器なども扱っている。ここでしか見つからない貴重なコレクションもあり、まるでミュージアムのようなショップ。

Map 別冊P.15-D2

🏠和安里12号地舖D　☎2523-2817
🕐10:30～18:00　🈺日・祝、旧正月3日間
Card A.J.M.V.　🚇MTR中環駅D2出口より徒歩約5分　URL www.mountainfolkcraft.com

1. オリジナルデザインカード各種30～50HK$　2. オリジナルTシャツ、半袖260HK$、長袖320HK$　3. 一点ものも多い。お気に入りが見つかるかも

エスカレーター脇の「マークス＆スペンサー・フード」は、カフェを併設。おさんぽ途中のブレイクにぴったり。

香港で最も早く栄えた町 上環(ションワン)の歴史を感じるスポットと話題のショップをチェック！

上環から西側のエリアは、香港で最も早く栄えた商人の町。歴史的スポットやカフェ、雑貨店など個性豊かな店が混在する魅力あふれる町をのんびりとおさんぽしましょ♪

トラムが走る町

TOTAL 5時間

上環おさんぽ

TIME TABLE

11:00 半路咖啡
↓ 徒歩すぐ
12:00 キャット・ストリート
↓ 徒歩3分
12:30 朱榮記
↓ 徒歩1分
13:00 科記咖啡餐廳
↓ 徒歩5分
14:00 兆成行
↓ 徒歩2分
15:00 西港城

ドライフルーツやマンゴーソースも自家製
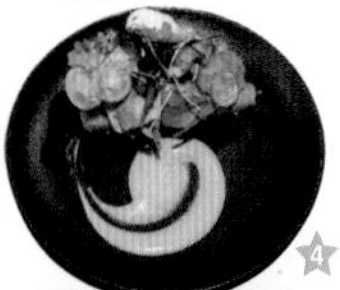

お茶時間を楽しんで

1 居心地満点のこだわりカフェ 11:00
半路咖啡 ブンローガーフェー／Halfway Coffee

こだわりのコーヒーとおしゃれなインテリアで人気のカフェ。ホットドリンクはビンテージのカップで提供される。上質な素材でていねいに作られたフードやスイーツも味わってみて。

[Map] 別冊P.14-A2

⌂摩羅上街26號地下 ☎2606-1160 🕘8:00～18:00 [休]無休 [Card]不可 [席]40 [交]MTR上環駅A2出口より徒歩約7分 ⌂旺角店 [Map] 別冊P.19-C3

1. 居心地のよい店内 2. 心を込めてサービス 3. ブラウニー78HK$ 4. ベーコンオンサワードゥ118HK$ 5. 龍眼ハニーラテ55HK$ 6. カフェに隣接するミュージアムへの入館はスタッフに依頼 7. 館内にはオーナーが収集したコレクションが

2 お宝が見つかるかも!? キャット・ストリート 12:00
Cat Street／摩羅上街

100mほどの路地に露店や骨董店がずらり。毛沢東グッズやレトロ風みやげ、アクセサリーなど、キッチュなものが並ぶ。

[Map] 別冊P.14-A2

⌂摩囉上街 🕘12:00～18:00（店舗により異なる） [休]旧正月 [Card]不可 [交]MTR上環駅A2出口より徒歩約10分

しっかり値段交渉をしてね

年代物の食器類やアクセサリーも豊富

お宝雑貨を探し出してね♪

ボクたちは非売品だよ～

1. 手作りの竹製手提げカゴ298HK$ 2. カテゴリー別に陳列された店内 3. 香港製のプラスチック製水筒各89HK$ 4. 香港で手作りのジョウロ198HK$～

3 昔ながらの雑貨が大集合！ 朱榮記 12:30
チューウィンゲイ

店先の歩道に何気なく並べられたチャイナテイストの雑貨に、つい足を止めてしまう。店内はどこか懐かしい品々で埋め尽くされ、宝探し気分が盛り上がる。お気に入りに出合えたらラッキー。

探し物はなーに？

オーナーの朱耀昌さん

[Map] 別冊P.14-A1

⌂水坑口街24-26號
☎2545-8751
🕘10:30～18:30
[休]日・祝、旧正月
[Card]不可 [交]MTR上環駅A2出口より徒歩約10分

 ✉「半路咖啡」は、テイクアウトの紙カップがかわいくて感動した！（埼玉県・亜咲花）

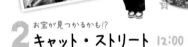

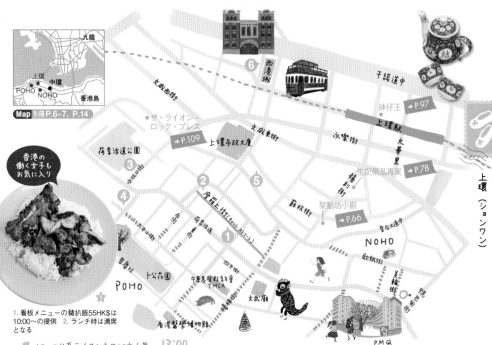

Map 別冊P.6~7、P.14

ザ・ライオン・
ロック・プレス
→P.109

→P.97

生記粥品専家 →P.78

聚點坊小廚 →P.66

香港の
働く女子も
お気に入り

PMQ

1. 看板メニューの豬扒飯55HK$は
10:00~の提供　2. ランチ時は満席
となる

4　がっつり系ライスとネコが大人気　13:00
科記咖啡餐廳
フォゲイガーフェチャンテン
For Kee Restaurant

開店以来45年ほど。香港の食べログ
「OpenRice」でも人気の店。看
板メニューは豬扒飯（ポークチョップ
プライス）。ランチタイムにはほぼ
全員がこれを食べている。近隣の
オフィスで働く西洋人も常連。

Map 別冊P.14-A1

🏠荷李活道200號J-K舖
☎2546-8947
🕖7:00~15:00頃　休日・祝
Card不可　席30　交MTR西營
盤駅A1出口より徒歩約6分

たっぷり
食べてね♪

5　香港の香りをおみやげに♪　14:00
兆成行　シウセンハン

高品質のエッセンシャルオイル
やアロマオイルを扱う老舗。マ
ンダリンやシャングリラなど5つ
星ホテルの香りのアロマオイル
が大人気で行列ができることも。

アロマオイルは50ml
70HK$~。行列がで
きた際には店内への入
場制限も

Map 別冊P.14-A2

🏠蘇杭街130A地舖
☎2544-5964　🕘9:30
~17:30　休日・祝。旧
正月　Card不可　交MTR
上環駅A2出口より徒歩約
3分

6　レトロな上環街市の旧館　15:00
西港城
サイゴンセン／Western Market

生地屋さんが
並ぶ1階で香港
柄を発見！

クラシックなれんが造りの建物は、1906年築。
香港で最も古いビルのひとつ。建造物としての
価値が認められ、1991年にリニューアルオー
プン。カフェやショップが入っている。

Map 別冊P.6-B1

🏠德輔道中323號　☎6029-2675　🕚11:00~19:00（店
舗により異なる）　休無休（店舗により異なる）　Card店舗によ
り異なる　交MTR上環駅BまたはC出口より徒歩約7分

1. 布地店が並ぶ1階　2. GFの
乗り物グッズ店「80M巴士専
門店」　3. 重厚な外観

新旧グルメの宝庫、朝から活気づく西環で、aruco的朝活しちゃお！

トラムが走り、急坂からは海を望める活気ある庶民の町。老舗から新しい店まで、朝から元気に動きたくなる理由が満載の西環をご案内！

TOTAL
5時間

西環おさんぽ
TIME TABLE

8:30 叁去壹點心粉麺飯
↓ 徒歩5分
9:30 西營盤街市
↓ 徒歩5分
10:00 茶咖里
↓ 徒歩3分
11:00 福成元記
↓ 11:30 高街〜東邊街〜正街坂道さんぽ
↓ 徒歩10分
12:30 エヌオーシー・コーヒー

1 蒸したてカステラは必食 8:30
叁去壹點心粉麺飯
サームホイヤッディーム
サムファンミーンファーン

ほんのり甘くてふんわりソフトな口当たり♪

15席ほどの小さな食堂。メインの点心のほか、麺やご飯物がある。大評判の馬拉糕（蒸しパン）は必食。約7cm四方、高さも約7cmで20HK$。ふわっとした食感がたまらない。

Map 別冊P.13-C3

🏠 薄扶林道11號　☎2547-3917　⏰5:30〜14:30
📅旧正月3日間　💰お茶代ひとり6HK$　Card不可
🚇MTR西營盤駅B1出口より徒歩3分

1. 蒸したての香りも最高　2. 飾らない店だが味に定評があり値段もリーズナブル。常連客も多い

3 路地裏の小さなカフェで小休止
茶咖里 10:00
チャーガーレイ / Congteakafe

路地裏の行き止まりにある小さなカフェ。店内ではアート展も毎月開催。喧騒から離れてゆっくり過ごせる隠れ家的な店で、香港の伝統フードや洋食、ドリンクでひと休みを。

Map 別冊P.13-C3

🏠爹核里4號地舖　☎2915-8885　⏰8:00〜18:00
📅月、旧正月4日間　Card不可　🪑35
🚇MTR西營盤駅B2出口より徒歩2分
🌐www.facebook.com/congteakafedavidlane

オープンテラスで香港クラフトビールを！

1. 4種のディップ付き炸燒賣24HK$はビールと好相性　2. 香港クラフトビール各48HK$　3. 終日提供のブレックファスト58HK$〜。メニュー数も多い

見るだけも大歓迎！市場は活気いっぱい

買い出しは日課なの！

2 地元密着の伝統的なマーケット
西營盤街市 9:30
サイインプーンガーイシー

急坂の途中にある伝統的な市場。100軒近い屋台が並び、最上階にはローカルなフードコート、熟食中心もある。斜め向かいには小規模の正街街市もあり、朝の活気に圧倒される。

Map 別冊P.13-C3

🏠 正街45號　☎2559-6446　⏰6:00〜20:00
（店舗により異なる）　📅旧正月　Card不可
🚇MTR西營盤駅B2出口より徒歩2分

1. 正街のエスカレーターで坂道も楽々　2. 生鮮食品から日用品まで扱う。見学や撮影だけでも楽しい

トラムの車窓から見えた乾物店街が気になって途中下車。料理関係者や食材好きなら見てみる価値アリ！（埼玉県・Q）

Map area

九龍

ロマンティックな景色

人気のビュースポットだが深夜は避けて

西環 中環 香港島

Map 別冊P.13

裝卸區碼頭 ★

永合成馳名煲仔飯 →P.83

日月按摩 →P.129

干諾道西

德輔道西

⑥

品穀 →P.102

皇后大道西

水街

⑤ 正街

①

第一街

第二街

④

→P.83

②

記佬仔小菜

③

第三街

西邊街

⑤

→P.94

東邊街

高街

ジェン香港バイ シャングリ・ラ →P.169

香港大學駅

木漏れ日に癒やされて

4

日常使いの陶磁器が山積みに

福成元記 11:00

フォックセンユィンゲイ

歩道に面した狭小の店舗に陶磁器が積み重なる。店主の盧さんが親切に商品を説明してくれるから掘り出し物を見つけに寄ってみたい。倉庫にも眠る豊富な品揃えに驚く。

Map 別冊P.13-C3

🏠皇后大道西299號地下B舗
☎9604-5227 🕐10:00〜18:00 🈺不定休 💳不可
🚇MTR西營盤駅B1出口より徒歩約2分

西環(サイワン)

人気のニワトリ柄(公雞)。器は20HK$前後から

香港の思い出にいかが?

5

高街〜東邊街〜正街坂道さんぽ 11:30

これぞ映える盛りつけ!

西環は坂道の町。急坂から海を望むビュースポットがSNSで話題になったことも。下町の空気と新しい店が混在する通りを散策して、新旧入り交じる西環エリアを感じてみて。

急勾配の東邊街。木陰を選んで散策を

点在する坂道の階段。挑戦してみる?

急坂にある交通標識。けっこう急勾配!

1:6
Low gear now
低波行車

西營盤社區綜合大樓(旧精神病院)の外観

1. ビーフコブボウル148HK$。ヘルシーな一品
2. アボカドトースト88HK$。サワー種のパンで
3. フラットホワイト42HK$。休憩にぴったり

②

---

6 12:30

スタイリッシュなカフェ

エヌオーシー・コーヒー

NOC Coffe Co.

店名の「NOC」とは"Not Only Coffee"の略で、おいしいフード、上質のサービスと雰囲気が楽しめるカフェを意味している。コーヒー豆は独自で焙煎、オリジナルブレンドで提供。

Map 別冊P.13-C3

🏠德輔道西321號瑧敬地下4號舗
☎3611-5300 🕐8:00〜18:00
🈺無休 🈶サ10% 💳A.M.V. 💺60
🚇MTR西營盤駅B3出口より徒歩約5分
🌐noccoffeeco.com

③

西環は、新しいショップが続々オープンする話題のエリア。一方で消えゆく老舗もあるので、懐古派は早めに訪れてみて。

普段着の暮らしが見える ローカルタウン北角(バッコッ)を行ったり来たり♪

トラムがにぎやかな市場の中を走る町、北角。青果店や精肉店、雑貨店など庶民の暮らしが見えるローカルタウンを気ままにぶらぶら。

お買い物中の皆さん！通りますよ

TOTAL 4時間

北角おさんぽ TIME TABLE

10:30 春秧街
↓ 徒歩3分
11:30 英皇拖鞋
↓ 徒歩2分
12:00 維京坊
↓ 徒歩3分
12:50 新光戲院
↓ 徒歩3分
13:20 天然椰子號
↓ 徒歩3分
14:00 利強記北角雞蛋仔

1 春秧街 チョンヨンガイ

トラムが走るローカル市場 10:30

道路沿いには店頭に肉の塊を並べた精肉店が多い。その前には、野菜や雑貨を扱う屋台がずらり。朝から買い物客でにぎわう市場ストリートをトラムが走る。2階席に座って上から眺めてみよう。スマホで動画を撮影するとおもしろい映像が撮れる。

Map 別冊P.12-A1～B1

⌂春秧街　[交]MTR北角駅A2出口より徒歩約3分

1. スーパーより新鮮な食材が安く手に入る　2. コンビニなどで便利なミニエコバッグ各10HK$

2 英皇拖鞋 インウォントーハイ

メイド・イン香港の刺繍スリッパ 11:30

ビルの間の空間にあるスリッパショップ。1960年創業の老舗。繊細な刺繍やスパンコール、ビーズなどを施したスリッパは香港製。絹やデニムなど素材もいろいろ。香港旅行の記念にどうぞ。

Map 別冊P.12-A1～2

⌂英皇道315號　麗宮大廈地下
☎2570-3560　🕘10:30～18:30　[休]不定休、旧正月5日間
[Card]不可　[交]MTR北角駅A2出口より徒歩約6分

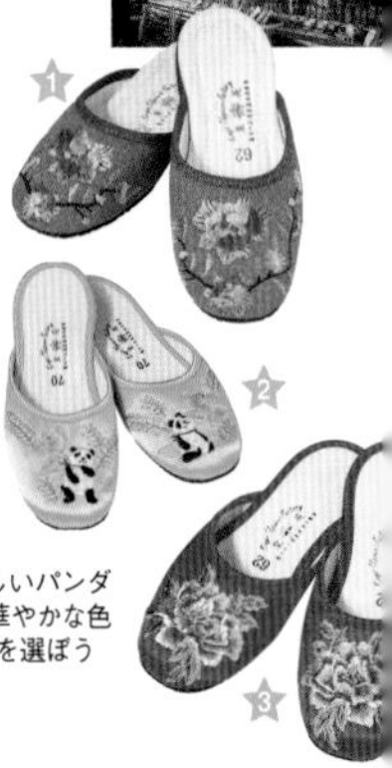

1. 花柄の刺繍入り95HK$　2. 愛らしいパンダの刺繍入り108HK$　3. 香港らしい華やかな色使い。89HK$。試し履きしてサイズを選ぼう

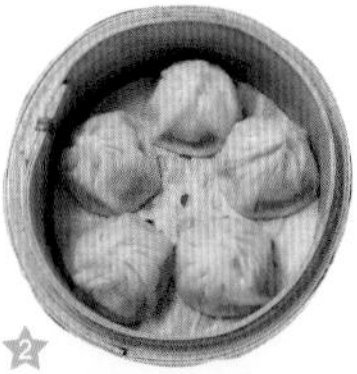

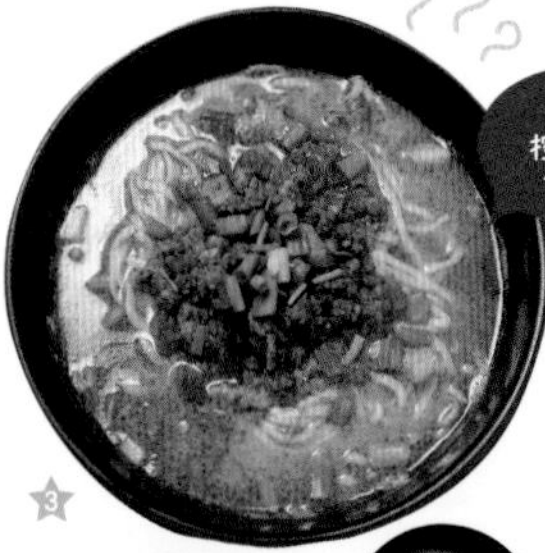

辛さは控えめでうまし！

3 維京坊 ワイギンフォン

地元民に愛される食堂 12:00

安くておいしいと評判の上海料理店。多彩な料理を提供、メニューは日本語併記で日本人に優しい。イチオシは四川擔擔麵だが肉汁たっぷりの小籠包も味わってみたい。ランチタイムと午後にはお得なセットもあり、気軽に利用できる。

Map 別冊P.12-A1

⌂北角道21A號
☎2578-7825　🕘11:00～22:00　[休]旧正月3日間
[Card]不可　[席]40　[交]MTR北角駅A1出口より徒歩約6分

1. 清潔で落ち着いて食事が楽しめる店内　2. 日本人に大人気の小籠包5個48HK$　3. 四川擔擔麵47HK$　4. ピリ辛の回鍋肉炒麵64HK$　5. コクのあるソースが麺にからむ炸醬麵49HK$

✉「英皇拖鞋」でデニム地のスリッパを購入。普段23.5㎝を履く私には70サイズがちょうどよかった。（千葉県・麻衣）

別冊P.12上

北角渡輪碼頭

フェリーピアに鮮魚店

九龍

中環　北角　香港島

Map 別冊P.12上

北角總站
North Point Terminus
西行
Westbound

トラムの終点だよ

和富道

ハイアット セントリック
ビクトリア ハーバー

渣華道街市

琴行街

書局街

馬寶道

イビス・ノースポイント

北角道

渣華道

糖水道

③

①

M１ホテル

グランドビュー
ホテル

④

⑤

北角駅

七喜粥麺小厨
→P.79

⑥

②

英皇道

→P.79

北角（バッゴッウ／ノースポイント）

4

広東オペラの専門劇場

新光戯院　12:50

サンゴンヘイユン

1972年から粤劇（広東オペラ）を専門に上演してきたシアター。館内はレトロムード漂う。現在は、現代劇や映画も観られる。ビンテージ感がある外観だけでなく、出入り自由のロビーも要チェック！

Map 別冊P.12-B1

1. 数年後には消えてしまうかもしれない貴重な劇場。今のうちにぜひ見学しておきたい　2. ロビーはクラシックなインテリアで必見

🏠英皇道423號　☎2563-2959
🕐11:30～23:30　🈚無休　Card M.V.
🚇MTR北角駅B1出口より徒歩約2分
URL www.sunbeamtheatre.com

5

オリジナル調味料をおみやげに

天然椰子號　13:20

ティンインイエシーホウ

1964年にココナッツ専門店として創業、50年以上の歴史をもつ。現在は、自家製調味料や香辛料、ハーブなどをメインに扱っている。人気No.1は自宅で香港スタイルのカレーを再現できる咖喱膽（カレーペースト）30HK$。

Map 別冊P.12-B1

🏠馬寶道34號　☎2571-6305　🕐9:00～19:30　🈔旧正月3日間　Card M.V.
🚇MTR北角駅A4出口より徒歩約2分

カレー
ペースト
の
瓶入り

1. ラベルが印象的な咖喱膽　2. ヒラメの乾燥粉末。だし粉として雲呑麺のスープに使われる大地魚粉55HK$　3. オリジナルの辛いソース、特製麻辣料30HK$

看板猫
にゃん♪

6

ローカルスイーツの人気店

利強記北角雞蛋仔　14:00

レイキョンゲイパッコッガイタンチャイ

ベビーカステラがつながったような香港名物菓子、雞蛋仔（→P.97）の人気店。中が空洞のカリッとした部分と、モチモチッとした食感がダブルで味わえる。おやつや小腹がすいたときにぴったり。28HK$。

Map 別冊P.12-B1

🏠英皇道492號　☎2590-9726
🕐11:00～23:00
🈔旧正月　Card不可
🚇MTR北角駅B3出口より徒歩約2分

（→P.97）

1. いつも店頭に行列ができている有名店。近隣には甘い香りが漂っている
2. 焼きたてをほお張りたい雞蛋仔

香港の
スイーツに
トライ

おしゃれな海辺の町、赤柱へ
女子度満点のマーケットを
リゾート気分でおさんぽ♪

香港島中環からバスに乗り、40分ほどで海辺の町、赤柱へ。
マーケットでお買い物をして欧米人に人気のお店でランチ。
海沿いのプロムナードを歩いてリゾート気分を満喫。

ついつい大人買いしちゃうのよね

TOTAL 5時間

赤柱おさんぽ
TIME TABLE

10:30	ベッド＆ビヨンド
↓徒歩3分	
11:00	グッド・ラク・ギフト・ギャラリー
↓徒歩3分	
11:30	赤柱大街
↓徒歩3分	
12:00	レインボー花文字
↓徒歩3分	
12:30	天后廟
↓徒歩3分	
13:30	スタンレー・プラザ
↓徒歩1分	
14:30	マレーハウス

Check 赤柱へのアクセス

赤柱まではダブルデッカーで。2階席の前列に陣取れば、海岸線の景色が楽しめて旅気分が盛り上がる。
●中環から…交易廣場バスターミナルからシティバス（城巴）6、6A、6X、260番のバス（10.4〜13.4HK$）で赤柱村下車、所要40〜50分。終点ではないので乗車の際に運転手に知らせておくと安心。
●尖沙咀から…MTR尖東駅P1出口ターミナルからシティバス973番のバスで終点赤柱市集下車、所要90分。16.9HK$。

中環行きバス

赤柱廣場 ⑥

天后廟 ●

表演廣場 ⑤

赤柱大街

おしゃれなパブ、レストランが並ぶ

遊歩道

美利樓 ⑦

赤柱灣

どれもラブリーで迷う♪

旅する女子なら欲しくなるランジェリーバッグ

1 おみやげ向き小物が充実 10:30
ベッド＆ビヨンド
Bed & Beyond

リネンやレース製品が充実のスタンレー・マーケットのなかでも人気の店。かわいい刺繍の布小物は20HK$前後からと手頃で、友人へのおみやげにも最適。

Map 別冊P.12-B3

🏠赤柱大街17號 ☎2539-0309 ⏰9:30〜17:00 休不定休 Card A.M.V. 🚌赤柱バスターミナルより徒歩約3分

---

2 小粋なBOXがいろいろ 11:00
グッド・ラク・ギフト・ギャラリー
Good Laque Gifts Gallery

ベトナムやタイ、中国などでハンドメイドされた工芸品をメインに扱っている。おすすめは、ベトナム製のアクセサリーボックス。香港の地名をデザインしたボックスはおみやげ向き。サイズも大小ある。

Map 別冊P.12-B3

🏠赤柱大街66號舗 ☎3106-0163 ⏰10:00〜18:00 休無休 Card A.M.V. 🚌赤柱バスターミナルより徒歩約3分 URL www.goodlaque.com

★1. 高層ビル群とジャンク船がモチーフ 2. 香港の地名入りはサイズにより198HK$〜

3 リゾート気分いっぱい 11:30
赤柱大街
Stanley Main Street

おしゃれなカフェレストランやショップが並ぶストリート。テラス席を設けている店も多く、海を眺めながら食事ができる。海側にはリゾート気分いっぱいのプロムナードが整備されており、散策が楽しい。

Map 別冊P.12-A3〜B3

🚌赤柱バスターミナルより徒歩約5分

▼スタンレー・マーケットで布小物を友人へのおみやげに購入。かわいい刺繍入りポーチは好評だった。（茨城県・美優）

九龍

中環 香港島

赤柱

Map 別冊P.12下

4 レインボー花文字 12:00

開運カリグラフィで運気UP！

Rainbow Hanamoji 彩虹書法

香港のある一族にのみ継承される花文字。龍や鳥、花など、中国古来の吉祥シンボルを漢字と組み合わせて名前を描き、その人のもつ運気を引き出してくれる。赤ちゃん誕生や結婚のお祝いにも人気。

Map 別冊P.12-B3

🏠赤柱大街40A ☎9389-0077 🕐11:30～16:00、土～17:00 🗓日9:00～17:00 Card J.M.V. 🈺予約がベター 🈳少し 🚌赤柱バスターミナルより徒歩5分 URL reserva.be/rainbowhanamoji/about（予約）

ジョナサンさんが滑らかな筆運びで仕上げる。180HK$～

アルコって花文字で描いたよ！

赤柱（チェックチュー／スタンレー）

屋根付き路地にお店がずらり雨の日も安心♪

赤柱村道
赤柱市政大厦
銅鑼湾行きミニバス
中環・北角、尖沙咀東部行きバス

タンレー・ターフロント・マート
赤柱新街
赤柱大街 ②
③
④
遊歩道
① 赤柱漫倫
福音堂
アーケードに店が並ぶ
聖亞納天守堂
リゾート気分でショッピング

Map 別冊P.12-A3

5 天后廟 12:30

赤柱のパワースポット

ティンハウミュウ

1767年に風水のよいこの地に建立された。漁民の守り神とされている「天后」は、960年に福建省で生まれた女子が嵐に遭遇した漁民を救うなど数々の奇跡を起こしたが27歳という若さで亡くなってしまい、死後、神格化されたという。

🏠赤柱大街 ☎2813-0282 🕐8:00～18:00 🈺無料 🚌赤柱バスターミナルより徒歩7分

6 スタンレー・プラザ 13:30

リゾートのショッピングセンター

Stanley Plaza 赤柱廣場

円形の広場に面したショッピングセンター。レストランやカフェ、ショップなど35店が並ぶ。1階には香港スタイルのカフェ「金記冰室」がある。3階の「鐘菜館」ではランチタイムに飲茶が楽しめる。

Map 別冊P.12-A2

🏠佳美道23號 ☎2813-4623 🕐10:00～20:30（店舗により異なる）🈺無休（店舗により異なる）Card J.M.V.（店舗により異なる）🚌赤柱バスターミナルより徒歩7分 URL www.stanleyplaza.com

1. リゾートムード漂うエントランス
2. 「金記冰室」の金牌乾炒牛河78HK$
3. 「鐘菜館」では点心を堪能できる

7 マレーハウス 14:30

香港最古の建造物のひとつ

Murray House 美利樓

1846年に中環に建てられたヴィクトリア様式の建物。1982年に解体され、保存されていたが2000年に赤柱に復元。館内には、ショップとレストランが入っている。

Map 別冊P.12-A3

🏠赤柱廣場美利樓 ☎なし 🕐店舗により異なる 🈺無休（店舗により異なる）Card M.V.（店舗により異なる）🚌赤柱バスターミナルより徒歩8分 URL www.stanleyplaza.com

中環からバスで赤柱に向かうと車窓の景色が移り変わり、旅気分がぐんぐん盛り上がる！ **155**

ストールや羽織り物を用意して乗るのがベスト

1. 夜のK11ミュージーア(→P.114)。専用バス停あり 2. 香港の風を体感! 3. 中環フェリーターミナル前のチケット売り場 4. 専用バス停 5. IFCを見上げる場所に専用バス停がある

歴史・文化・夜景を網羅しちゃうオープントップバス

人力車観光バス

H1ヘリテージ、H2カルチャー、H2Kナイト(九龍のみ)の3ルートを周回。全日券200HK$で乗り降り自由。19:00~22:00運行のH2Kのみ利用は100HK$。

Map 別冊P.7-D1、P.16-B3

[開催日]毎日 [運行時間]H1:11:00~18:00(60分間隔、始点は中環)、H2:12:30~19:30(60分間隔、始点は尖沙咀)、H2K:19:00~22:00(30~60分間隔、始点は中環・尖沙咀) [所要時間]1周約105分 [始点]中環の7省フェリービア横のバス停、ペニンシュラホテル横 [料金]200HK$(全日券)、100HK$(H2K乗り放題)、片道41.8HK$ [Card]不可 [チケット購入場所]中環フェリーターミナル前専用サービスセンターほか [URL]www.rickshawbus.com

---

日本語音声の観光案内付きロンドン発のオープントップバス

ビッグバスツアー

ナイトツアーはもちろん、昼間も香港島、九龍、赤柱の3コースを運行。主要スポットを巡るのにとても便利。

Map 別冊P.7-D2、P.16-B3

[開催日]毎日 [集合時間と場所]19:00尖沙咀K11ミュージーアドーナツプレイハウス前(18:45までに集合) [所要時間]約75分 [催行人数]1名~ [料金]ナイトツアー300HK$(週末など320HK$) [Card]M.V. [URL]www.bigbustours.com [問い合わせ先]☎3102-9021

昼間は香港島と九龍サイドのツアーも。公式サイトで最新情報をチェック!

テンションMAX!

パノラミックなオープントップバス&観光トラムツアー

光あふれる香港ナイトを体感できるオープントップバスツアーは観光の定番。九龍サイドのメインストリートツアーへご案内!

夜風を全身に受けてテンションUPのドライブ

オープントップバス・ナイトドライブ パンダバス

屋根がない2階建てバスでネイザン・ロードを疾走。夜の繁華街の喧騒と熱気を体感して大興奮。

Map 別冊P.16-B3、P.17-D2

[開催日]火・金・土 [集合場所&時間]カオルーンホテルロビー(20:30)、ニュー・ワールド・ミレニアム・香港ロビー(20:45) [所要時間]1時間 [催行人数]1名~ [料金]480HK$ [Card]J.M.V. [予約][URL]www.pandabus.com/hkg/ [問い合わせ先]☎2724-4440

2階席には必ず座れる

TICKET
電車導覧 TRAMORAMIC
GOLDEN TICKET

通常のトラム2日間乗り放題パスが付く。乗り場は上環・西港城前と銅鑼湾・リーガル香港ホテル前

START

世界でも珍しいアンティーク2階建てトラムの観光ツアー

観光オープントップトラム

1920年代の車両を復刻したレトロなトラムで約1時間の観光ツアー。日本語音声による観光ガイドで香港をディープに案内してくれる。

Map 別冊P.6-B1、P.10-B3

[開催日]毎日 [集合時間]上環・西港城前のトラム乗り場/銅鑼湾・リーガル香港ホテル前 [運行本数]1日6本(上環~銅鑼湾3往復) [所要時間]約1時間 [料金]大人150HK$(通常のトラム2日間フリーパス付き) [予約]香港トラムウェイ[URL]www.hktramways.com

aruco イチオシ!

夕景~夜景が楽しめる銅鑼湾発17:30がおすすめ。ネット予約可

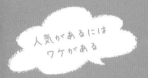

人気があるには
ワケがある

ハナマル印の
観光スポットで
香港の魅力をMAX味わおう！

ヴィクトリア・ピークで世界一の夜景にうっとりしたり、
香港ディズニーランド・リゾートのファンタジーな世界にハマッちゃったり、
香港海洋公園でパンダやペンギンとほっこりしたり。
香港って、知れば知るほど離れたくなくなる不思議なところでしょ？

SIGHTSEEING

夜景といえばココ！
ぜったい見るべきテッパン4大スポット

香港を一望するヴィクトリア・ピークや、ウオーターフロントに映る摩天楼の瞬きに思わず歓声を上げちゃうこと間違いなし！　高さも角度も楽しみ方も多彩な夜景の人気定番スポットをご紹介！

環球貿易廣場(ICC)
香港一高い118階建て。この100階にあるのが「スカイ100」

国際金融中心・第二期(Two IFC)
88階のビル全体がライトアップ。上部の装飾が王冠のように輝く

西九文化區
ヴィクトリア・ハーバー沿いのブロムナードから香港島を望む最旬の絶景スポット

中環中心
16角形のビルの壁面に埋め込まれたネオンが虹色に変わる

テッパン
⭐1 大パノラマをひとり占め！
ヴィクトリア・ピーク

高さ ★★★
絶景 ★★★
人気 ★★

スカイテラス428

凌霄閣摩天台428／The Sky Terrace 428

ヴィクトリア・ハーバーを挟む香港の街を見下ろすヴィクトリア・ピークからの夜景は期待を裏切らない美しさ。大パノラマが待っている。

Map 別冊P.20-A2 香港島／山頂

📞2849-0668 ⏰10:00～22:00、土・日・祝8:00～ 💰75HK$（ピーク・トラム乗車券とセットで往復148HK$、片道122HK$）🚋ピーク・トラム山頂駅より徒歩約2分

オフィスビルの明かりが残る18:00頃から夜景を撮影する場所は早めの確保がベター

ピークへのアクセス
詳細は… ➡ P.160

ミニの屋上が標高428mの展望台

ココも
check！

盧吉道からの絶景も大人気
盧吉道は日没後は暗いので、ひとりではなく、何人かで行くようにしたい。暮れゆく街や海の景色もおすすめ
詳細は… ➡ P.160

眺める角度を変えて、海や山の夜景にも注目。海を航行する大型船の明かりも香港ならではの景色

ぜったい見るべきテッパン4大スポット

テッパン 2
360度の空中散歩 香港摩天輪

高さ ★★
絶景 ★★★
人気 ★★

香港摩天輪
ヒョン ゴーン モー ティン ロン／Hong Kong Observation Wheel

高さ60mの巨大観覧車はウオーターフロントの名所のひとつ。冷暖房完備の8人乗りキャビンで1回3～4周、途中で景色を堪能できるようランダムに停止しながら約15分間の空中散歩が楽しめる。

Map 別冊P.7-D2 香港島／中環

住民光街33號 ☎2339-0777 営12:00～22:00（チケット販売～21:30）、金・土・日・祝11:00～23:00（チケット販売～22:30） 休無休 料大人20HK$ [Card]M.V. 交MTR中環駅A出口より徒歩約8分、MTR香港駅A2出口より徒歩約5分 [URL]www.hkow.hk

中環廣場
約70mの尖塔の明かりが時間で変化。46階は無料の展望スペース

中銀大廈
紙幣デザインに採用されるビル。点滅する幾何学的な明かりが見もの

夜景観賞のポイント
夕暮れ時から街中に明かりがともり始める18:00くらいが狙い目。曇りの日はクリアな夜景は期待薄。人気スポットは日暮れ前から多くの人が集まるので、日没時間や天候をチェックしてスタンバイを。

テッパン 3
雨の日だって絶景が見える裏技も! スカイ100

高さ ★★★
絶景 ★★
人気 ★★

スカイ100 天際100/sky100

香港一の高さを誇る環球貿易廣場（ICC）の100階に位置する展望台。最新型の望遠鏡があり、雨の日や昼間でも九龍から香港島まで一望する圧巻の夜景が楽しめる。

Map 別冊P.20-B1 九龍／西九龍

住柯士甸道西1號環球貿易廣場100F ☎2613-3888 営10:00～20:30（入場は閉館の30分前まで） 休無休 料大人178HK$ [Card]A.M.V. 交MTR九龍駅C1出口より徒歩約5分 [URL]www.sky100.com.hk

ココもcheck!
照明と音のイルミネーション
単独ビルでは世界最大としてギネスに認定された「ICCライト&ミュージックショー」は毎日19:00～22:00に開催（変更あり）。

テッパン 4
キラキラ度MAX! 尖沙咀プロムナード

高さ ★
絶景 ★★★
人気 ★★★

尖沙咀プロムナード
尖沙咀海濱花園

ウオーターフロントからの夜景の魅力のひとつは、水面に反射する色とりどりの光が幻想的なこと。目の前のパノラマビューに素直に感動できるはず!

Map 別冊P.16-B3 九龍／尖沙咀

交MTR西鐵綫尖東駅JまたはP1出口より徒歩約5分

プロムナードにある「アベニュー・オブ・スターズ（星光大道）」は香港映画界で活躍した人物の手形プレートが設置されている観光名所

シンフォニー・オブ・ライツ Symphony of Lights

Map 別冊P.16-B3 九龍／尖沙咀

☎3848-4122 営20:00～約10分間 休無休（悪天候の場合は中止） 料無料 [URL]www.tourism.gov.hk/symphony

ココもcheck!
音と光のショータイム
毎日20:00から10分間にわたって繰り広げられる音と光のマルチメディアショー。世界で最も長期間続いている大規模なショーとしてギネスに認定されている。

シンフォニー・オブ・ライツをスター・フェリー Map 別冊P.16-A3 から観賞するのもオススメ。4HK$（土・日・祝5.6HK$）で着席してゆっくり見られる。

Day view

昼も夜も ヴィクトリア・ピークで香港イチの

世界一有名&香港イチの
壮大なパノラマを見下ろせば、香港

ピークへのアクセス

① ピークトラム
Peak Tram／山頂纜車

1888年開業。全長1.4km、標高差368m、最大勾配27度の急勾配を上っていく。
運行7:30〜23:00、10〜15分間隔/無休 ⒰www.thepeak.com.hk/ja

1. ピークトラム乗り場 Map 別冊P.7-D3 は、MTR中環駅J2出口より徒歩約13分。または、中環8號碼頭前にあるバス停 Map 別冊P.7-D2 からシティバス（城巴）15Cに乗車。5.4HK$。約10分でピークトラム乗り場に到着。

2. ピークトラム山頂駅で乗車券を購入。片道62HK$、往復108HK$。スカイテラス428入場とのセット券は片道122HK$、往復168HK$。オクトパスカード利用可。※夜や週末は大混雑し、乗車券購入と乗車に1〜2時間並ぶ（公式サイトで事前購入可）。

3. 乗車したら絶景が楽しめる右側の席へ。山頂駅までは約7分。

② 路線バス

香港名物の2階建て路線バスで中環から山頂までドライブ。運行6:15〜翌0:15、7〜20分間隔/無休 ⒰www.nwstbus.com.hk

1. 中環5號碼頭前のバス停からシティバス（城巴）15「山頂／ピーク」行きに乗車。（6:15〜9:00台は交易廣場 Map 別冊P.15-C3発）12.1HK$。山頂までは約45分。

2. 復路は、「ピーク・ギャレリア」（→P.161）グランドフロアのバスターミナルから乗車。

---

arucoオススメ! 絶景スポット

SPOT 1 ピークタワー
The Peak Tower／山頂凌霄閣

ヴィクトリア・ピークの名所になっている複合施設。ショップやレストランのほか、抜群の眺望を誇るスカイテラス428などがあり、ピークトラム駅とも直結している。

Map 別冊P.20-A2

🏠山頂道128號 ☎2849-0668 ●10:00〜23:00、土・日・祝8:00〜（店舗により異なる）⑥無休
ⒸⒶ.D.J.M.V. ⑤日少し
Ⓟピークトラム山頂駅と直結
⒰www.thepeak.com.hk

↘ ヴィクトリア・ピークのシンボル

屋上が展望台

人気No.1!

SPOT 2 スカイテラス428
Sky Terrace428／凌霄閣摩天台

360度の眺望が楽しめる展望台。香港島の摩天楼と九龍サイド、反対側の南丫島も眺められる。

Map 別冊P.20-A2

撮影スポット 📷

夜景は→P.

arucoイチオシ

撮影スポット 📷

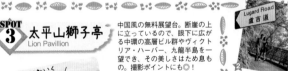
Lugard Road 盧吉道

1. 山の斜面に張り出した遊歩道がスリリング! 2. 緑のトンネルが続く盧吉道

見て〜! 大パノラマ!

SPOT 3 太平山獅子亭
Lion Pavillion

中国風の無料展望台。断崖の上に立っているので、眼下に広がる中環の高層ビル群やヴィクトリア・ハーバー、九龍半島を一望でき、その美しさははため息もの。撮影ポイントにも◎!

かわいく撮ってね♡

Map 別冊P.20-A2

🏠ピークトラム山頂駅より徒歩約2分 ●24時間

1. 絶景をバックに記念撮影!
2. 獅子像が見下ろす高層ビル

獅子と一緒に

撮影スポット 📷

SPOT 4 盧吉道
Lugard Road／ロッガッドウ

人気のハイキングコース。10〜20分ほど歩くと、息をのむ絶景が! 晴れた日には離島もくっきり見える。

Map 別冊P.20-A2

🏠ピークトラム駅裏（北側）から始まる遊歩道（盧吉道）。絶景ポイントへは徒歩10〜20分

Cafe

SPOT 5 パシフィック・コーヒー
Pacific Coffee

ピークタワー内にあり、全面ガラス張りの大きな窓からは対岸の九龍半島までも見渡せる。ゆったりとしたソファチェアで、絶景を眺めながら至福のカフェタイムを。

絶景カフェきてね!

Map 別冊P.20-A2

🏠山頂道128號 凌霄閣G10號舗 ☎2849-6608 ●8:00〜19:00、土・日〜22:00
⑥無休 ⒸⒶ.J.M.V.
Ⓟピークトラム山頂駅直結

『ピーク・ギャレリア』の『ゴー@ピークギャレリア』は、香港のスナックや香港らしい雑貨店があり楽しめた。(北海道・絢)

九龍
ヴィクトリア・ピーク
中環
香港島

Map 別冊P.20-A2

キラキラ夜景を楽しむなら

オフィスビルの明かりのある平日(20:00頃まで)がベスト。高層ビルの明かりがともり始めて刻々と空と町の色が移ろう黄昏時もGOOD。

パノラマビューをひとり占め!!

Night view

香港イチのパノラマビューをひとり占め!!

観光スポットといえば、ココ!
手中に収めた気分になれるハズ☆

絶景+αのお楽しみ

1
2
5
A
B
C
4
盧吉道
100万ドルの夜景
夏力道
D
ピークトラム駅
E
3
山頂道
すばらしい景色!!

SPOT A マダム・タッソーの蝋人形館
Madame Tussauds／香港杜莎夫人蠟像館

Entertainment

The image shown in this booklet depict wax figures created and owned by Madame Tussauds.

会いにきて!

世界の映画スターにスポーツ選手、ミュージシャンとツーショット!? 記念撮影自由の体験型蝋人形館。

Map 別冊P.20-A2

🏠山頂道128號 凌霄閣P101號舖 ☎2849-6966 🕘10:30～21:30(最終入場20:30) [休]無休 [料]大人290HK$ [Card]A.M.V. [交]ピークトラム山頂駅直結 [URL]www.madametussauds.com/hongkong/

ピークさんぽで歩き疲れたらスイーツでひと休みを

SPOT B 甜蜜蜜
MIMI Desserts

ピークタワーのグランドフロアにあるデザート店。60～70年代の香港屋台をテーマにした店内で、雞蛋仔(→P.97)など香港スイーツを楽しんで。

Map 別冊P.20-A2

🏠山頂道28號 山頂凌霄閣G17 ☎2849-8314 🕘10:00～22:00、土日祝9:00～ [休]無休 [Card]V. [交]ピークトラム山頂駅直結

1
2
3
港鐵
MTR
深水埗
Sham Shui Po
香港西九龍
HONGKONG

1. MTRの駅名マグネット各15HK$ 2. トラムと駅名がデザインされたキーチェーン25HK$ 3. カードが収納できるパース39HK$

SPOT C 錦綉唐朝
Elegant Tang Dynasty

香港の風物やMTRの駅名などをモチーフにしたマグネットやキーチェーン、エコバッグなどがお手頃プライス。商品のバリエーションも豊富。

Map 別冊P.20-A2

🏠中環山頂道28號 山頂凌霄閣P1樓 P106-110號舖 ☎2849-7878 🕘10:00～19:00、土・日・祝9:00～22:00 [休]無休 [Card]M.V. [交]ピークトラム山頂駅直結

SPOT D ザ・ピーク・ルックアウト
The Peak Lookout／太平山餐廳

テラス席が人気です

多国籍料理が味わえる、赤れんが造りのロッジ風レストラン。夜は各テーブルにキャンドルがともり、ロマンティック。晴れた日は、香港島南岸の景色が眺められるガーデンテラスもおすすめ。

Map 別冊P.20-A2

🏠山頂道121號 ☎2849-1000 🕘12:00～22:00、土・日・祝8:00～ [休]無休 [料]昼・夜400HK$～、サ10% [Card]A.D.J.M.V. [交]ピークトラム山頂駅より徒歩約1分 [URL]www.peaklookout.com.hk

SPOT E ピーク・ギャレリア
The Peak Galleria／山頂廣場

ピークタワーの前に立つショッピングモールで雑貨店やカフェ、レストランが入っている。L3にはヴィクトリア・ハーバーと反対側の景色も眺められる無料の展望台がある。

Map 別冊P.20-A2

🏠山頂道118號 ☎2849-4113 [交]ピークトラム山頂駅より徒歩約1分 [URL]www.facebook.com/hkpeakgalleria/

Gourmet
1
2
3

1. 世家雲呑麺50HK$ 2. 雲呑麺の有名店「麥奀雲呑麵世家」 3. 2020年に改装してガラス張りの建物に

ヴィクトリア・ピークへは往路はピークトラム、復路は路線バスがおすすめ。ただ、バスは山道を下るので酔いやすい人は注意！

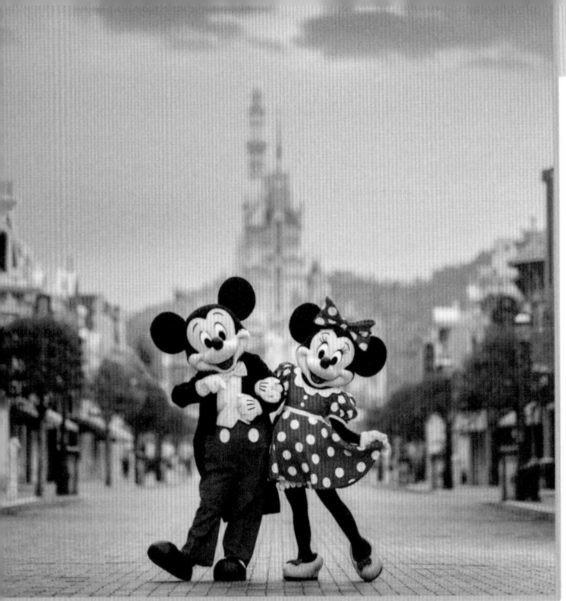

香港ディズニーランドは、キャラクター・グリーティングが充実

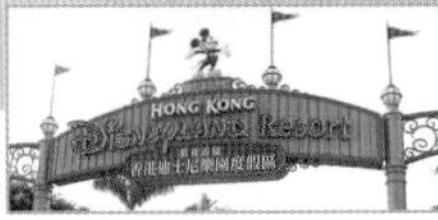

中国語と英語の看板をチェックするのも楽しいよ！

「香港限定」香港ディズニーめいっぱい

世界初のテーマランドや香港オリジナルの「ここだけ」のお楽しみを

パークをぐるりと1周してるよ

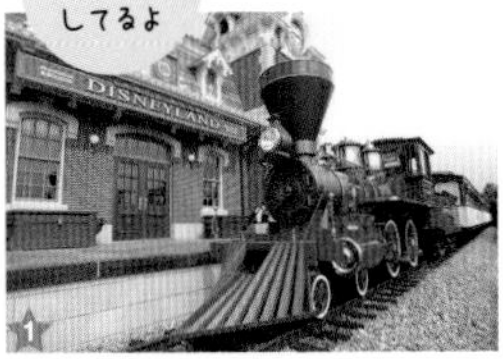

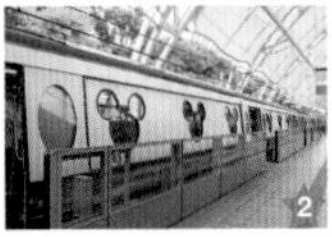

1. 香港ディズニーランド鉄道　2. MTR迪士尼綫は窓の形もつり革もミッキー！

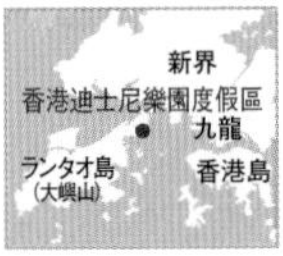

香港ディズニーランド・リゾートへのアクセス

MTR東涌綫欣澳駅から迪士尼綫に乗り換え、終点の迪士尼駅下車。MTR香港駅から約30分、尖沙咀駅から約38分

パークチケットは香港ディズニーランド・リゾートの公式ウェブサイトや旅行代理店から事前購入できる。購入後は公式ウェブサイトにてパーク入園予約が必要。

NEW! 8つのテーマランド

香港ディズニーランド・リゾート

Hong Kong Disneyland Resort／香港迪士尼樂園度假區

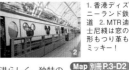

西洋と東洋の文化を併せもつ香港らしく、独特のオリエンタルムードが漂う。「ミスティック・ポイント」をはじめ、香港だけのお楽しみがいっぱい。2023年に誕生した「ワールド・オブ・フローズン」は、映画『アナと雪の女王』がテーマ。作品の舞台であるアレンデール王国を再現したテーマランドは世界初。お城の前で開かれるショーも必見！

Map 別冊P.3-D2
島部／ランタオ島

⌂大嶼山香港迪士尼樂園度假區　※営業時間とパーク・チケット料金詳細は公式サイトで確認
[休]無休　[Card]A.J.M.V.
[URL]www.HKdisneyland.com/ja

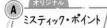

香港オリジナル

[A] ミスティック・ポイント

Mystic Point 迷離莊園

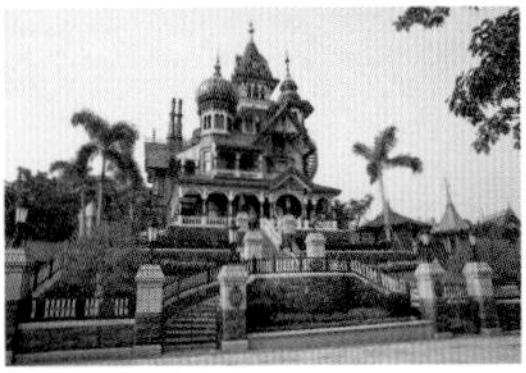

カートに乗ってミステリアスな館を探検するアトラクション「ミスティック・マナー」は、香港ディズニーランドだけのお楽しみ。

アジアでここだけ！

[C] グリズリー・ガルチ

Grizzly Gulch 灰熊山谷

最大のお楽しみはテーマランド内を猛スピードで駆け巡る乗り物、「ビッグ・グリズリー・マウンテン・ランナウェイ・マイン・カー」。

スリル満点！

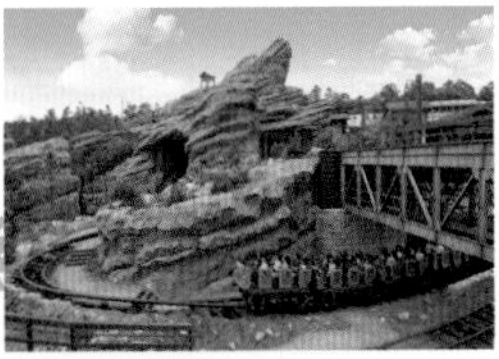

[B] トイ・ストーリーランド

Toy Story Land
反斗奇兵大本營

映画『トイ・ストーリー』の世界を再現したテーマランド。「RCレーサー」は、スリル満点のアトラクション。

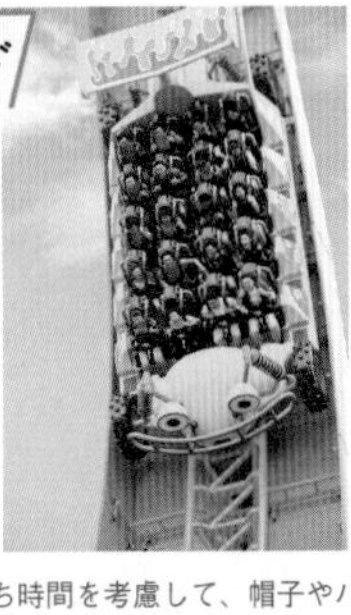

©Disney/Pixar
©Hasbro, Inc.
©Mattel, Inc.

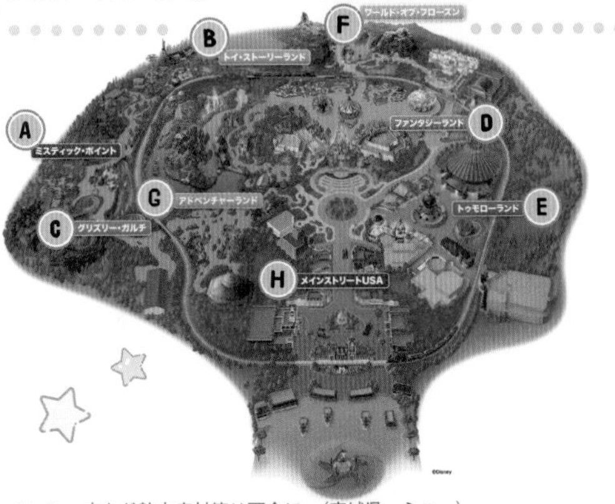

©Disney

✉ アトラクションの待ち時間を考慮して、帽子やハンディファン、水など熱中症対策は万全に。（宮城県・ミニー）

がいっぱい！
ランド・リゾートを
楽しんじゃお！

アトラクションにキャラクター点心。
いっぱいエンジョイしましょ♪

世界でココだけ！
新テーマランドも♪

D ファンタジーランド

Fantasyland　幻想世界

童話と魔法のテーマランド。キャラクターと会えるグリーティングエリア「ファンタジー・ガーデン」もある。

1.「空飛ぶダンボ」 2.「フェアリーテール・フォレスト」 3.「ミッキー・アンド・ザ・ワンダラス・ブック」

おすすめグルメ

香港ディズニーランド・ホテルの「クリスタル・ロータス」ではキャラクターをモチーフにした点心が楽しめる。かわいい点心に胸キュン！

©2019 MARVEL

E トゥモローランド

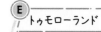

Tomorrowland　明日世界

大人気の3Dプロジェクション「アイアンマン・エクスペリエンス」のほか、「アントマン＆ワスプ:ナノ・バトル！」など、未来の世界や宇宙をテーマにしたテーマランド。

F ワールド・オブ・フローズン

World of Frozen　魔雪奇緣世界

世界初！

2023年11月にオープンした新エリアで『アナと雪の女王』がテーマ。氷の宮殿や王家が居住するお城、凍りついた噴水など、物語の舞台であるアレンデール王国の世界観をたっぷり楽しめる。キング・アグナル・ブリッジからはアレンデール城やアレンデール村を一望できる。

©Disney

©Disney

H メインストリートUSA

Main Street, U.S.A.　美國小鎮大街

パークに入ってすぐの場所にあり、ウォルト・ディズニーが幼少期を過ごしたアメリカ・マーセリンの町並みを再現。ショップやレストラン、インフォメーションセンターがある。

お城の前で繰り広げられるショー

「キャッスル・オブ・マジカル・ドリーム」

「モーメンタス」

©Disney

©Disney ©Disney/Pixar

1. 新ランドマークの「キャッスル・オブ・マジカル・ドリーム」 2. マルチメディアを駆使した壮大で幻想的なナイトショー。約20分間

G アドベンチャーランド

Adventureland　探險世界

おなじみの「ジャングル・リバー・クルーズ」は、英語、広東語、北京語の3言語に対応。香港ならではのサプライズに、ドキドキ度MAX！

ボクたちに
会いにきて！
Ocean Park
Hong Kong

九龍
ヴィクトリア・ピーク
香港島
香港海洋公園

香港海洋公園へのアクセス
[交]MTR海洋公園駅B出口より徒歩す

ラブリーなパンダたちとほっこり♪ 香港海洋公園で1日たっぷり遊んじゃお！

＼東京ドーム約20個分／

開業47年だよ

ラブリーなジャイアントパンダを見たら、キュートなペンギンを眺めながらランチ。絶叫マシンに、各種ショーも満喫しちゃう？　隣接地にオープンした「ウオーターワールド(水上樂園)」も行ってみたい。広いレジャーランドで1日たっぷり楽しもう！

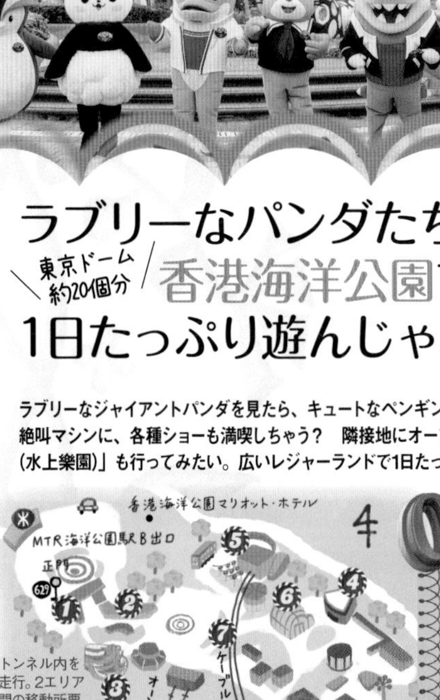
香港海洋公園マリオット・ホテル
MTR海洋公園駅B出口
正門
629
1
2
3
4
5
6
7
8
9
10
11
ケーブルカー
オーシャン・エクスプレス
南朗山
247m
トンネル内を走行。2エリア間の移動所要は約4分
ウオーターワールドはこのへんにある
Ocean Park

注意事項

- 園内は2エリアに分かれる。正門のある北側が海濱樂園、山の上の南側が高峰樂園。ケーブルカーかオーシャン・エクスプレスで移動する
- 日焼け＆暑さ、風による寒さ対策を忘れずに！
- 行く前にウェブサイトでショーの時間などを確認しておこう
- 夏休みや長期休暇など、時期によって大混雑。マナーの悪い客もいるがイライラせずに

楽しさあふれるレジャーランド

香港海洋公園

ヒョンゴーンホーイヨンゴンユィン
Ocean Park Hong Kong

広大な敷地にアトラクションや海洋劇場、絶叫マシンなどさまざまなアミューズメントが揃ったレジャーランド。

Map 別冊P.3-D2　香港島／黃竹坑

[住]海洋公園　☎3923-2323　[時]10:00～19:30（イベント開催時など変更あり）　[休]メンテナンスなどで休業あり（ウェブサイトで要確認）　[料]大人498HK$、子供（3～11歳）249HK$　[Card]A.J.M.V.
[URL]www.oceanpark.com.hk

限定みやげもチェック！

Wooo! Let's エンジョイ！遊び倒して！

「香港海洋公園」は遊園地、動物園、水族館、プールのある巨大テーマパーク。メッチャ楽しいけど時間が足りない（涙）。（山口県・ぼぐ）

1 ここからスタート
正門。出入り口はここだけ。向かって左側がチケットセンター。開・閉園前後が激込み！

疲れたら休憩しようね

2 カワイイ動物グッズをゲット！
閉園間際は大混雑するので、おみやげは先に買うのが◎。近くにコインロッカーがある

刺繍ワッペン
アクセサリー
ノート

3 目玉の水族館はココ！
「海洋奇観」の館内ははらせん状に進んでいくと深海に到着する造り。直径5.5mの展望ドーム、幅13mのパネルから見る大迫力の海中世界に感動！

POINT!
マンタやシュモクザメなど大接近。200種類以上の海洋生物が！

香港海洋公園で1日たっぷり遊んじゃお！

4 園内キャラクターの推し活に参加！
ショープログラム「オールスター・ジャム」で「オーシャン6N1」を応援してみて

ようこそ！一緒に楽しもう

5 香港老大街でレトロ気分満喫
1950～70年代の香港の街並みをイメージして再現。特注の旧式トラムも人気。昔の衣裳でコスプレしたスタッフもいて、レトロ香港を楽しめるエリア

POINT!
スナックフードなどの店が並ぶ。お祭りの縁日気分で歩いてみよう

6 「大熊猫之旅」にもパンダだ！
樂樂（リーリー）と盈盈（インイン）の2頭のほか、レッサーパンダがいる

樹懶與好友（ナマケモノと仲間たちのスタジオ）
愛らしいナマケモノやコンゴウインコなどがいる

7 ケーブルカーで高峰樂園へ移動
南朗山を挟んだ2エリア構成の園内、移動には景色を楽しめるケーブルカーがおすすめ。山の急斜面に設置されている。所要約8分。悪天候時は運休

POINT!
全長約1.5km。海沿いのパノラマビューをのんびり堪能できる

8 絶叫マシンもエンジョイ！
左は動感快車（ヘアーレイザー）、右は熱帯激流（ラピッド）など、行列必至

9 ペンギンを眺めながらランチ
キングペンギンを見ながら食事ができる「氷極餐廳（タキシード）」。名物はペンギンピザ288HK$。
🕐11:00～16:30（L.O.15:30）

POINT!
かわいいキングペンギンが間近に！写真撮影もOK

10 絶叫し足りないときはコレ！
狂野龍捲風（ワイルド・ツイスター）は最大加速度4Gでグルングルン～

ランダムに回転！

POINT!
ペンギンピザ！！

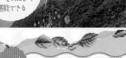

最旬！ ウオーターワールド（水上楽園）で遊んじゃお！
アジア初、全天候型のウオーターパーク。5つのゾーンには屋内外に27のアトラクションがある。水着やタオル類は園内で購入可。

きゃー

11 アシカやアザラシがお出迎え
アシカやアザラシがいる「太平洋海岸（パシフィックピア）」でひと休み

見逃せないショーをチェック！
海濱樂園の人工湖前で19:30（不定期）スタートの水と光のショー。ほかのショーの詳細はウェブサイトで要確認

🚶海洋径33號 ☎3923-2323 🕐10:00～18:00（夏季～19:00）不定休 598HK$、子供（3～11歳）418HK$ Card A.J.M.V. 🚌香港海洋公園入場口前から無料送迎バスあり URL waterworld.oceanpark.com.hk

今、香港で泊まるならこのホテル

aruco がとっておきのホテルをナビ

香港でのステイを快適で楽しいものにしてくれるホテルを
aruco がナビ。思い出に残る旅時間が過ごせる12のホテルをご紹介します♪

下町歩き楽しんで

下町を満喫できる
コスパの高いホテル

女子旅にもひとり旅にも最適です♪

DAY

NIGHT

ビューを楽しめるルーフトップテラス。夜景＆ビールも最高！

おすすめポイント
- ☑ ルーフトップテラスがある
- ☑ ラウンジでくつろげる
- ☑ ローカルグルメが楽しめる

スーペリアツインルームは14㎡。ひとり旅に最適なダブルルームは12㎡

イーホテル香港
E Hotel Hong Kong ／香港E酒店

MTR深水埗駅B2出口から真っすぐ徒歩3分の便利なロケーション。客室はコンパクトだが町を一望できるルーフトップテラス（24時間開放）と隣接したビルに広いラウンジ（8:00〜20:00）がある。各階の廊下にはウオーターサーバーを設置。ホテルの周囲には、ローカルな食堂が多く、下町を満喫できるホテル。

Map 別冊P.20-A1 九龍／深水埗

🏠北河街189號　☎3742-8888
🛏W450HK$〜、T600HK$〜、サ10%込
💳J.M.V.　🚗84　🚇MTR深水埗駅B2出口より徒歩約3分　🔗e-hotel.hk/hk

ロビー待ってます！

1.24時間利用可能なフィットネスルーム
2. ラウンジには深水埗のイラスト　3. ロビーのアート作品　4. ラウンジは電子レンジもあり飲食OK

「イーホテル香港」に泊まって安うまグルメの宝庫・深水埗を満喫しました！（大阪府・遊花）

女子に優しい
・・・・・・・・・・
シティホテル

香港女子旅
にぴったりの
お部屋です

zzz

「She for Ladies」の客室はダブルとツインがある。21〜38㎡

She for Ladies

キューグリーンホテル灣仔香港
Kew Green Hotel Wanchai／香港灣仔睿景酒店

香港島灣仔の中心部にあるシティホテル。12階の女性限定フロア「She for Ladies」の客室はスタイリッシュなインテリア。広さは、約21〜38㎡とゆったり。また、3〜4人泊まれるファミリールームも10室あり、親子旅にもぴったり。バスタブ付き客室が多く、旅の疲れを癒やせる。近隣には、人気グルメが数多い。

Map 別冊P.8-B2　香港島／灣仔

🏠軒尼詩道41-49號　☎2861-1166
🛏「She for Ladies」1500〜2000HK$、サ10%　**Card**A.M.V.　🛏173
🚇MTR灣仔駅B1出口より徒歩約5分　**URL**www.kewgreenhotelwanchai.com

のんびり
くつろげる

おすすめポイント
☑女性限定フロアがある
☑ゆったりサイズの客室
☑90%がバスタブ付き

1.「She for Ladies」フロアのレディスルームは各室インテリアが異なる。アメニティも女子仕様　2. ファミリールームは数タイプの広さがあり、女子のグループ旅にもGOOD　3. スタンダードダブルも余裕あるスペース　4. ロビーを見守る英国の衛兵　5. 館内にある英国領時代のポストには郵便物投函OK

レトロで
かわいい

NEW
2021年
NEW OPEN!

ゴージャス
気分に浸れる

シンプルな
インテリアで
落ち着ける

モダンな客室。約450
室からヴィクトリア・
ハーバーを眺められる

おすすめポイント
☑豪華なインテリア
☑余裕ある客室
☑MTRの駅まで近い

香港旅行
満喫してね

ホテルアレクサンドラ
HOTEL ALEXANDRA／歴山酒店

2021年に開業した全840室の大型ホテル。香港島北角エリアに位置し、MTR炮台山駅から徒歩3分という好立地。ロビーやホテルのレストラン「Café A」は、クリスタルのシャンデリアが輝き、ゴージャスな雰囲気。すべての客室は、木目調の床タイルと個別換気システムが採用されており、快適なホテルステイが楽しめる。プールやフィットネスセンターも備えている。

Map 別冊P.3-D2　香港島／北角

🏠花園道32號　☎3893-2888　💰W・T700HK$〜、サ10%
CardM.V.　🛏840　🚇MTR炮台山駅B1出口より徒歩約3分
URLwww.hotelalexandrahk.com

リッチな
雰囲気です

1. ゲストを迎えるフロント　2. 屋外スイミングプールは初夏から秋まで利用可能　3. 広々としたロビー　4. きらめくシャンデリアがあるロビーに続く廊下は撮影スポット　5. ロビーフロアにあるレストラン「Café A」はヴィクトリア朝のインテリア。インターナショナルなアラカルトメニューやアフタヌーンティーなどを用意

香港の高級ホテルはなかなか手が届かないけど、カフェを利用して雰囲気を楽しんでいます。（広島県・梨沙）

ジェン 香港 バイ シャングリ・ラ
JEN HONG KONG by Shangri-La／香港JEN酒店

名門シャングリラホテルのカジュアルライン。シンプルで機能的な客室には本家と同じベッド用品を使用し、寝心地もバツグン。手頃な料金と香港大學駅から徒歩約1分の至便さも魅力で、リピーターが多いのも特徴。マレーシア料理店「カフェ・マラッカ」がホテル内にあり、本場の味と地元客から評価が高い。また、ホテル近くは、リーズナブルなグルメスポットも数多い。

Map 別冊P.13-C2 香港島／西環

⌂ 皇后大道西508号
☎ 2974-1234
￥ 1000HK$〜、サ10%
Card A.D.J.M.V. 室283
🚇 MTR香港大學駅B2出口より徒歩約1分 URL shangri-la.com/en/hotels/jen/hongkong/western district

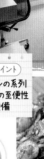

> モダンな
> お部屋で
> 快適ステイ

おすすめポイント
☑高級ホテルの系列
☑駅徒歩1分の至便性
☑充実した設備

1. スーペリアルームはダブルとツインがある　2.「カフェ・マラッカ」のシンガポール・ラクサ128HK$　3. ペナン・チャークーティオ138HK$はボリューム満点だがあっさりしていて食べやすい　4. 屋上にはプールもある（冬季クローズ）

アティテュード・オン・グランビル
attitude on granville／瑞生尖沙咀酒店

尖沙咀のオフィスビルがおしゃれなホテルに変身。オールド香港をテーマにしたポップなデザインが館内のあちこちに施され、見ているだけでも楽しい。最新機器が完備された機能的な客室は、ひとり旅にも家族旅行にも対応する4タイプ。ショッピングやグルメスポットに囲まれた抜群の立地で、深夜まで香港を満喫できる。

Map 別冊P.16-B2 九龍／尖沙咀

⌂ 加連威老道20號　☎ 2105-3888　￥ 850HK$〜、サ10% Card A.J.M.V. 室81　🚇 MTR尖沙咀駅B2出口より徒歩約3分 URL www.attitudegranville.com

> コンパクトでも
> 機能性
> バツグン

おすすめポイント
☑便利なロケーション
☑親切なスタッフ
☑かわいいデザイン

1. コージールームにはライティングデスクも完備　2. コンパクトながら機能的なアーバンルーム。ダブルまたはツイン　3. フレンドリーなスタッフ　4. ラウンジもある

> お待ちしてます！

吹き出し：明るくて気持ちいい！

1. 使い勝手のよいキッチン。収納スペースも充分　2. スタンダードなツインルーム。自然光が入り明るい

60ウエスト
60WEST／西城六十

おすすめポイント
☑ 暮らす気分を満喫
☑ ゆとりある客室
☑ 前がトラム駅

客室は最小でも約40㎡と広々。ソファやダイニングテーブルが置かれ、香港で暮らしているような気分を満喫できる。ホテルの周辺には「六安居」（→P.39）や「坤記仔小菜」（→P.83）など人気のローカルグルメが多い。

Map 別冊P.6-A1 香港島／上環

🏠徳輔道西60-64號　☎3616-6300　🛏900HK$〜、サ10%　Card A.M.V.　🛌79　🚇MTR西營盤駅A2出口より徒歩約5分　URL www.60west.com.hk

リーズナブル
カジュアルホテル&ホステル

吹き出し：のんびりできる

1. ポップなレセプション　2. 広々とした客室

Yロフト
Y Loft／Y旅舎

おすすめポイント
☑ 手頃な料金
☑ ゆったりした客室
☑ 付帯施設も充実

MTR港島綫の始発駅、柴灣駅近くに位置するユースホステル。客室はバルコニー付きやファミリータイプなど6タイプあり、余裕ある広さ。ランドリーやフィットネスセンターなど付帯施設も充実している。

Map 別冊P.3-D2 香港島／柴灣

🏠柴灣道238號青年廣場12樓　☎3721-8994　🛏500HK$〜　Card M.V.　🛌148　🚇MTR柴灣駅AまたはE出口より徒歩約5分　URL www.youthsquare.hk/eng/stay

ミニホテル中環
mini hotel Central／迷你酒店中環

おすすめポイント
☑ 便利なロケーション
☑ くつろげるロビー
☑ 中環なのに格安

中環の中心部にありながらリーズナブル。客室はミニサイズだけど、白を基調にした清潔感あるインテリア。ショッピングや夜遊びを楽しみたいアクティブなひとり旅女子におすすめだ。モダンアートに彩られたロビーは明るく広々としており、のんびりくつろげる。

Map 別冊P.15-D3 香港島／中環

🏠雪廠街38號　☎2292-3000　🛏380I HK$〜、サ10%　Card A.M.V.　🛌183　🚇MTR中環駅D1出口より徒歩約10分　URL minihotel.hk

1. バルコニー付きの最も広い客室、スマート・プラス　2. ロビーはゆったり

吹き出し：バルコニー付き客室も

YHA美荷樓 青年旅舎
YHAメイホウラウ チンニンロイセー

香港初の公団住宅「美荷樓」をリノベしてユースホステルとして開業。男女別のドミトリーもあるがホテル並みの客室も。併設されている1950〜70年代の住民の生活を再現したミュージアム「美荷樓生活館」（→P.35）は必見。

Map 別冊P.20-A1 九龍／深水埗

🏠石硤尾邨41座　☎3728-3500　🛏W・T530HK$〜　Card A.M.V.　🛌129　🚇MTR深水埗駅B2出口より徒歩約10分　URL www.yha.org.hk/en/hostel/yha-mei-ho-house-youth-hostel/

おすすめポイント
☑ 歴史ある建物
☑ 充実した設備
☑ 広い客室

吹き出し：静かに過ごせる

1. 朝食も楽しめる中庭　2. ゆったりしたダブルルーム

「美荷樓」のツインに2泊。ユースは初体験。快適だったがタオルやベッドリネンは4日間に1度交換だそう。（京都府・奈央）

思い出に残るユニークな宿

ホテルとはひと味違ったステイが楽しめる宿で思い出作りを。注目の3ホテルをご紹介！

ヘリテージ・ロッジ
Heritage Lodge
翠雅山房

香港政府が歴史的建造物に指定した旧茘枝角医院跡地にある。3万2000㎡もの広大な敷地に古い建物を残し、宿泊施設のほか饒宗頤文化館や芸術工房などがある。

Map 別冊P.3-D2　九龍／美孚

🏠青山道800號　☎2100-2888　💴700HK$〜、サ10%　Card A.M.V.　🛏86　🚇MTR美孚駅B出口より徒歩約20分（シャトルバスサービスあり）　URL www.heritagelodgehk.com

朝は鳥の声がさわやか

1. 自然と融合する2階建てのロッジタイプの宿　2. 地域の歴史を展示する饒宗頤文化館を併設　3. 中国の伝統家具がシックなロビー　4. 広々としたツインルーム。ペットと泊まれる部屋もある

リゾート気分♪

大澳ヘリテージ・ホテル
Tai O Heritage Hotel
大澳文物酒店

1902年に海賊や密輸を取り締まる大澳警察署として建てられた。修復を終え、わずか9室のコロニアルスタイルのブティックホテルとして再生。監視塔をはじめ警察署当時の名残も残している。

Map 別冊P.21-C2　島部／ランタオ島

🏠石仔埗街　☎2985-8383　💴W2000HK$〜、サ10%　Card A.M.V.　🛏9　🚇大澳バスターミナルより徒歩約20分　URL www.taioheritagehotel.com

1. 歴史を感じる建物　2. 中環ペダービルにあった「チャイナティークラブ」のインテリアを移設したレストラン　3. デラックスダブルルーム。全室海側

カムラックス・ホテル
Camlux Hotel
君立酒店

香港製の魔法瓶「駱駝牌」の工場を改装したホテル。フロントや照明器具などにさりげなく魔法瓶のモチーフが使われ、洗練された空間を作り出している。広々とした客室は全6タイプ。

1. シックなフロント　2. 限定の魔法瓶も販売　3. 魔法瓶工場がアートなホテルに　4. ガーデンルーム

快適なステイ♪

Map 別冊P.3-D2　九龍／九龍湾

🏠九龍湾宏光道15號　☎2593-2828　💴1280HK$〜、サ10%　Card A.D.J.M.V.　🛏185　🚇MTR九龍湾駅B出口より徒歩約10分　URL www.camluxhotel.com

香港國際空港

ラストミニッツまで食べて買って

空港にもグルメスポットが集結。
到着直後からラストミニッツまで
食べ歩いちゃおう。

Map 別冊P.3-D1

Map 別冊P.3-D1

食べる

グッドラック！

aruco
オススメ

機体を間近に見ながら飲食できる穴場のエリア

※11番搭乗口近くL6のマクドナルドが目印

香港名物の雲呑麺
正斗粥麺専家
ゼンタウジョックミーンジュンガー

自家製麺とスープ、エビ雲呑がベストマッチ。ラストグルメにふさわしい。

🏠「莆田」の隣　🕐6:30〜23:30　🈺無休
Card A.M.V.

細くコシのある麺は香港ならでは。正斗鮮蝦雲呑麺72HK$

広東省の地方料理をお手軽に
莆田
ポウティーン／PUTIEN

赤酢がよく合う〜

特産物の米粉（ビーフン）や海鮮などを用いた地方料理。少し濃いめの味付けが案外クセになる。

🏠離港層L7制限エリア内
北フードコート
☎2111-8908
🕐6:30〜21:30
Card M.V.　URL www.
putien.com/hongkong

興化炒米粉（スープ付き）98HK$。
興化米粉のビーフンと海鮮を炒めた福建省莆田地区の郷土料理

1. 道路標識ステッカー8枚入り38HK$　2. コレクターも多いミニバス89HK$

かわいい雑貨レ

香港にちなんだプラモデルや雑貨が揃う
タイニー微影
TINY微影

香港で見かける車両などの模型やおもちゃを製造販売する。香港をモチーフのキュートな雑貨も多数あり、おみやげ探しに立ち寄ってみて。

🏠離港層L7 チェックインカウンターHの端
☎9321-8249　🕐7:00〜23:00　Card M.V.
URL www.tiny.com.hk

焼きたても機内で

ラストスイーツは焼きたて蛋撻
蛋撻王餅店
ダーンタッヲンベンディーム

農場牛乳牛油皮蛋撻1個15HK$

焼き上がりから90分以内の蛋撻を提供。香港式ミルクティーもあり、旅のラストグルメに味わいたい。

🏠離港層L6　28番搭乗口近く　🕐7:00〜翌0:30
🈺無休　Card M.V.

最旬トピックス 〜空港編〜

24時間オープンの無人コンビニ
トラベルウエル travelwell

入店前にやってね

利用方法▼

❶ クレジットカードをカードリーダーにタッチ（ひとりにつき登録するクレカは1枚）

❷ 欲しい商品を手に取る。有料レジ袋の販売あり。自分が取った商品を他人に渡さない、一度手にしたものの不要となった商品は元の場所に戻す、店内での飲食は禁止

❸ 商品を持って専用出口から出れば自動精算完了

❹ レシート印刷機でレシートを印刷

レシート印刷機

最先端技術を使って「グラブ・アンド・ゴー（商品を自ら手に取ってレジなし決済）」購買体験を可能にした無人コンビニ。店舗は近未来デザインを採用。

🏠離港層L6制限エリア内
スカイブリッジ　🕐24時間　Card A.D.J.M.V.

ターミナル1とT1サテライトコンコースを結ぶ
天際走廊
ティーンザイジャウロン／SkyBridge

©香港國際機場

全長200mの連絡橋。地上からの高さは28mでエアバスA380が通過できる。通路から機体を見下ろすことも可能。

🏠離港層L6制限エリア内　スカイブリッジ

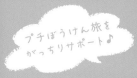
プチぼうけん旅を
がっちりサポート♪

安全・快適
旅の基本情報

香港デビューの人はもちろん、リピーターも
旅立ち前に基本情報をきちんとおさらいするのが鉄則。
あれもこれもやりたい欲張りな旅を実現させるために、
お役立ちアイテムやトラブル対処法などをarucoが指南！

^{aruco的} おすすめ旅グッズ

香港にはどんなものを持っていくとよいのかな？　香港取材スタッフが
お役立ち旅グッズをご紹介。こんなものがあると女子旅がグッと快適に楽しくなる。
リストをチェックして、万全の旅支度で香港にGO！

忘れ物は
ないかな？

旅のお役立ちアイテム

□ ウエットティッシュ＆ ポケットティッシュ

ティッシュは食堂で食事をするときに便利。ウエットティッシュは立ち食いや裏グルメを楽しむときに活躍。

□ タッパー＆ジッパー付き 透明プラスチック袋

タッパーはつぶれたり、壊れたりしては困るものを持ち帰る際に重宝する。ジッパー付き透明プラスチック袋は、食品の保存や露店で買った小物の収納に役立つ。

□ メモ帳と筆記具

同じ漢字文化圏の香港では、広東語が話せなくても筆談でコミュニケーションが取れる。タクシーに乗るときには目的地の住所を漢字で書いて見せればOK。ショッピングでの価格交渉にもメモ帳が役立つ。

□ 常備薬

油が多い中国料理やB級グルメ、冷たいデザートなどの食べすぎ、飲みすぎでおなかを壊しがち。飲み慣れた胃腸薬や下痢止めを忘れずに。

□ 履き慣れた靴

街歩きには、歩きやすい靴がイチバン。新しいものではなく、足になじんだシューズで出かけよう。

□ エコバッグ

環境保護の目的で、レジ袋は有料。ほとんどの店で1袋につき0.5HK$〜がかかるので、エコバッグは必需品。

eco. bag

□ 折りたたみ傘

雨が多い5〜9月の旅行には必需品。年間を通して日差しも強いので、晴雨兼用傘をバッグに入れておけば安心。

□ 羽織り物

室内は冷房がかなり効いているので、食事やお茶するときにさっと羽織れるカーディガンやストールなどを持ち歩こう。

機内手荷物のアドバイス

香港までは短時間のフライトだけど、乾燥対策用の乳液、肌寒いときに必要な羽織り物やストールがあれば安心。そして入出国カード記入のためのボールペンなども忘れずに。
また、モバイルバッテリー（リチウムイオン電池）は、機内預けができないため、機内持ち込みにすること。

▶ 機内持ち込み制限についての詳細はP.176をチェック！ ▶

基本の持ち物 チェックリスト

貴重品
- □ パスポート
  残存有効期限は要チェック！→P.11
- □ 現金（円）
- □ クレジットカード
- □ 航空券（eチケット）
- □ ホテル予約確認書
- □ 海外旅行保険証書

日用品
- □ シャンプー類
- □ 化粧品
- □ 歯磨きセット
- □ タオル
- □ マスク
- □ 除菌シート

衣類
- □ 普段着
- □ おしゃれ着
- □ 下着、パジャマ
- □ サングラス

その他
- □ 常備薬
- □ 生理用品
- □ 常備薬
- □ 雨具
- □ スマホ、携帯電話
- □ カメラ
- □ 電池、充電器
- □ 変圧器、変換プラグ
- □ スリッパ

  本体から電池を取り外せない充電式ヘアアイロンは機内預け・持ち込みともにできないので要注意！（熊本県・麻花）

知って楽しい！香港の雑学

高層ビルが林立するメトロポリス香港。訪れる前に少し勉強していくと、香港の街をより深く楽しめる！　基礎知識を頭に入れて現地の人とコミュニケーションすれば、距離もグッと近くなるはず。

〜え〜
なるほど

香港の基礎知識メモ

正式名称	中華人民共和国香港特別行政区 (Hong Kong Special Administrative Region of the People's Republic of China)
区旗	赤地に白でバウヒニア(洋紫荊)が描かれている
区花	バウヒニア　　人口　約750万人
国歌	中華人民共和国国歌(義勇軍行進曲)
面積	1110㎢(東京都の約半分)
元首	習近平中国国家主席 行政長官はジョン・リー(李家超)
言語	公用語　中国語(広東語、北京語)、英語　　民族構成　中国系92%

香港の太陰暦祝日
香港は太陽暦(新暦)と太陰暦(旧暦、農暦)を併用。太陰暦による祝日は毎年日にちが変わるので要注意！

香港の歴史年表

1842年	アヘン戦争終了後、南京条約により香港島が英国に割譲される。
1860年	北京条約で九龍半島も英国に割譲。
1899年	新界地域を英国が租借する。
1941〜45年	日本軍が占領。
1945年	日本の敗戦により再び英国統治下となる。
1984年	中英共同声明による1997年の香港一括返還が決まる。返還後、50年間は「高度な自治」が約束される。
1990年	中国全国人民代表大会にて「香港特別行政区基本法」が可決、成立。
1997年	香港が中国に返還。一国二制度がスタート。

伝統行事を楽しもう

春節(旧正月)チャイニーズ・ニューイヤー
旧暦の1月1日から1月3日までの期間は、香港の最も大きな祝日期間。旧正月前には銅鑼灣にあるヴィクトリア・パークなどで花市が開かれ大混雑となる。普段は無休で営業している店も元日はお休みすることが多い。一年に1度香港の街が違う表情を見せる。

元宵節 ランタン・フェスティバル
旧暦1月15日。カラフルな提灯を飾って旧正月のエンディングを彩る行事。中環やヴィクトリア・パーク、尖沙咀の香港文化中心周辺などが提灯でデコレーションされる。

端午節 ドラゴン・ボート・フェスティバル
旧暦5月5日。中国古代の詩人、屈原が悪政に抗議して入水自殺した日。ドラゴン・ボート・レースが開催される。

中秋節 ミッド・オータム・フェスティバル
旧暦8月15日。一年で最も美しい月が見られるといわれる。このシーズン、菓子店だけでなく、レストランやカフェ、ホテルなどもオリジナル月餅を競って販売。限定モノなのでおみやげにもいい。

台風シーズンに要注意
7〜10月は香港の台風シーズン。香港では台風警戒度を「シグナル」で示す。シグナルは1、3、8、9、10の5段階あり、テレビのテロップやビル入口や駅改札の掲示で確認できる。1、3は注意報、8以上の警報が発令されると、香港の法令により学校は休みに。多くの会社が業務を中断し、レストランや商店も閉店する。公共交通機関も運休または間引き運転となる。香港の天気予報・警報は URL www.weather.gov.hk

英語名をもつ香港人
香港は旧英国植民地だったこともあり、香港人はジャッキーやマギーといった英語名をもっている。学校や職場でもこの英語名で呼び合う。英語名は、小学生くらいのときに先生に命名してもらったり、自分で好きな名前をつけたりする。「Junko」「Yuki」など、日本人の名前を使う若い女性も増加中。なかには「Suki」「Kawaii」なんていう名前も。

香港入出国かんたんナビ

日本から2時間40分〜6時間ほどのフライトで国際都市香港に到着。
期待度120%の旅がいよいよスタート！
まずは、空港でのアレコレをご紹介します。

空港には2時間前に着こう！

日本から香港へ

1 香港到着

飛行機を降りたらまずは「Arrival／抵港」の案内板に従って入国審査場へと進もう。到着した便によって預けた荷物が出る場所が異なるため、審査場の手前の案内板に表示されている番号を確認しよう。荷物が出る場所に近い審査場へ向かう。

■香港国際機場
(URL)www.hongkongairport.com

↓

2 香港入国審査

日本人など外国からの訪問客は「Visitor／訪問旅客」と表示されたカウンターで審査を受ける。パスポートと記入済みの入出国カードを提示すると、係官がパスポートと記入済みの出国カードと氏名やパスポート番号、入国日、滞在期限が記された「入境標籤（Landing Slip）」を一緒に渡してくれる。入境標籤に「SD」と記されていれば、出国時に自動化ゲート（Smart Departure）を使用できる。

↓

3 荷物受け取り

自分が利用したフライトの表示があるターンテーブルへ向かう。搭乗時に預けた荷物を受け取る。

↓

4 税関審査

免税範囲を超えていない場合は非課税の緑のランプの出口へ。超えている人は赤のランプの出口で申告。免税で持ち込めるものは右記の表でチェックを。

↓

5 到着ホールへ

ツアーの場合、現地ガイドが名前を書いたボードを持って待っている。個人旅行者は、交通手段を確認し、市内へ。香港ドルへの両替もここでできる。

入出国カードの記入例

```
IMMIGRATION DEPARTMENT HONG KONG          I.D. 93 (5/97)
香 港 入 境 事 務 處
IMMIGRATION ORDINANCE (Cap. 115)
入境條例（第115章）
ARRIVAL CARD 旅客抵港申報表
Family name (in capitals) 姓（請用正楷填寫）      Sex 性別
① CHIKYU                                      ③ F
Given names (in capitals) 名字（請用正楷填寫）
② ARUCO
Travel document No. 旅行證件號碼    Date and date of issue 發證日期及地點
④ CD9876543                    ⑤ TOKYO,JAPAN
                                   15/08/2024
Nationality 國籍                  Date of birth 出生日期
⑥ JAPANESE                     ⑦ 15：01 ：1990
                                   day  month  year
Place of birth 出生地點           Address in Hong Kong 香港地址
⑧ TOKYO                        ⑨ E Hotel Hong Kong
Home address 住址
⑩ 2-11-8,Nishigotanda,Shinagawa-ku,Tokyo
Flight No./Ship's name 航班／船名  From 來自
⑪ CX 501                       ⑫ TOKYO
Signature of traveller
旅客簽署                         ⑬ 地球 歩子

                              Please write clearly
                              請用端正字體填寫
                              Do not fold
                              請勿摺疊
EM271431
```

①姓をローマ字で②名前をローマ字で③性別を記入　男性はM（Male）女性はF（Female）④パスポート番号⑤発給地と発給日⑥国籍⑦生年月日を西暦で⑧出生地⑨滞在先（ホテル名）⑩住所⑪便名（搭乗券で確認）⑫搭乗地⑬パスポートと同じサイン

香港入国時の免税範囲

品名	内容
たばこ	18歳以上紙巻きたばこ19本、葉巻1本、その他のたばこ25gまでのいずれか1種
酒	度数30%超のものは18歳以上1人1ℓまで

※入国の際に現金・有価証券を12万HK$以上所持している場合は申請が必要。

香港へのフライト

香港への直行便は日本各地からキャセイパシフィック航空（CX）、日本航空（JL）、全日空（NH）、ピーチ・アビエーション（MM）、香港エクスプレス航空（UO）、香港航空（HX）、グレーターベイ航空（GK）などが運航。日本からの所要時間は、約3〜5時間。

荷物について

機内持ち込み制限

キャセイパシフィック航空の場合、H36cm×W23cm×L56cm以内、重さが7kg以内（エコノミークラス）。ひとり1個のみ持ち込みが可能。刃物類は持ち込み禁止。すべての液体物（ジェル、エアゾール類を含む）は、100mℓ以下の容器に入れ、それらをジッパー付きの容量1ℓ以下、縦横の各20cm以内の透明プラスチック袋に入れる（1人当たり袋1つのみ）。

機内預け荷物重量制限

キャセイパシフィック航空の場合、原則として重量の合計が23kgを超えないこと（エコノミークラス）。LCCは、機内預け荷物は別途料金が必要になることも。超過料金は、航空会社や路線、利用クラスなどによって異なるので、搭乗する航空会社に問い合わせを。

PHSの持ち込みに注意！

香港ではPHS機器の所有と利用が禁止。違反者は5万HK$以下の罰金または2年間の禁固刑を科されることもあるので注意して！

香港ドルへの両替

到着ホールの出口付近に両替カウンターがある。レートは街なかの両替より少し悪い。交通費など必要最低限にしておいたほうが無難。市内へのタクシー代は300〜400HK$、エアポートエクスプレスは70〜115HK$、バスは高くても50HK$。両替窓口の営業時間は、6:30〜23:30（店により異なる）。深夜到着の場合は、到着ロビーに設置されているATMからクレジットカードや国際キャッシュカードで香港ドルを引き出せる。

❶搭乗手続き（チェックイン）

出発時刻の1時間30分前には空港へ行こう。自動チェックイン機または、航空会社のカウンターで航空券（eチケット控え）とパスポートを提示し、機内預け荷物を託す。クレームタグと搭乗券を受け取る。

❷セキュリティチェック

機内持ち込み荷物の検査とボディチェックを受ける。ドリンクなど液体のものは持ち込むことはできない。

❸香港出国審査

出国審査のカウンターへ向かい、係官にパスポートと香港入国時に記入済みの出国カード、搭乗券の3つを提示し、パスポートに出国スタンプを押してもらう。顔認証による自動ゲート（Smart Departure）利用での出国も可。

❹出国ロビー

大型ショッピングモール「スカイマート」には、免税店やブランドショップ、レストラン、カフェなどが多数並んでいる。香港の老舗菓子店などもあり、買いそびれたおみやげもゲットできる。

❺出発ゲート

搭乗する飛行機が出発するゲートへ向かう。ゲートは搭乗券にも記載されているが変更になる可能性もあるため、案内モニターで確認。香港國際空港は広大なので移動に時間がかかる。早めにゲートへ向かおう。

❻帰国

機内で配布される「携帯品・別送品申告書」を記入。別送品がある場合は2枚必要。日本の空港の税関審査で提出した後、到着ロビーへ。日本入国時の税関申告をウェブで行うことができるサービス「Visit Japan Web」で税関申告をしておくとスピーディ。
(URL)services.digital.go.jp/visit-japan-web/

ワシントン条約って何？

絶滅のおそれがある動植物を保護するため捕獲を禁止・制限する法律。指定動植物を使った製品の輸入は関係機関が発行した輸出許可書がないと持ち帰れない。例えば、希少動物を原材料とする漢方薬や皮革製品などは、購入した店に輸出許可書の作成を依頼し、香港出国時に税関に申告が必要。また、日本の空港でも税関に申告する。
(URL)www.meti.go.jp/policy/external_economy/trade_control/02_exandim/06_washington/

携帯品・別送品申告書記入例

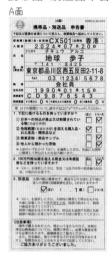

A面 / B面

出国するときはおみやげに注意！

国外持ち出し許可書のない骨董品や違法コピーのDVD、本、ブランド品の偽物などは香港からの持ち出し禁止。気をつけたいのは、肉類。ローストダックや点心の肉まん、シュウマイといった肉加工製品は、香港から持ち出せても日本へ持ち込むことはできない（冷凍品であっても同様）。また、ほとんどの生の果実も日本への持ち込み禁止。

インタウン・チェックイン

エアポートエクスプレス利用客は「インタウン・チェックイン」を利用して、駅で荷物の預け入れと搭乗券の受け取りができる。受け付け時間は香港駅がキャセイパシフィック航空6:00～23:00、香港航空6:00～19:00、九龍駅はキャセイパシフィック航空のみで6:00～15:00（2024年6月20日現在）。フライト出発予定時刻の24時間前から90分前までにオンライン・チェックインを済ませたあと、セルフサービスキオスクでバゲージタグを印刷、セルフサービス手荷物預け機で荷物を預ける。受託手荷物の最大サイズは145×100×85cm。

日本帰国時の免税範囲　税関(URL)www.customs.go.jp

品名	内容(日本居住者の場合)
酒類	3本（1本760mℓのもの）
たばこ	紙巻たばこのみの場合200本、加熱式たばこのみは個装等10個、葉巻たばこのみは50本、その他の場合250g
香水	2オンス（1オンスは約28mℓ。オードトワレは含まれない）
その他	20万円以内のもの（海外市価の合計額）
おもな輸入禁止品目	・麻薬、向精神薬、大麻、あへん、覚せい剤、MDMA ・けん銃等の銃砲・爆発物、火薬類 ・貨幣、有価証券、クレジットカード等の偽造品、偽ブランド品、海賊版等

※海外から自分宛に送った荷物は別送品扱いになるので税関に申告する。

空港から市内へ

香港國際空港は、市内から約35km離れたランタオ島にある。
市内へのアクセスは本数の多いエアポートエクスプレスのほか、
中心部まで乗り換えなしで行ける空港バスも利用価値が高い。
深夜バスもあるのでアクセスは万全。

市内へGO！

市内までのかんたんナビ

① まずは、両替

香港國際空港内には、「トラベレックス」など両替店が数ヵ所あり、24時間営業店もある。また、自動両替機で現金の両替のほか、クレカでの現金引き出しも可能。ただ、空港での両替は市内よりレートがよくないため、交通費程度にとどめておこう。

② 市内への アクセスを確認

市内へのアクセス手段は、①エアポートエクスプレス②空港バス③各ホテルへのシャトルバス④タクシーの4通りある。P.179の「各交通手段の特徴」を読み、利用するアクセスを決めよう。

SIMカードの購入

旅行中もスマホやタブレットを気軽に使いたいなら、ツーリスト用のプリペイドSIMカード「Discover Hong Kong Tourist SIM Card 香港任縦横」が便利。10日間有効の12GBのSIMが88HK$、30日間有効の32GBのSIMが118HK$。コンビニなどでも購入可能だが、空港到着ロビーにあるショップ「1010」ではSIMカードのセットからアクティベーションまでやってくれるので安心なうえ、到着後すぐに使用できるのでおすすめ！
※「1010」でのSIMカード購入時にはパスポートの提示が必要。

すごくベンリだよ

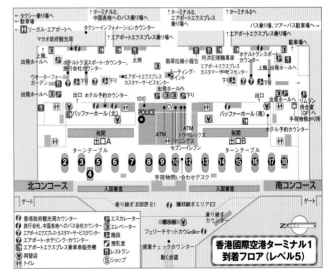

香港國際空港全体図

各交通手段の特徴

エアポートエクスプレス

博覧館駅が始発で、空港から新界の青衣駅を経て尖沙咀西側に位置する九龍駅、中環にある香港駅が終点となる。所要時間は、空港〜青衣駅14分（70HK$、往復120HK$）、空港〜九龍駅22分（105HK$、往復185HK$）、空港〜香港駅24分（115HK$、往復205HK$）。当日往復。オクトパスカード（→P.181）の利用で割引がある。運行時間は、空港発香港駅方面が早朝5:54〜翌0:48、香港駅発空港方面が早朝5:50〜翌0:48。どちらも10〜12分間隔の運行されている。

空港バス

空港バスは時間はかかるが、繁華街まで直通で行くことができ、運賃もエアポートエクスプレスより安い。停車するバス停の数が少ない「A+番号」と空港内を周回する「E+番号」の2種類がある。

● 九龍方面

A21　空港〜旺角〜油麻地〜佐敦〜尖沙咀〜尖沙咀東部〜紅磡駅　運賃：34.6HK$　運行：12〜30分間隔　所要時間：尖沙咀まで約70分

A22　空港〜佐敦〜土瓜灣〜九龍城〜牛頭角〜觀塘〜MTR藍田駅　運賃：40.8HK$　運行：20〜30分間隔　所要時間：佐敦まで約35分

● 香港島方面

A11　空港〜上環・マカオフェリーターミナル〜中環〜金鐘〜灣仔〜銅鑼灣〜北角碼頭　運賃：41.9HK$　運行：15〜30分間隔　所要時間：中環まで約45分、灣仔まで約55分、銅鑼灣まで約65分

E11　経路は上記A11とほぼ同じ。始発がアジアワールド・エキスポで終点はMTR天后駅。空港内を周回するためA11より約10分余計に時間がかかる。運賃：21.7HK$　運行：20〜40分間隔

A12　空港〜西環〜灣仔（北）〜北角〜太古〜西灣河〜筲箕灣〜柴灣〜小西灣（藍灣半島）運賃：47.1HK$　運行：60分間隔　所要時間：灣仔まで約45分、北角まで約65分

深夜運行「N系統」

● 香港島方面

N11　空港〜（空港施設を周回）〜東涌〜九龍駅〜佐敦〜尖沙咀（漆咸道南）〜紅磡海底トンネル〜銅鑼灣〜灣仔〜金鐘〜中環〜上環マカオフェリーターミナル　運賃：32.1HK$　運行：空港発深夜1:50〜4:50　約60分間隔

● 九龍方面

N21　空港〜（空港施設を周回）〜深水埗、旺角、油麻地、佐敦、尖沙咀（スターフェリー埠頭）運賃23.8HK$　運行：空港発深夜0:20〜4:40　約20〜30分間隔

タクシー

深夜到着で荷物が多い場合や3〜4人での利用ならタクシーがおすすめ。ホテルまで直行できるのでラク。

空港バスがリーズナブルおすすめ！

● 運賃と所要時間（目安）

●香港島方面
中環まで335HK$、所要約35分。灣仔まで340HK$、所要約40分。銅鑼灣まで340HK$、所要約45分。

●九龍方面
尖沙咀まで265HK$、所要約45分。旺角まで260HK$、所要約40分。

■主要エリアまでのタクシー料金（目安）
URL www.hongkongairport.com/en/transport/to-from-airport/taxi.page

乗車時のルール

●行き先別にタクシーの色が分かれている。香港島・九龍半島の繁華街へは赤色、九龍半島の新界エリアで荃灣、沙田より北へ向かう場合は緑色のタクシーに乗車。ランタオ島内では水色のタクシー。●海底トンネルなどの有料道路代は客側が支払う。空港から香港島へは西區海底トンネルを通るが往復の通行料の50HK$がプラスされる。●トランクに荷物を入れた場合は荷物1個につき6HK$をプラス。

香港の市内交通

香港は狭いわりにバラエティ豊かな交通機関が存在する乗り物天国。
地下鉄やタクシーだけでなく、2階建てのバス&トラム、フェリーなどを上手に組み合わせて
ユニークな乗り物体験を満喫しよう。まずは、各交通機関の特徴と利用術を頭に入れておこう。

楽しい
乗り物が
たくさん

MTR
Mass Transit Railway

香港内を縦横に結ぶ地下鉄と鉄道がMTR＝Mass Transit Railway。運行本数
も多く、渋滞に巻き込まれることもない。旅行者にとって最も利用しやすい交
通手段。運賃は、5〜64HK$（2024年6月現在）。基礎知識を仕入れたら、路
線図（→別冊P.2）をしっかりチェックして乗り込もう！ URL www.mtr.com.hk

地下鉄は9路線

香港を走る地下鉄は9路線あり、路線図やホーム
の表示は線別に色分けされている。

路線図→別冊P.2

● 港島綫＝アイランドライン
香港島の柴灣から堅尼地城の間を東西に結ぶ。

● 南港島綫＝サウス・アイランド・ライン
香港島の金鐘から南下し、海怡半島の間を結ぶ。

● 荃灣綫＝ツェンワン・ライン
香港島の中環から九龍サイドの繁華街を経て西北へ延び
荃灣の間を結ぶ。

● 觀塘綫＝クントン・ライン
九龍サイドの黃埔から油麻地、觀塘を経て油塘、調景嶺と結ぶ。

● 東涌綫＝トンチョン・ライン
香港島・中環にある香港駅から九龍駅を経てランタオ島
の東涌までを結ぶ。

● 東鐵綫＝イースト・レイル・ライン
香港島の金鐘から九龍サイドの紅磡を経て中国本土とのボーダー
がある羅湖・落馬洲までを結ぶ。そのため特別席の「頭等車廂」1
両を連結していて、利用には通常運賃の2倍相当額が必要となる
ので乗車時には車両の確認を。

● 屯馬綫＝トゥンマー・ライン
九龍サイドの烏溪沙から紅磡を経て屯門の間を東西に結ぶ。また、尖
東駅と尖沙咀駅は地下通路でつながっており、徒歩約8分で接続。

● 將軍澳綫＝ツンクゥンオウ・ライン
香港島・北角から九龍サイドの油塘を経て將軍澳の寶琳までを結
ぶ。さらに、將軍澳から康城へ支線がある。

● 迪士尼綫＝ディズニーランド・リゾート・ライン
東涌綫の欣澳駅から香港ディズニーランドのある迪士尼駅に結ぶ。

乗車券 　乗車券の買い方

① **目的地のボタンを押す。**
路線図のタッチパネルから選ぶ。

↓

② **金額が表示されるので
お金を入れる。**

↓

③ **切符とおつりを受け取る。**

複数買う場合は、②
の画面が出た際に
「多 張 Multiple」
のボタンを押し、次
の画面で枚数を指
定すると金額が表
示されるのでお金を
入れればよい。

左：従来式の券売機
右：一部の駅に設置の
「三合一」という新型
の複合機

MTRアプリが便利！
MTR

香港内での乗り換え案内はMTR
Mobileアプリがオススメ。路線図を
タップして出発駅と到着駅を入力すれ
ば、料金、時間、乗り換え情報などを
即座に確認できる。英語でも使いやす
く、そのほかの機能も充実。

最新
タイプだよ

ツーリスト・デイパス
（遊客全日通）

旅行者を対象にしたMTR全線乗り放
題（羅湖、落馬洲駅、エアポートエ
クスプレスは除く）のチケット。1
枚65HK$で、初乗りから24時間有
効。駅にある客務中心で購入できる。

出口表示を確認！

尖沙咀駅や中環駅
などは出口を間違
えると迷ってしま
うことも。本誌の
記事データに記載
された出口表示を
確認しておこう。

オクトパスカードを持ってなかったから、尖沙咀駅の改札でVISAカードをタッチして入場してみた。便利！　（東京都・森）

オクトパスカード

オクトパスカード（返却可能な質券タイプ）

日本のSuicaやICOCAなどと同じICカード。改札のセンサーにかざすだけで乗車でき、運賃がいつでも割引になる。価格は大人150HK$（50HK$は保証金）。チャージは、駅の「増値機 Add Value Machine」や「客務中心 Customer Service Centre」のほか、コンビニやスーパーなどでもできる（50HK$の倍数額）。有効期間は最後にチャージしてから1000日間。払い戻しは空港や最寄りの客務中心ででき、購入90日未満、または残高が1000HK$以上の場合は、手数料として11HK$または残高の1%のうちいずれか高いほうの支払いが必要となる。

ツーリストオクトパスカード

買い取りタイプのオクトパスカード。購入金額は39HK$。保証金額（デポジット）はなく、基本的に事前チャージ金額もない。返却はできない。また、残額がある場合は空港や最寄りの客務中心で払い戻しができるが、払い戻し後に同じカードを再使用することはできない。

購入場所

- ●MTR香港國際空港駅／西九龍駅設置の「港鐵車票及八達通售賣機」：カード39HK$＋事前チャージ111HK$＝150HK$
- ●香港政府観光局ビジターインフォメーションセンター（●8:00～20:00 Map 別冊P.16-A3）：カード39HK$＋事前チャージ100HK$＝139HK$
- ●セブン-イレブン、サークルK：39HK$

| オクトパスカードホットライン | ☎2266-2222 | ●月～金9:00～21:00、土～18:00　⑥日・祝 |

URLwww.octopus.com.hk

香港の市内交通

オクトパスカードで利用できる交通機関

- ● MTR全線（エアポートエクスプレス、輕鐵などを含む）
- ● KMBバス、シティバス、ファーストバス、新大嶼山バス、愉景湾バスの主要バス路線
- ● スターフェリーをはじめ、港内・港外線フェリー　● トラム、ピークトラム
- ● 一部のミニバス ● タクシー（2024年6月現在、順次導入中）

駅構内の客務中心

飲食や喫煙は禁止です！

MTR駅構内、車内では、飲食・喫煙、ゴミ投棄、落書き、危険物の持ち込みが禁止。特に飲食で車内を汚すことや喫煙には厳しく、最高5000HK$の罰金が科せられる。ただし、ケータイでの通話はOK。

2HK$節約できる

港鐵特惠站にタッチして当日中に指定の駅から乗車すると2HK$引きで乗車可能。

設置場所と指定駅の詳細
URLwww.mtr.com.hk/en/customer/tickets/fare_saver.html

廣深港高速鐵路が開通

2018年に全線開通した「廣深港高速鐵路」は、柯士甸駅と九龍駅に直結する西九龍駅から中国本土の福田、深圳北、光明城、東莞南、常平、東莞、虎門、慶盛、広州南及広州東駅間を約100分で結ぶ。全席指定制の運賃は普通車で深圳北まで約83HK$、広州東まで約237HK$（中国元のレートにより毎月変動）。※発券は列車出発時間の60分前まで、出入境手続きのため（パスポート提示）、45分前までに改札ゲートを通過する必要がある。

🚃 輕鐵 Light Rail

新界エリア北部を走る新型の路面電車。全部で11のルート、68駅ある。元朗、天水圍、兆康、屯門で西鐵線と接続する。1両または2両編成で運転。車内に運賃箱はなく、駅に設置されているリーダーにオクトパスカードをかざして乗降。または、併設の券売機でチケットを購入する。駅や車内に係員はいないが無賃乗車した場合には罰金が科せられる。運賃はゾーンによって変動し5.5HK$～。URLwww.mtr.com.hk/en/customer/services/lt_bus_index.html

---

MTR駅構内に出店している日本人が手がけるおにぎり店「華御結」が人気。「健康工房」（→P.135）も駅構内にある。

181

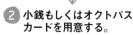 バス Bus

香港を網羅している公共バス。路線も多く安くて便利だけど、ちょっと予備知識が必要。ベーシックな情報を知ったうえで、バス旅にトライしてみてはいかが。

バスの乗り方簡単ナビ

1 バス停を探す

同じ停留所であっても、路線によってバス停の位置が違っていることがあるので要注意。

2 小銭もしくはオクトパスカードを用意する。

おつりは出ないので小銭またはオクトパスカードをあらかじめ用意しておく。※「タッチ決済対応マーク」のあるクレジットカード（M.V.）や電子マネーが使える路線が増加中。

3 バスを停めて乗車

乗りたいバスが近づいてきたら、手を挙げて「乗りまーす」と乗車の意思表示を。バスは前乗り、後ろ降り。運賃は、前払いで入口付近にある料金箱へ。オクトパスカードやクレジットカードは専用のセンサーにかざす。

4 降りたい停留所で下車

降車したい停留所に近づいたら、押しボタンや天井や窓枠に設置されている黒いベルトをプッシュ。現在、バス車内には次の停留所のアナウンスのほか、次の停留所が表示される電子掲示板の設置がある。

とっても便利だね！

● バス路線図を入手しよう

各バス会社がバス路線図の販売をしており、カスタマーサービスセンターや案内所で入手できる。また、バス会社のホームページでは路線検索が可能。書店やコンビニで売られている『香港街道地方指南』や『香港乗車指南』などにも、バス路線とバス乗り場図が掲載されている。

● 路線図が入手できる場所

●KMBカスタマーサービスセンター **Map** 別冊P.16-A3
　営業時間 11:00〜14:00、15:00〜20:00

■ バス会社の公式サイト
●KMB（九龍バス）**URL** www.kmb.hk
●シティバス、ファーストバス **URL** www.citybus.com.hk
上記、バス会社の公式サイトには、ルートや運賃などをリサーチできるページが用意されている。

　香港人おすすめのバスアプリ

「香港巴士實時到站」は、利用したいバスがどのタイミングで乗りたいバス停に到着するかをリアルタイムで見られるアプリ。バス停、路線番号などから検索ができ、バスの到着時間がかなり正確にわかる。同様の機能のアプリはいくつかあるので興味がある人は比較してみて。

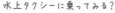

　水上タクシーに乗ってみる？　

ヴィクトリア・ハーバー内で観光路線フェリーを運航する、政府公認の水上タクシー。毎日運航の定期便と観光航路がある。定期便は1日7便。平日は尖東〜灣仔〜中環の循環運航、土・日曜、祝日は西九龍が加わる。航路内の船着場での上下船は自由（30HK$〜）。観光航路は1日7便。尖東でのみ上下船可能（100HK$〜）。チケット購入は券売所やウェブサイトで。
詳細 **URL** www.hongkongwatertaxi.com.hk/en

ミニバス（小巴）Mini Bus

公共バスが走っていない地域まで細かく結んでいるミニバス。日本製のマイクロバスを使っている。クリーム色のボディに赤い屋根のバスと、緑の屋根のバスの2種類がある。ミニバスを使いこなせば便利だが、降りる際に広東語で「有落（ヤウロッ）！」（降ります！）と叫ばないといけないので、旅行者にとってはちょっと難度の高い交通機関。数は少ないが降車ブザーの付いたバスもある。

「西九文化區（→P.22）」からミニバス「77M」に乗車。運転手に「ハーバー・シティ（→P.112）、プリーズ」と言ったら下車できた。（大阪府

トラム Tram

路線図→別冊P.20 ▶

香港島の北側を東西に結ぶ。2階建ての路面電車は世界でも珍しい存在。車体にさまざまな広告が描かれたトラムは、香港の名物。全長13.5km。停留所は120ヵ所。
URL www.hktramways.com

乗り方　運賃は全線一律3HK$、あと払い。おつりはもらえないので、小銭かオクトパスカード、「タッチ決済対応マーク」のあるクレジットカード（A.J.M.V.）を用意しておこう。後ろから乗り、前から降りる。停留所名が明記されていないことが多く、車内アナウンスもないため、地図や周囲の景色を見て降りる場所を判断するしかない。が、停留所の間隔は平均250mと短いため、通り過ぎてしまっても歩いてすぐ戻れる。

●3つの路線

①香港島の東西を結ぶ路線　堅尼地城～筲箕湾
②跑馬地への支線　銅鑼湾から競馬場のある跑馬地に回る支線　③北角にある街市（市場）の中を抜ける支線　運行時間：5:04～翌0:39

香港島～九龍間のタクシー移動　トンネル通行料のルール

タクシーで香港島～九龍を移動すると、通行する海底トンネルの代金は往復分を乗客が負担しなければならない。両岸を結ぶトンネルは3つ。混雑状況や目的地によってどのトンネルを通過するかを決める。トンネル通過料金は片道25HK$。ただし、繁華街に設けられた「過海的士」という対岸行きタクシー専用のスタンドから乗車した場合は片道分のみ支払えばよい。

タクシー 的士 Taxi

MTRの駅から離れているお店へ行くときや荷物が増えてしまったときなど、タクシーが便利。日本より安く、流しのタクシーも多いので旅行者も利用しやすいが、夜間に女性ひとりで乗ることはやめよう。

乗り方　日本と同様、空車（For Hireの赤いマークがある）のタクシーを見つけたら、手を挙げて乗車の意思を伝える。ただ、どこでも停車してよいわけではなく、路側が二重線のエリアでは乗降車できないという規則がある。乗り降りは、緑色の的士站（Taxi Stand）の標識がある乗り場や二重線のない場所で行う。運転手に日本語や英語はあまり通じないため、行き先の名称と住所を漢字で書いて見せるといい。
●交通苦情ユニットホットライン ☎2889-9999
●香港警務處日本人ホットライン ☎2529-0000

●タクシーの種類と料金システム

香港島と九龍：赤いボディに銀色の屋根。基本料金は2kmまで29HK$、以降200m（待ち時間1分）ごとに2.1HK$、9kmを超えたら200m（待ち時間1分）ごとに1.4HK$加算。

新界エリア：緑色ボディに白色の屋根。基本料金は2kmまで25.5HK$、以降200m（待ち時間1分）ごとに1.9HK$、9kmを超えたら200m（待ち時間1分）ごとに1.4HK$加算。

ランタオ島：水色ボディに白色の屋根。基本料金は2kmまで24HK$、以降200m（待ち時間1分）ごとに1.9HK$、9kmを超えたら200m（待ち時間1分）ごとに1.6HK$加算。

●料金の支払い

メーターに表示された金額を支払う。なお、1HK$未満の10セントの単位はチップとして切り上げて支払うのが一般的。荷物を後ろのトランクに入れた場合は、1個につき6HK$を支払う。

フェリー Ferry

香港の街はヴィクトリア・ハーバーを挟んで香港島と九龍半島サイドに分かれている。地下鉄やバス、タクシーでも行き来できるが、フェリーで対岸へ渡るのも旅情豊か。また、長洲島や南Y島など離島へ行くにはフェリーを利用する。

●港内線

ヴィクトリア・ハーバー内を往復するフェリー。
●スターフェリー（天星小輪）尖沙咀～中環：1等（2階席）5HK$（土・日・祝6.5HK$）、2等（1階席）4HK$（土・日・祝5.6HK$）所要約9分、6:30～23:30運航
尖沙咀～灣仔：5HK$（土日祝6.5HK$）所要約8分、7:20～23:00運航
URL www.starferry.com.hk
●サンフェリー北角～紅磡：10HK$　所要約8分　九龍城～北角：10HK$ 所要約14分 URL www.nwff.com.hk

●港外線

離島への路線。中環碼頭にあるターミナル2～6号碼頭から乗船。
中環～ランタオ島梅窩：所要約50～55分、高速船所要約35～40分、17.2HK$～、新渡輪
中環～長州島：所要約55～60分、高速船所要約35～40分、14.8HK$～、新渡輪
中環～南Y島索罟灣：所要約30～40分、27.5HK$～、港九小輪
中環～南Y島榕樹灣：快速船所要約27分、22.1HK$～、港九小輪
新渡輪 URL www.sunferry.com.hk
港九小輪 URL www.hkkf.com.hk

旅の便利帳

お金、通信、マナーなど、香港を旅するのに知っておきたいインフォメーションを集めてご紹介。これだけおさえておけば、安心して香港へ旅立てるはず。

困ったときはすぐ確認！

お金

香港の通貨は、HK$（ホンコン・ドル）で、1HK$＝100¢（セント）。紙幣は10、20、50、100、500、1000HK$の6種類。硬貨は10、20、50¢、1、2、5、10HK$の7種類ある。10HK$紙幣以外は香港打銀行、香港上海滙豊銀行、中国銀行香港分行の3銀行が各々デザインの違う紙幣を、10HK$紙幣と硬貨は香港政府が発行している。

 500HK$

 100HK$

 50HK$

 20HK$

 10HK$

 10HK$ 5HK$ 2HK$

 1HK$ 50¢ 20¢ 10¢

クレジットカード

香港では、大衆的な食堂や露店など以外は、ほとんどの場所でクレジットカードが使え、タッチ決済ができる店も増えている。クレジットカードは紛失や盗難に遭った場合もカード発行金融機関に連絡すれば、すぐに無効にでき、不正使用などの被害に遭った場合も通常カード発行金融機関が補償してくれる。多額の現金を持ち歩くのはリスクが高いので、両替は最小限にしてクレジットカードを使うのがベター。また、クレジットカードの券面にタッチ決済可能なマークがあれば、MTR（2024年6月現在Visaのみ）やバス、トラムなどはタッチ決済で乗車できる。

両替・ATM

日本の空港や香港国際空港内の銀行・両替店での香港ドルへの両替は、レートが悪いので必要最小限にしておこう。銀行は両替手数料を取るところが多い。両替商は、尖沙咀や銅鑼湾などを中心にたくさんある。店頭に掲げられたレート「Buy」を確かめ、何店か比べてから利用したい。手数料を取る両替商はほとんどない。空港やMTRの駅構内、ショッピングモールやコンビニなどにあるATMでは、VisaやMaster、JCBなどクレジットカードで香港ドルを引き出すキャッシングが可能。出発前に海外利用限度額とPIN(暗証番号)をカード発行金融機関に確認しておこう。クレカでのキャッシングは金利がかかるが、銀行の両替手数料よりも低いケースが多い。

電話

香港の公衆電話は、コイン専用、テレホンカード式のほか、クレジットカードやオクトパスカードが使える電話機もあるが、最近は台数が激減している。公衆電話の市内通話料金は5分間で1HK$。

SIMフリーのスマートフォンであれば、音声通話付きの香港のSIMに差し替えることで使用可能。国際電話や無料現地通話ができる「Discover Hong kong Tourist SIM Card」は、10日間用12GB（88HK$）と30日間用32GB（118HK$）の2種類がある。空港到着フロアの「1010」（→P.178）、尖沙咀スターフェリーコンコースの「香港政府観光局ビジターインフォメーションセンター」、セブン-イレブンなどで購入できる。

日本から香港へ

国際電話識別番号		香港のエリア番号		相手先の電話番号
010	＋	852	＋	1234-5678

香港から日本へ 東京03-1234-5678にかける場合

国際電話識別番号		日本の国番号		市外局番・携帯電話の最初の「0」は取る
001	＋	81	＋	3-1234-5678

現地での電話のかけ方

電話番号をそのままプッシュする（通常8桁）。

※香港内でのPHSサービス終了・停波に伴い、PHS端末の所持、使用は禁止されている。違反者は2年以下の禁錮または5万HK$以下の罰金を科せられる場合がある。3Gモードの国際ローミングを目的とした日本人旅行者のPHS所持は禁止措置の対象とならないが、要注意。詳細はOFCA URL www.ofca.gov.hk。

あちこちにある標識「小心地滑」とは「滑るので気をつけて！」という意味。香港の床は水や油でぬれて滑りやすい。（兵庫県：未央）

電源電圧

香港の電圧は220V、周波数50Hz。日本国内用の電化製品を使用するには変換プラグと変圧器が必要。プラグはBFタイプ（角3ピンの英国タイプ）に統一されているが一部Bタイプも残っている。変換プラグを貸してくれるホテルもあるが、持参が安心。大型家電量販店や通販で入手できる。スマホやデジカメなどの充電器は、海外対応の場合が多いが事前に確認しておこう。

スマホ

スマホを日本と同様に使うにはWi-Fiルーターをレンタルするか、SIMフリースマホであれば香港のSIMカードに差し替えれば利用できる。SIMカードは香港国際空港の到着フロアにあるショップ「1010」やコンビニなどで販売。日本国内のネット通販でも購入できる（香港の電話番号（音声通話）が付いていないケースが多い）。また、SIMカードの抜き差し不要なeSIMも便利（一部非対応端末あり）。なお、契約している通信会社がドコモのahamo（20GBまで）と楽天モバイル（2GBまで）であればSIMを差し替える必要はなく、国際ローミングが追加料金なしで利用できる。

Wi-Fi

香港のショッピングモールや飲食店など、多くの施設がフリーWi-Fiを提供。「Wi-Fi.HK」は香港政府が運営・管理するフリーWi-Fi。図書館や公園など多数のスポットがあり、ネットワーク名は「Wi-Fi.HK」で利用時間は30分。香港国際空港の「#HKAirport Free Wi-Fi」は随時接続OK。MTRの「MTR Free Wi-Fi」は全駅で15分間、1日10回まで利用できる。

禁煙・電子たばこ

香港では、レストランやバー、ショッピングモール、カラオケ店など、屋内の公共の場での喫煙がすべて禁止。公営市場や公園などは屋外でも原則的に禁煙。禁煙場所で喫煙した場合の罰金は一律1500HK$。電子たばこ、加熱式たばこ製品、ハーブたばこ、およびそれらの付属品の輸入、宣伝、製造、販売、商業目的での所持は全面禁止。違反者は最大6ヵ月の懲役刑と5万HK$の罰金が科される。

水

香港の水道水は日本と同じ軟水だが、水道管が汚染されている恐れがあるため、生水は飲まないように。コンビニやスーパーで売られているミネラルウォーターや蒸留水を飲もう。2024年春よりプラスチック規制を段階的に実施しており、ウォーターサーバーを導入するホテルも増えている。香港国際空港にもウォーターサーバーがある。

郵便

日本への国際郵便は、エアメールの場合、はがきまたは20gまでの封書が5.4HK$、50gまで12.3HK$。小包は船便が2kg268HK$、航空便が2kg317HK$。郵便局の営業時間は原則月〜金曜9:30〜17:00、土曜は〜13:00（局により異なる）。切手は、郵便局前などに設置されている自販機「Postage Label Vending Machine」で24時間購入可能。一部コンビニでも販売している。URL www.hongkongpost.hk

トイレ

香港では、トイレのことを「廁所」「洗手間」などと表示。公衆トイレは「公廁」。街なかや観光スポットなどには公衆トイレが設けられているがあまりキレイとはいえない。街歩き中には、ホテルやショッピングモールのトイレが便利。カフェやファーストフード店などでトイレを利用するにはスタッフから鍵を借りる必要がある場合も。MTRはトイレを設けた駅を増やす計画を進行中。

香港旅行に便利なアプリ

MTR Mobile
MTRの公式アプリ。香港での移動に不可欠な路線図や運行情報、乗り換え案内などを提供。

Octopus
交通系ICカード「オクトパスカード」をスマホに搭載できるアプリ。iPhoneのみ対応。

MyObervatory
香港政府運営の天気情報。9日間の天気や気温、2時間先までの雨情報などをチェック可能。

OpenRice
香港版「食べログ」的な飲食店情報アプリ。レストラン予約もできるグルメサイト。

Googleマップ
地図アプリは香港でも大活躍。地図をダウンロードしておけばオフラインでも利用可能。

Google翻訳
手書きや音声でも入力できる翻訳アプリ。カメラ入力を使えばメニュー解読も可能。

香港は英国式で階数を表示しており、日本の1階はG（Ground floor、漢字表記では地下）、2階は1st floor、1（漢字表記は一樓）。

旅の安全情報

香港は治安がよく、女子も不安なく街歩きができる都市。
でも外国であることを忘れずに、少し気を引き締めて。
楽しく旅を終えるために、出発前にしっかりチェックしよう。

注意してね〜

治安

香港の治安は犯罪発生率でみる限り良好だが、日本人旅行者の場合、パスポートなどの所持品をスリや置き引きによって盗まれるケースが最も多い。特にスリは新手の手口も見られるので要注意。また、交通量が多くルールも厳守されていないので、交通事故にも十分注意しよう。
●外務省海外安全ホームページ
URL www.anzen.mofa.go.jp

病気・健康管理

食べすぎて胃腸を壊したり、冷たい飲み物を飲みすぎて下痢をしたり……。節度のある食べ方をし、胃腸薬や下痢止め、風邪薬など常備薬を忘れずに持っていこう。また、5月から9月頃までは日差しも強く蒸し暑い。日射病や熱射病を防ぐため帽子は必需品。疲れたなと感じたらタクシーでホテルへ戻り、休憩を取るようにしたい。

海外旅行保険

旅行中、どんなトラブルに遭遇するかわからないので、出発前に海外旅行保険に加入しよう。病気やケガでの受診は、保険に加入していないと高額の医療費が必要となる。また、カメラやスマホの盗難なども補償の対象になるので安心。ウェブで簡単に加入でき、クレジットカード付帯の保険に不足している補償を選択して入れる保険もある。クレカ付帯の保険内容をチェックしておこう。

こんなことにも気をつけて！

エピソード1 手荷物に気をつけて！ スリや置き引き出没エリア

九龍の尖沙咀や銅鑼灣、金鐘、中環のデパートやショッピングモール周辺はスリ多発地帯。バッグは必ず正面側で持つようにしよう。食事をするときも、携帯品は必ず目の届くところに置いて。プロのスリはスーツ姿や主婦のようなファッションに身を包み、観光客のパスポートや現金、転売可能なブランド品などを狙っている。

エピソード2 空港やホテルでもトラブル発生

香港國際空港での盗難も多発している。チェックインや出発ゲートの待合室で被害に遭うことが多い。ホテルのチェックイン時も要注意。貴重品は手に持ち、足元の荷物は両足で挟むなどして自衛を。ホテルでは従業員を装った犯人が部屋を訪ね、チェックイン手続きにミスがあったと偽り、パスポートを持ち逃げする犯罪も発生している。

エピソード3 悪質タクシーに注意！

ヴィクトリア・ピークや香港國際空港などから乗車した際、遠回りされたり、高額な料金を請求されたりする悪質タクシーの報告がある。最近、増えているのがエアポートエクスプレスの九龍駅までと告げたのに、間違えたふりをして空港まで行ってしまうケース。ホテル前で客待ちしているタクシーが旅行者を狙うこともあるので、十分注意しよう。

エピソード4 偽物を売りつけるしつこい客引き

尖沙咀の彌敦道付近では、偽ブランドの腕時計やバッグなどの購入をすすめられ、興味を示すと雑居ビルなどに連れ込まれて購入を強要され、トラブルになるケースが多く発生している。客引きがあやしい日本語で話しかけてきたらきっぱりと断ろう。

エピソード5 食べすぎ、食中毒対策を

香港で起こりがちなのが食べすぎによる腹痛や下痢。特にナマものは避けたい。衛生状態が日本ほどよいとはいえないので食中毒を起こすこともある。具合が悪くなったら、まずホテルのフロントに相談。ホテルドクターや近くの病院を紹介してくれる。香港には日本語が通じる病院（→P.187）もあるので早めの受診を。

エピソード6 郊外のひとり歩きにご用心！

自然豊かな離島や郊外は、週末や祝日は地元の人でにぎわっているが、平日はその喧騒がうそのように人影まばらなところが多い。平日の昼間にハイキングに出かけるときは極力ひとりでの行動は避け、ふたり以上のグループで出かけよう。

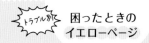

困ったときの
イエローページ

トラブル1 パスポートを紛失したら

**まずは最寄りの警察へ
次に日本総領事館で手続きを**

パスポートを紛失した場合は、①警察署に届け、紛失・盗難証明書「Loss Memo」を発行してもらう。②①の手続きを終えたら日本国総領事館に連絡。③総領事館が以降の手続きについて詳細を説明。新しいパスポートを取得（発給には3日間必要）するか、帰国のための渡航書（発給にかかる時間は事情による）を発給してもらう。

「帰国のための渡航書」発給に必要なもの

- ☐ 紛失・一般旅券等届出書1通→提出後、紛失したパスポートは失効。
- ☐ 渡航書発給申請書1通（領事館にある）
- ☐ 写真2枚（タテ4.5cm×ヨコ3.5cm、2枚とも同じもの）
- ☐ 警察発行の紛失・盗難証明書
- ☐ 日本の公的機関が発行した顔写真入りの身元が確認できる書類（運転免許証など）
- ☐ 帰国の航空券（eチケットなど）　☐ 手数料140HK$

トラブル2 事件・事故に遭ったら

警察と日本国総領事館に連絡

盗難などに遭ったときはまず警察へ届け出よう。事件や事故に巻き込まれた場合は、警察と日本国総領事館に連絡する。

緊急連絡先

警察・消防・救急
999　※香港警察ホットライン2527-7177

在香港日本国総領事館
2522-1184 Map 別冊P.7-D2
URL www.hk.emb-japan.go.jp

外務省海外安全相談センター（日本）
03-3580-3311（内線2902、2903）

トラブル3 クレジットカードを紛失したら

**盗難でも紛失でも、
至急利用停止手続きを**

もし、クレジットカードを紛失してしまった場合は、すぐにカード発行金融機関に連絡して、カードの利用を止めてもらう。出発前にカード裏面の「発行金融機関名」、緊急連絡先をメモしておこう。盗難による紛失なら、警察にもすぐ連絡を。

緊急連絡先　カード会社

Visa ………… **800-901-871**
アメリカン・エキスプレス… **800-96-3012**
ダイナース…… **001-81-3-6770-2796**
JCB ………… **001-800-00090009**
MasterCard… **800-966677**

トラブル4 病気になったら

緊急の場合は救急車、日本語が通じる病院も

熱が下がらない、ケガをした……というときは、病院へ行こう。ホテルのフロントでも紹介してくれるし、海外旅行保険の緊急連絡デスクに連絡すると近くの病院を教えてくれる。香港には日本語が通じる病院がある。

緊急連絡先　救急車/病院

救急車 …………… **999**
港安醫院 ………… **3651-8808**
（跑馬地司徒拔道40號）
嘉諾撒醫院 ……… **2522-2181**
（舊山頂道1號）
養和醫院 ………… **2572-0211**
（跑馬地山村道2號）

トラブル5 荷物を忘れたら

遺失物センターに問い合わせる

MTRで忘れ物をしたときは、金鐘駅内の「Lost Property & Student Travel Scheme Office」へ。8:00～20:00オープン。または、電話で問い合わせる。

緊急連絡先　公共交通機関

MTR ………… **2861-0020**
忘れ物 ……… **2881-8888**
ホットライン

見つかりますように！

その他連絡先

保険会社

損保ジャパン日本興亜 …… **800-90-0356**
東京海上日動 ………… **800-96-6933**
AIG損保 ……………… **800-96-8198**

航空会社

日本航空 ………………… **800-90-5853**
全日空 …………………… **800-93-0649**
キャセイパシフィック航空 … **2747-3333**
香港航空 ………………… **3916-3666**

観光案内所

香港政府観光局
ビジター・ホットライン（香港） **2508-1234**（9:00～18:00 日本語可）
香港政府観光局
東京オフィス **tyowwo@hktb.com**
※一般問い合わせはメールのみ
URL www.discoverhongkong.com/jp/

これで安心だね！

貴重品の紛失や盗難に備えて、パスポートのコピー、現金、海外旅行保険証書は分散して持っておこう。　**187**

地球の歩き方 シリーズ一覧

★最新情報は、ホームページでもご覧いただけます。
URL www.arukikata.co.jp/guidebook/

球の歩き方　ガイドブックシリーズ　各定価1540〜3300円

2024年6月現在

arucoのSNSで
女子旅おうえん旬ネタ発信中！

Instagram@arukikata_aruco
X@aruco_arukikata
Facebook@aruco55

arucoのLINEスタンプが
できました！チェックしてね♪

aruco編集部が、本 誌で紹介しきれなかっ たこぼれネタや女子が 気になる最旬情報を、 発信しちゃいます！ 新 刊や改訂版の発行予 定などもチェック☆

OK!!

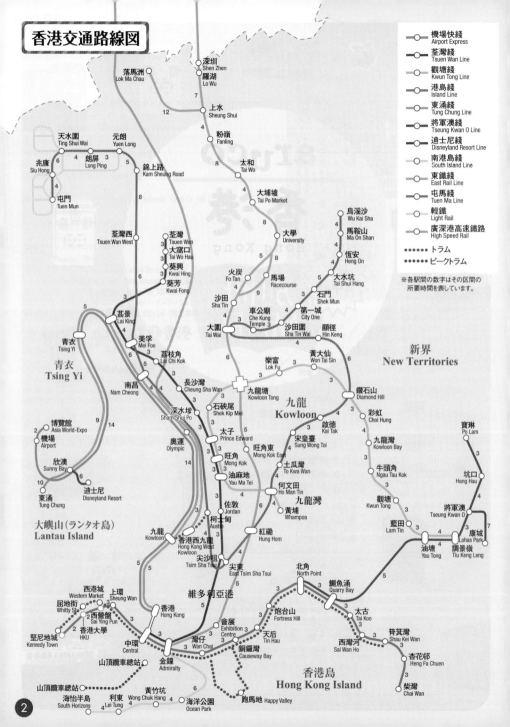

香港交通路線図

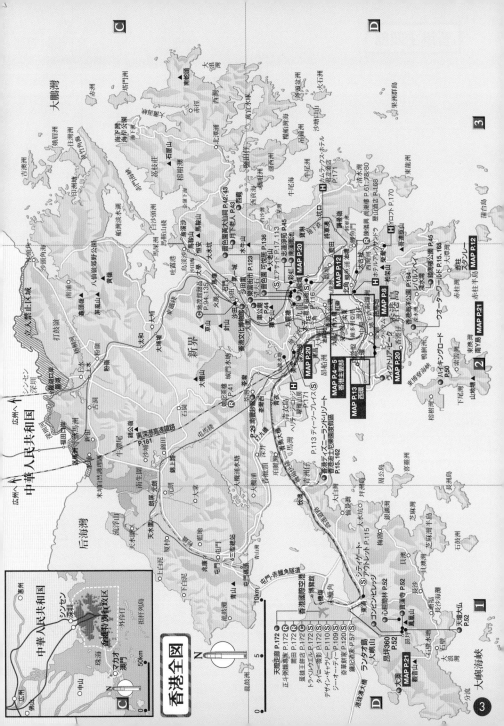

香港全図

C 中華人民共和国 マカオ 澳門
广州へ
惠州
ジンセン 深圳
中山
珠海
香港特別行政区
広州 佛山
N
C
50km

N
0 5 10km

天覧走廊 P.172 R
正斗粥麺専家 P.172 R
蓮香居 P.172 S
翠華餐廳 P.172 S
鏞記酒家 P.172 S
トラムハウエル P.172 S
利苑酒家 P.110 S
ジェイド・ギャラリー P.109 S
デザインギャラリー P.120 S
鏞記酒家 P.57 S

ランタオ島 大嶼山
昂坪360 大嶼山 P.52
MAP P.21

大鵬湾

大鵬湾

立入禁止区域

中華人民共和国
ジンセン 深圳
広州へ

新界

后海湾

香港国際空港

シティゲート・アウトレット P.115
コンビンセンジ
S
東涌
コンビン・レンジ P.52
寶蓮寺 P.52
鳳凰山
心経簡林 P.115
梅窩

大澳

香港ディズニーランド・リゾート P.15,162
香港迪士尼楽園度假区

香港ディズニーランド P.113 ディーツーランドパレス

ペニンシュラ P.171 H

MAP P.4~5
香港主要部
MAP P.13
西環

MAP P.20

MAP P.13
ビクトリア・ピーク
MAP P.20
ウォーターフロント・プロムナード

MAP P.8
香港島

MAP P.12

MAP P.12

MAP P.20
南桹

MAP P.21
赤柱半島

赤柱
スタンレー

MAP P.21

D
3

2

1

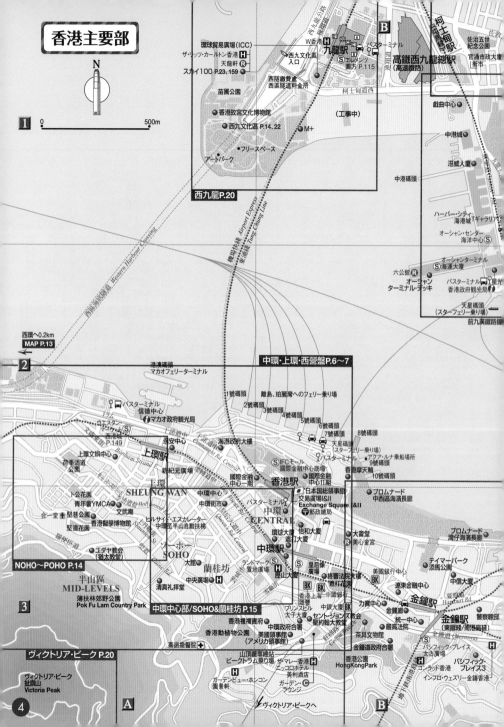

香港主要部

N

0 ——————— 500m

環球貿易廣場(ICC)
ザ・リッツ・カールトン香港 H
天龍軒 R
スカイ100 P.23,159

西九文化區
入口

W香港酒店 H
圓方 P.115
エレメンツ S

九龍駅 B
バスターミナル

高鐵西九龍總駅
(高速鐵路)

柯士甸駅

佐治五世
紀念公園

官涌市政大廈
官涌街市

苗圃公園

機場快線 Airport Express
東涌綫 Tung Chung Line

柯士甸道西

戯曲中心

西隧收費處
西區隧道料金所

香港故宮文化博物館
西九文化區 P.14, 22

フリースペース

M+

(工事中)

中港城

港威大廈

中港碼頭

アートパーク

西九龍 P.20

西環線貨運鐵路 Western Harbour Crossing

ハーバー・シティ
海港城「ギャラリア」S

オーシャン・センター
海洋中心 S

オーシャンターミナル
海運大廈

六公館 R

オーシャン
ターミナル・デッキ

バスターミナル
香港政府観光局

星光

天星碼頭
(スターフェリー乗り場)

前九廣鐵路鐘

西環へ0.2km
MAP P.13

港澳碼頭
マカオフェリーターミナル

中環・上環・西營盤 P.6～7

1號碼頭

離島、珀麗灣へのフェリー乗り場

2號碼頭

3號碼頭

4號碼頭

5號碼頭

6號碼頭

7號碼頭

8號碼頭

バスターミナル
信德中心

マカオ政府観光局

エクスプレス S
西港城 R
干諾道 P.149

永安中心

上環駅
上環
SHEUNG WAN

上環文娯中心

荷李活道
公園

新紀元廣場

德輔道中 Des Voeux Rd. Central

干諾道中 Connaught Rd. Central

海港政府大樓

天星碼頭
(スターフェリー乗り場)

バスターミナル

IFCモール
國際金融中心商場 S

國際金融
中心一期

國際金融
中心二期

香港摩天輪

9號碼頭

10號碼頭

プロムナード
中西區海濱長廊

香港駅

日本国総領事館
交易廣場I&II
Exchange Square I&II

郵政總局

卜公花園

青年會YMCA

合一堂

堅巷公園

文武廟

香港醫學博物館

堅道花園

般咸道 Bonham Rd.

中環中心

中環街市

バスターミナル

ヒルサイド・エスカレーター
中環半山自動扶梯

環球大廈
怡和大廈

恒生大廈

中環駅 CENTRAL

中環

置地廣場

歴山大廈

大會堂

R 美心皇宮

プロムナード
灣仔海濱長廊

テイマーパーク
添馬公園

ユダヤ教会
(猶太教堂)

SOHO

ソーホー

蘭桂坊

大館

中央廣場 H

NOHO～POHO P.14

半山區
MID-LEVELS

薄扶林郊野公園
Pok Fu Lam Country Park

清真礼拝堂

香港上海
香港上海匯豐銀行

BK

終審法院大樓

立法會 BK

遠東金融中心

中信大廈

美國銀行中心

中環中心部/SOHO&蘭桂坊 P.15

プリンスビル
太子大廈

力寶中心

金鐘道 Queensway

金鐘駅

金鐘駅
(荃灣綫/南港島綫)

警察総部

香港禮賓府

美國領事館

香港動植物公園
(アメリカ領事館)

嘉諾撒醫院 ✚

セント・ジョンズ教会
聖約翰座堂

中環政府合署

茶具文物館

統一中心

最高法院

香港道政府合署

ジ

最高法院

香港公園
HongKongPark

夏慤道 Harcourt Rd.

パシフィック・プレイス
太古廣場

コンラッド香港

パシフィック・
プレイス3

インフロ・ウェズリー金鐘香港

ヴィクトリア・ピーク P.20

ヴィクトリア・ピーク
扯旗山
Victoria Peak

山頂纜車總站
ピークトラム乗り場

ザ・ペニンシュラ香港
ニッコロホテル
美利酒店

ガーデンビュー・ホンコン
園景軒

ザ・マレー香港 H

ガーデン・
ラウンジ

ヴィクトリア・ピークへ

3

A

B

4

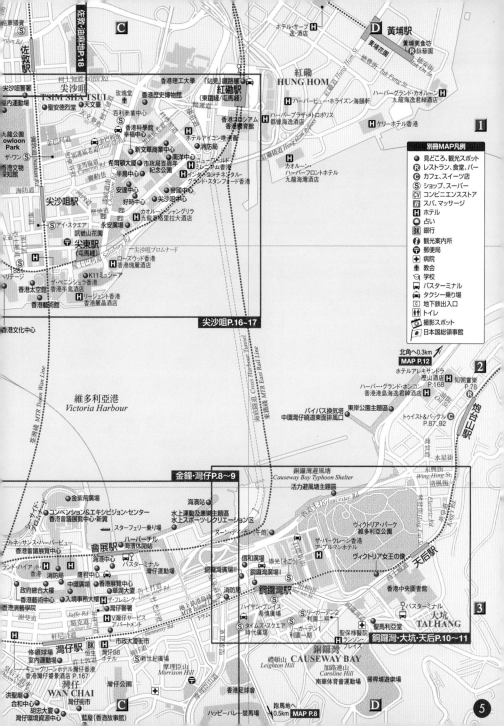

中山公園體育館游泳池

A

B

中山紀念公園

西區海底隧道 Western Harbour Crossing

West End Service St.

西消防街

中港道 Chung Kong Rd.

中區警署總部

信德中心
Shun Tak Centre

美心皇宮 P.41
華星冰室 P.88
奄華餅家 P.120

1 干諾道西

Connaught Rd. W.

ランダー・グランド香港
香麗酒店

バスターミナル

美心西餅

アイランド・パシフィック・ホテル・ホンコン
港島大平洋酒店

セブン-イレブン

鹹魚街 Pam Yu St.

ワイ・ホテル香港
香港麗富酒店

イビス・ホンコン・セントラル＆ションワン
宜必思香港中上環酒店

ハーフウェイコーヒー P.98

鳳城酒家 P.41

威勝商業
大廈

新街市街 New Market St.

マカオ政府観光局
80M巴士専門店
満記甜品 P.95

西港城 P.149

Des Voeux Rd. W.

60ウエスト
西城六十 P.170

乾物の店が点在

漢方薬、乾物、ツバメの巣
雑穀などの問屋が多い

漢方薬、乾物、虫
雑穀などの問屋街

塩漬魚を売る店が点在

皇后街熟食市場

皇后街
休憩公園

Sheung Wan
上環

クイーンズ

ラマダ・ホテル・ハーバービュー
華美粤海景酒店

皇后大道西
Queen's Rd. W.

福治元記 P.151

ホテル皇后酒店

李陞街遊樂場

乾物屋が多い

ザ・ライオン
ロック・プレス P.109

アイグラAMTDションワン
富薈尚乘上環酒店

南北行公所

兆行 P.149

上環市政大廈

安記海味
生記粥品専家 P.78

Queen's Rd.

Morrison St.

第一街
First St.

マーケット
プレイス P.119

Second St.
二街

Third St.
三街 元勝街

セブン
イレブン
長安里

長安里

西營盤濕市
P.150

龍和道

高陞街

聖馬太堂

科記咖啡餐廳

李陞街

荷李活道公園
(旧大宜地)

朱榮記 P.148

水月觀音堂 P.149

富善街

百姓廟

觀音堂

キュキュイーンズ
ダッシュ・リビング・
オンクイーンズ

骨董品の
店が並ぶ P.66

聚膏坊小廚 P.149

佐治五世紀念公園
坂道さんぽ P.151

敏麟鍵康復中心

西營盤社區
綜合大樓 P.151

西摩道 High St.

Bonham Rd.
般咸道

ボンハム・レジデンス
般咸軒

POHO

小学校

中華基督教青年會
YMCA

公園

文武廟 P.43,136
聚賢居 Centrestage

2

磅巷

小学校

エイブ・ゼロ
エスカレーター
正街自動扶梯
連接系統

屋蘭士里
Oaklands Ave.

美沙爾

小学校

中学校

バイオ

街

列堤頓道

卑利士道

Breezy Path

堅巷公園

Oakland Ave.

砵甸乍街
Pok Fu Lam Country Park

般咸道

合一堂

香港醫學
博物館

水利街 Wing Lee St.

ビー・エム・キュー PMQ 元創方 P.31,113

市場

小中学校

旭龢道
Kotewall Rd.

干德道
Conduit Rd.

羅便臣道 Robinson Rd.
中学校

荷李活道

薄扶林郊野公園
Pok Fu Lam Country Park

猶太教堂

堅尼地道 Castle Steep

干德道 Conduit Rd.

3

Conduit Rd.

A

B

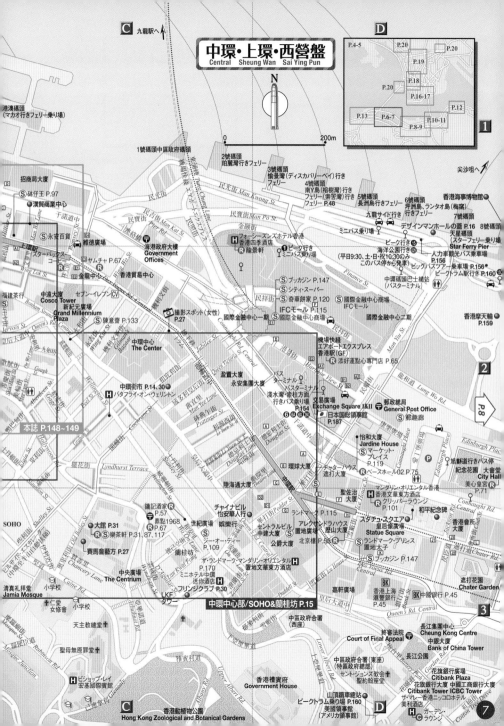

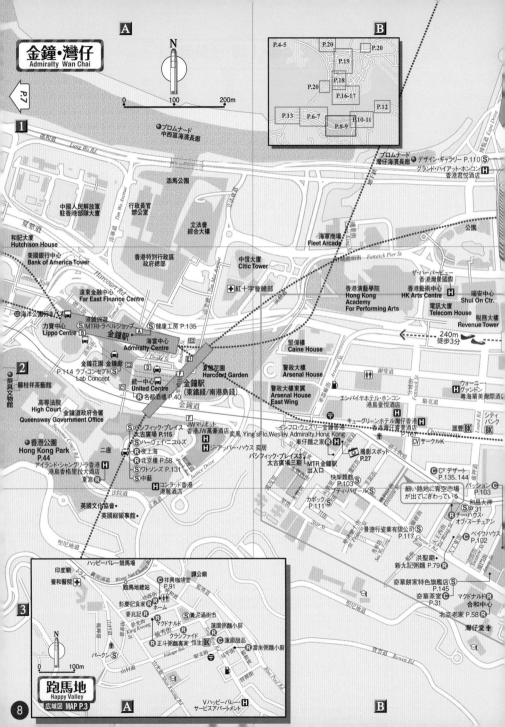

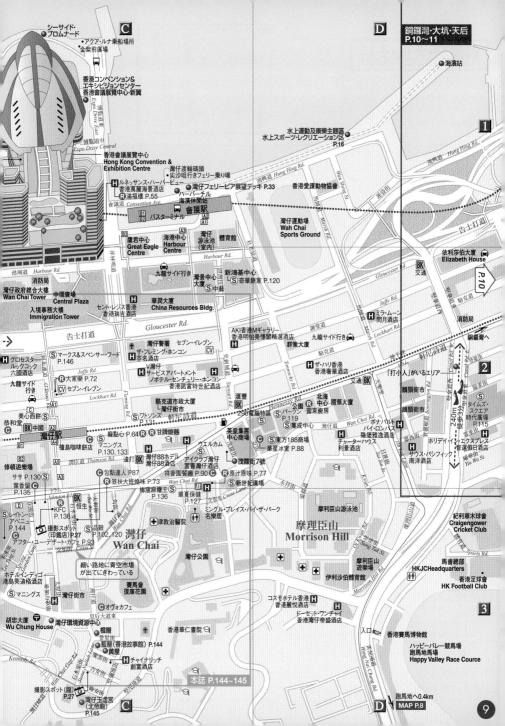

シーサイド・プロムナード
アクア・ルナ乗船場所
金紫荊廣場

■海濱站

香港コンベンション&
エキシビジョンセンター
香港會議展覽中心・新翼

水上運動及康樂主題區
水上スポーツ・レクリエーション区
P.16

香港愛護動物協會

D

香港會議展覽中心 &
Hong Kong Convention &
Exhibition Centre

灣仔渡輪碼頭
尖沙咀行きフェリー乗り場
灣仔フェリーピア展望デッキ P.33

灣仔運動場
Wah Chai
Sports Ground

1

ルネッサンス・ハーバービュー
香港萬麗海景酒店
滿福樓 P.55

ハーバーパーク

依利莎伯大廈
Elizabeth House

会議道 Convention Ave.

海港中心
會展站

港湾道 Harbour Rd.

B1
B2 バスターミナル

BK 交通

P.10

盧君中心
Great Eagle
Centre

海港中心
Harbour
Centre

灣景中心
(室内)

灣仔
游泳池
(室内)

體育館

消防局

Harbour Rd.

九龍サイド行き

Gloucester Rd.

灣景中心
大廈

新鴻基中心
奇華餅家 P.120

中藝

2

灣仔政府總合大樓
Wan Chai Tower

中環廣場
Central Plaza

入境事務大樓
Immigration Tower

華潤大廈
China Resources Bldg.

Jaffe Rd.

ミラ・ムーン
間月酒店

消防局

銅鑼灣口

セント・レジス香港
香港瑞吉酒店

Gloucester Rd.

Lockhart Rd.

AKI香港Mギャラリー
香港明怡美倫閣精選酒店

九龍サイド行き

ザ・ハリ香港
香港薈軒酒店

駱克道市政大廈

グロスター・ロード
ルックロック
六國酒店

マークス&スペンサー・フード
P.146

ザ・フレミング・ホンコン
芬名酒店

セブン-イレブン

CV

北ум
中心
國華大廈

依利沙伯大廈
Elizabeth House

Jaffe Rd.

大家樂 P.72

セブン-イレブン

灣仔警署

「打小人」がいるエリア

H

灣仔
サービスアパートメント
ノボテル・センチュリー・ホンコン
香港諾富特世紀酒店

群策大廈

銅鑼街市
銅鑼街市

CV

鵝頸橋市
鵝頸橋市

240m

タイムズ・
スクエア
時代廣場
P.115

九龍サイド
行き

Lockhart Rd.

美心西餅

Fleming Rd.

Stewart Rd.

Tonnochy Rd.

交通 BK

H

BK 中國

灣仔站

龍點心 P.64

甘牌燒鵝

匯豐

BK

交通

北海
中心
P.119

國家酒房

ボナバルト
バイ・ロンバス
チャーターハウス
利景酒店

ホリデイ・イン・エクスプレス
智選假日酒店

サウス・パシフィック
南洋酒店

檀島咖啡餅店 P.130.133

ワトソンズ P.131

295電腦特區

英皇集團
中心商場

集成中心

灣仔道

B1

B2

A3

修頓遊樂場

ササ P.130

葉香留 P.135

マニングス P.130.133

波打

ウェルカム

茂蘿街7號 P.88

華夏冰室 P.88

龍安記

Thomson Rd.

灣仔88ホテル
富薈灣仔酒店

アイクラブ灣仔

祥香園餐廳 P.90

原汁原味 P.77

摩利臣山游泳池

レイトン・
アベニュー
P.144

KFC
P.136

恒生

包點達人 P.87

笠扶大班燒味 P.73

B

新世紀廣場

摩利臣山
Morrison Hill

紀利華木球會
Craigengower
Cricket Club

BK

梅窩麻甩仔 P.136

華夏保健 P.127

品酩 P.102.120

Johnston Rd.

撮影スポット
(印鑑店)P.27

アフター・ユー・デザート・カフェ P.93

Cross St.

灣仔

Wan Chai

ミングル・プレイス・バイ・ザ・パーク
名樂居

律敦治醫院

摩利臣山
遊樂場

伊利沙伯體育館

馬會總部
HKJCHeadquarters

香港足球會
HK Football Club

3

マニングス

灣仔街市

オヴォカフェ

灣仔公園

入口

香港賽馬博物館

細い路地に青空市場
が出てにぎわっている

賽馬會
復康花園

コスモホテル香港
香港麗悦酒店

ドーセット・ワンチャイ
香港灣仔帝盛酒店

ハッピーバレー競馬場
跑馬地馬場
Happy Valley Race Cource

ホテル・インディゴ
港島英迪格酒店

Kennedy Rd.

胡忠大廈
Wu Chung House

灣仔環境資源中心

橙屋

香港華仁書院

マニングス

藍屋(香港故事館)P.144

黃屋

チャイナリッチ
創富酒店

撮影スポット P.27

灣仔玉虛宮
(北帝廟)
P.145

本誌 P.144～145

C

D

MAP P.8

跑馬地へ0.4km

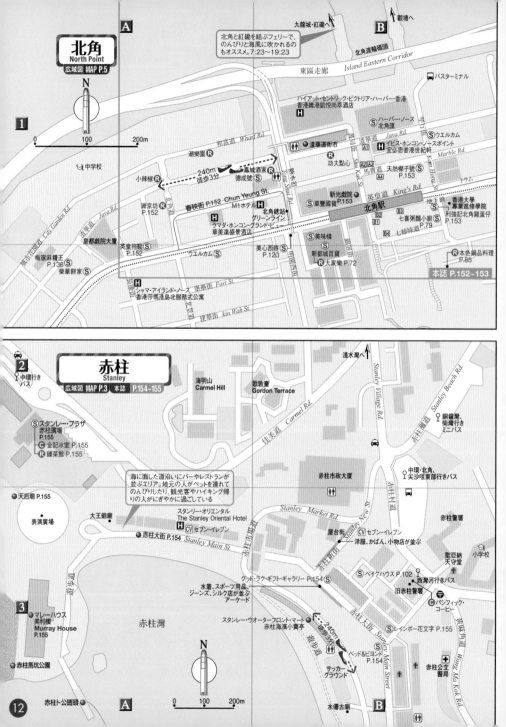

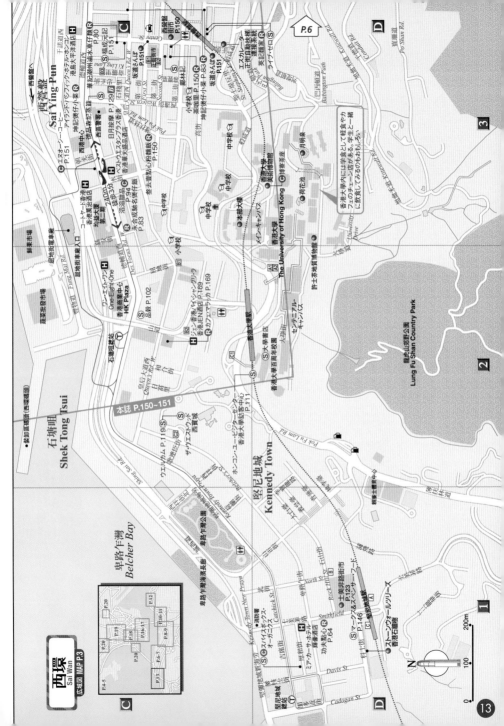

西環
Sai Wan
広域図 MAP P.3

西營盤
Sai Ying Pun

石塘咀
Shek Tong Tsui

堅尼地城
Kennedy Town

卑路乍灣
Belcher Bay

香港大學
The University of Hong Kong

龍虎山郊野公園
Lung Fu Shan Country Park

香港大學内には学食として軽食カフェのラウ＝フー店があるし、学生と一緒に散食でみるのもおもしろい

本誌 P.150～151

N

0 100 200m

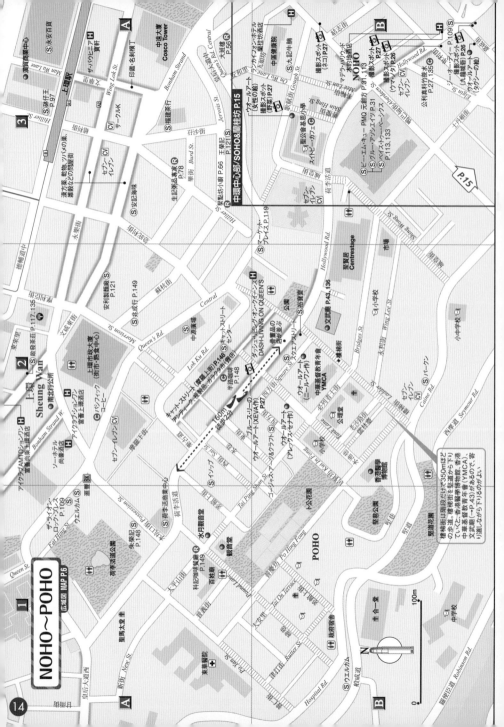

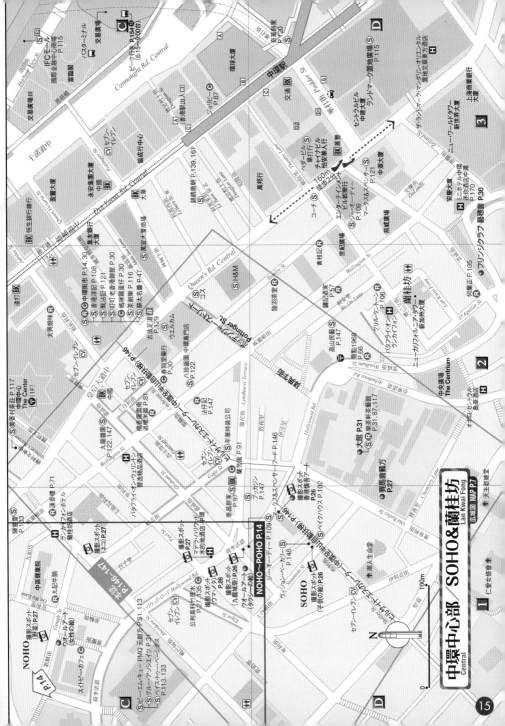

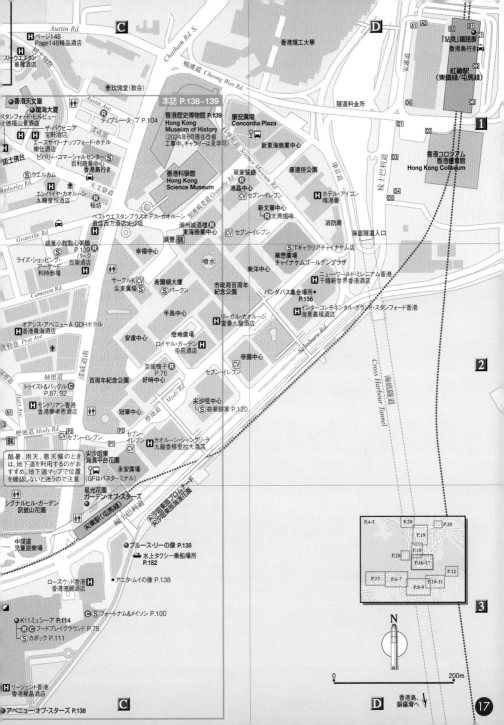

Austin Rd.

本誌 P.138~139

C

H ページ148
Page148精品酒店

H ストゥウエスターン
華麗酒店

Chatham Rd. S.

暢運道 Cheong Wan Rd.

✝玫瑰堂(教会)

香港理工大學

隧道料所

D

「站見」識路展
香港島行き

紅磡駅
(東鐵綫/屯馬綫)

1

■ 香港天文臺

■ 環海大廈

スタンフォード・ヒルビュー
士徳福山閣酒店

Austin Ave.

ディプシー・タップ P.104

ー ザ・バウヒニア
宝軒酒店

H エース・サイト・ナッツフォード・ホテル
楽仕酒店

H ビバリイ・コマーシャルセンター
百利商業中心
香港島行き

福坊

天文臺道

香港歴史博物館 P.139
Hong Kong
Museum of History
(2024年8月現在改修
工事中。ギャラリーは見学可)

香港科學館
Hong Kong
Science Museum

康宏廣場
Concordia Plaza

新東海商業中心

S ウエルカム

エンパイヤ・カオルーン
九龍皇悦酒店

法士佛廟

Kimberley Rd.

ベストウエスタンプラスホテル・カオルーン
最佳西方酒店尖沙咀

翠華餐廳

港晶大廈

S セブン-イレブン

新文華中心
S 太興燒味

康達徑公園

H ホテル・アイコン
唯港薈

消防局

ライズ・ショッピング・
アーケード
利時商場

盛豊小館點心粥麺
P.139
パーク
百樂酒店

潮州城酒樓 R
東海商業中心

滙豊 BK

幸福中心

噴水

海底隧道入口

Granville Rd.

S Tギャラリアチャイナケム店
華懋廣場
チャイナケムゴールデンプラザ

Cameron Rd.

サークルK CV
尖東廣場

希爾頓大廈
S パークン

市政局百周年
紀念公園

南洋中心

ニュー・ワールド・ミレニアム香港
千禧新世界香港酒店
P.156

オアシス・アベニューA GDHホテル
H 香港尊海酒店

半島中心

リーガル・カオルーン
富豪九隆酒店

パンダバス集合場所
P.156

H インターコンチネンタル・グランド・スタンフォード香港
海景嘉福酒店

Prat Ave.

安達中心

盛地廣場
ロイヤル・ガーデン H
帝苑酒店

帝國中心

Salisbury Rd.

京城鴨子 P.76
百周年紀念公園
好時中心

S セブン-イレブン

Mody Rd.

CV

尖沙咀中心
S 奇華餅家 P.120

トゥイスト&バックル C

H モントリアン香港
香港夢卓酒店

N1

冠華中心

BK

CV P セブン-イレブン

P2 P3

P1

H カオルーン・シャングリ・ラ
九龍香格里拉大酒店

酷暑、雨天、悪天候のとき
は、地下道を利用するのがお
すすめ。地下道マップで位置
を確認しないと迷うので注意

尖沙咀東
海濱平台花園

永安廣場
(GFはバスターミナル)

シグナルヒル・ガーデン
訊號山花園

星光花園
ガーデン・オブ・スターズ

尖東駅(屯馬綫)

中間道
児童遊樂場

ブルース・リーの像 P.138

水上タクシー乗船場所
P.182

H ローズウッド香港
香港瑰麗酒店

アニタ・ムイの像 P.138

■

■ K11ミュシーア P.114
R C フードプレイグラウンド P.75
S カボック P.111

H リージェント香港
香港麗晶酒店

C

S フォートナム&メイソン P.100

アベニュー・オブ・スターズ P.138

Cross Harbour Tunnel 海底隧道

2

P.4-5 P.20 P.20
P.19
P.20 P.18
P.20 P.16-17
P.13 P.6-7 P.12
P.S-9 P.10-11

3

N

0 200m

D

香港島、
銅鑼灣へ↓

17

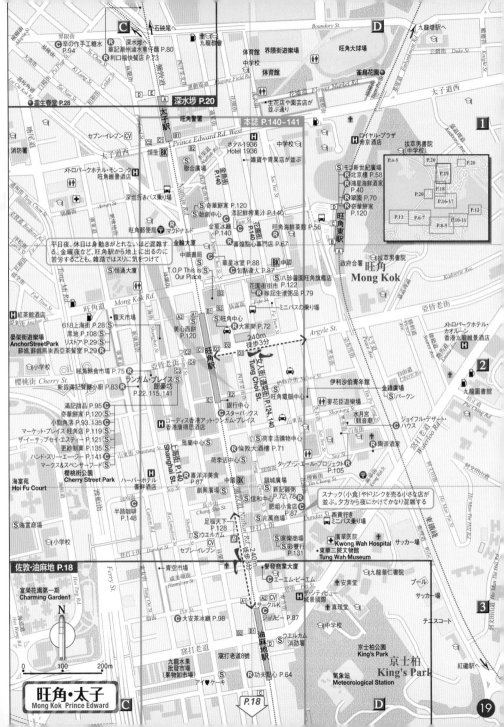

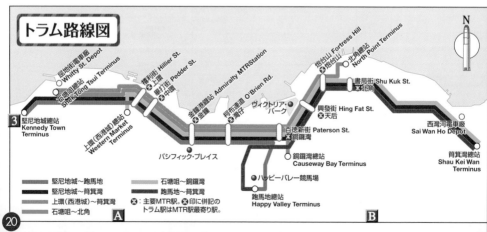

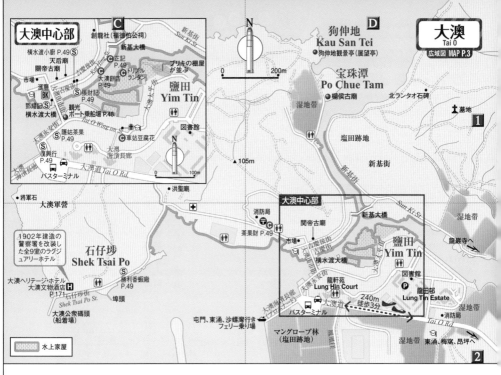

町・交通機関で使うフレーズ

はい	係呀。	ハイア。	Yes.	
いいえ	唔係呀。	ンハイア。	No.	
こんにちは	你好。	レイホウ。	Hello.	
さようなら	再見。	ジョイギーン。	Good bye.	
ごめんなさい	唔該。	ンゴーイ。	I'm sorry.	
失礼しました (お詫び)	唔好意思呀。	ンホウイーシーア。	Excuse me.	
ありがとう (物をもらったとき)	多謝。	ドージェ。	Thank you.	
どうもありがとう (何かしてもらったとき)	唔該晒。	ンゴーイサイ。	Thank you.	

広東語会話 (＋英会話)

香港で話されているのは中国語のひとつである広東語。英語も公用語となっている。広東語は発音が難しいが、少しでも話すと現地の人たちとコミュニケーションが取りやすい。

おはよう	早晨。	ジョウサン。	Good morning.
はじめまして	初次見面呀。	チョーチーギンミーンア。	Nice to meet you.
わかりました。	我明喇。	ンゴーメンラーッ。	I understand.
わかりません。	我唔明呀	ンゴーンーメンアー。	I don't understand.
すみません (呼びかけ)	唔該！	ンゴーイ。	Excuse me.

ショッピングで使うフレーズ

○○を見せてください。
唔該, 俾我睇吓嗰○○呀。
ンゴーイ　ベインゴータイハーゴー○○ア。
Please show me that one.

これはいくらですか?
呢個幾多錢呀?
リーゴーゲイドーチンア?
How much is this?

クレジットカードで支払います。
用信用卡俾錢呀。
ヨンソンヨンカーッベイチンア。
I'll pay by card.

これにします。
我要呢個。
ンゴーイウリーゴー。
I'll take this one.

単語

素材			
絹	絲綢	シーチャウ	
綿	綿	ミン	
麻	麻	マ	
ウール	羊毛	ジョンモウ	
カシミヤ	茄士咩	ケシーメ	

用語			
ビニール袋／袋	膠袋／袋	ガーウドーイ／ドーイ	
新品	新貨	サンフォー	

レストランで使うフレーズ

メニューを見せてください。
唔該, 俾個餐牌我吖。
ンゴーイ, ベインゴーツァーンンゴーア。
May I have a menu?

注文をお願いします。
唔該, 點嘢吖。
ンゴーイ, ディームイェア。
Order, please.

おいしい。 好食 ホウセッ。 This is delicious!

普洱茶をください。
唔該, 要普洱茶呀。
ンゴーイ　イウポーレイチャーア。
I want Pu'er tea.

お勘定をお願いします。
唔該, 埋單吖。 ンゴーイ マイダーンア。 Check,please.

単語

甘い	甜	ティーム	アイス	凍	ドン
辛い	辣	ラーッ	多い	多	ドウ
酸っぱい	酸	シュン	少ない	少	シウ
しょっぱい	鹹	ハーム	高い	貴	グワイ
ホット	熱	イッ	安い	平	ペン
トイレの鍵	手洗間鎖匙	サイサウガーンソウシー			

ホテルで使うフレーズ

部屋を替えてください。
唔該同我轉房。 ンゴーイ トンゴージュンフォン。
Please change the room.

トイレットペーパーをください。
唔該, 要一巻廁紙吖。 ンゴーイ イーウヤッギューンチージーア。
Can I get some toilet paper please?

チェックアウトをお願いします。
唔該, 退房。 ンゴーイ, トイフォーン。
I'd like to check out.

荷物を預かってもらえますか?
唔該 keep 住行李吖? ンゴーイキープジューハンレイア?
Could you keep my baggage?

単語

ホテル	酒店	ジャウディム
シングル	單人房	ダーンヤンフォーン
ツイン	雙人房	ションヤンフォーン
予約	訂房	デンフォーン
タオル	毛巾	モウガン
ドライヤー	風筒	フォントン

数字

0	零	リン
1	一	ヤッ
2	二／兩	イー／リョオン
3	三	サーム
4	四	セイ
5	五	ンー
6	六	ロッ
7	七	チャッ
8	八	バー
9	九	ガウ
10	十	サップ
100	一百	ヤッパー
1000	一千	ヤッチン
10000	一萬	ヤッマーン

時間／日／曜日

1分	一分鐘	ヤッファンジョン
1時間	一個小時	ヤッゴーシウシー
1日	一日	ヤッヤッ
午前10時	上晝十點	ションジャウサップディム
午後10時	下晝十點	ハージャウサップディム
正午	中午	ジョンンー
昨日	琴日	カムヤッ
今日	今日	ガムヤッ
明日	聽日	テンヤッ
今夜	今晩	ガムマーン

日曜	星期日	センケイヤッ
月曜	星期一	センケイヤッ
火曜	星期二	センケイヤッ
水曜	星期三	センケイサーム
木曜	星期四	センケイセイ
金曜	星期五	センケインー
土曜	星期六	センケイロッ
9月4日	九月四號	ガウユッセイホウ
午前	上晝	ションジャウ
午後	下晝	ハージャウ

緊急のとき使う広東語

助けて！
救命呀！　ガウメンア！
Help!

やめて！
停手！　テンサウ！
Stop it!

財布がない！
唔見呟銀包呀！　ンギンジョンガーンバーウア！
I might have lost my wallet.

警察に電話して！
報警呀！　ボウギンア！
Call the police!

誰か来て！
有冇人呀！　ヤウモウヤンア！
Somebody help me!

触らないで！
唔好掂！　ンホウディム！
Don't touch!

救急車を呼んで！
叫白車吖！　ギウバーックチェーア！
Call an ambulance!

停手！

具合が悪いです。
我唔舒服。　ンゴーンシューフォック。　I feel sick.

日本語を通訳できる人はいますか？
有冇人識講日文嘅人呀？
ヤウモウヤン　セッゴーン　ヤッマンゲヤンア？
Does anyone translate Japanese?

病院で使う広東語

日本語（英語）のできるドクターはいますか？
喺度有冇識講日文（英文）嘅醫生？
ゴードウヤウモウセッゴーンヤッマン
（イェンマン）ゲイーサン？
Is there a doctor who speaks
Japanese (English)?

下痢をしています。
我肚瀉。
ンゴートウセ。
I have diarrhea.

風邪をひいたようです。
我傷風。
ンゴーションフォン。
I think I have a cold.

熱があります。
我發燒。　ンゴーファーッシウ。
I have a fever.

吐き気がします。
我想嘔。　ンゴーションアウ。
I feel nauseous.

おなかが痛いです。
我有胃痛。
ンゴーヤウワイトン。
I have stomachache.

診断書（領収書）をください。
唔該寫張醫生紙（收據）俾我。
ンゴーイ　セージョン
イーサンジー（サウゴイ）ベインゴー。
Give me a doctor's note (recept), please.

単語

食あたり	食物中毒	セッマッ ジョンドック
便秘	便秘	ビンベイ
頭痛	頭痛	タウトン
インフルエンザ	流感	ラウガム
熱中症	中暑	ジョンシュー
疲労	疲勞	ペイロウ
鎮痛剤	止痛薬	ジートンヨック
錠剤	薬片	ヨックピーン
消化不良	消化不良	シウファバッロン
歯痛	牙痛	ンガトン
やけど	燒傷	シーウション
粉薬	薬末	ヨックムッ
軟膏	薬膏	ヨックゴウ

サイズ早見表

香港では各ブランドや店によってサイズ表示は異なり、イギリス、アメリカ、フランス、中国表示のいずれかになっている。また、靴サイズ（男性）は、0.5は½で表示される場合もある。

レディスウエア

日本	S	M	M～	L	XL	-
	7	9	11	13	15	17
イギリス	-	8	10	12	14	16
フランス	36	38	40	42	44	46
アメリカ	XS	8	10	12	14	16
中国	34	36	38	40	42	44

長さ
布地を買う際や身長などサイズを表現する場合に必要

1インチ（吋）＝2.54cm　※ウエストサイズ、身長など。
1フィート（呎）＝12インチ＝30.48cm

レディスシューズ

日本	22	22.5	23	23.5	24	24.5	25
イギリス	3	3.5	4	4.5	5	5.5	6
アメリカ	4.5	5	5.5	6	6.5	7	7.5
フランス	34	35	36	36.5	37	37.5	38
イタリア	34	35	36	37	38	39	40

重さ
茶葉や果物を買う際に必要

1ポンド（磅）＝453.6g
1両＝約37.8g
1斤＝16両＝約600g

旅立つ前にチェック!

aruco MEMO

check! & ✈

- [ ] パスポートの残存有効期間は大丈夫?
- [ ] 航空券の出発日・帰国日を確認しよう
- [ ] ホテルの予約日は間違っていない?
- [ ] 海外旅行保険に入ろう

- [ ] Wi-Fi ルーターを予約する(必要な場合)
- [ ] パスポートのコピーをとっておこう
- [ ] クレジットカード紛失時の連絡先は控えた?

Souvenir LisT   おみやげリスト

あげる人	買うもの

free memo

食べたい・買いたい・体験したい
コトをメモしてね♪